"工学结合、校企合作"高等职业教育改革创新教材

生产与运作管理

第 4 版

主 编　许兆祥　汪　政
副主编　光　昕　李　沁
参　编　王卫彬　蒋定福

机械工业出版社

本书共分 13 个模块，主要内容包括现代生产与运作管理概论，生产过程组织，流水线、成组技术和柔性制造系统，研究、发展与企业新产品，工作研究和工作设计，生产计划管理，从 MRP 到 ERP，项目管理和网络计划技术，质量管理，物流、库存和供应链管理，设备综合管理，其他先进生产方式，生产现场管理。

　　为了突出实用性，本书在模块后增加了案例分析，并融入生产运作管理的最新内容，供学生实践与训练。本书以就业为导向，以提高学生的实践操作能力为本位，以努力满足岗位实际需要为目标。全书结构严谨，内容新颖，文字简练，适用面较广，可作为高职高专院校、成人高校工商管理专业和物流管理专业的教材，也可作为企业各级生产、物流管理人员的岗位培训教材，还可供各类企业生产管理人员和社会读者自学、阅读。

图书在版编目（CIP）数据

生产与运作管理 / 许兆祥，汪政主编 . —4 版 . —北京：
机械工业出版社，2022.11（2025.6 重印）
"工学结合、校企合作" 高等职业教育改革创新教材
ISBN 978-7-111-71912-0

Ⅰ . ①生… Ⅱ . ①许… ②汪… Ⅲ . ①生产管理—高等职业教育—教材
Ⅳ . ① F273

中国版本图书馆 CIP 数据核字（2022）第 201249 号

机械工业出版社（北京市百万庄大街22号　邮政编码100037）
策划编辑：孔文梅　　　　　责任编辑：孔文梅　董宇佳　张美杰
责任校对：薄萌钰　王明欣　　封面设计：鞠　杨
责任印制：张　博
北京机工印刷厂有限公司印刷
2025 年 6 月第 4 版第 3 次印刷
184mm×260mm · 17 印张 · 415 千字
标准书号：ISBN 978-7-111-71912-0
定价：49.80 元

电话服务　　　　　　　　　　网络服务
客服电话：010-88361066　　机　工　官　网：www.cmpbook.com
　　　　　010-88379833　　机　工　官　博：weibo.com/cmp1952
　　　　　010-68326294　　金　书　网：www.golden-book.com
封底无防伪标均为盗版　　　　机工教育服务网：www.cmpedu.com

前　言

本书于 2006 年 2 月出版第 1 版，2011 年出版第 2 版，2016 年又出版了第 3 版。今应机械工业出版社的要求，决定对 2016 年第 3 版进行修订，出版本书第 4 版。

本书是在 21 世纪初面世的，在已经过去的近 20 年间，科学技术（特别是信息科技）发展之快，经济形势变化之大，出乎我们意料，因科技、经济变化而引起生产与运作管理的新进展必须及时地反映在教材中。本书不仅具有新颖性、合理性和结构的系统性，而且实用性强、适用面广。作为高素质技术技能型人才的培训教材，本书以就业为导向，以能力为本位，努力满足岗位实际需要，针对以往教材的不足做了有效的改进，对打破传统的按学科进行教材编写的模式进行了有力的尝试。本书根据企业的各级生产主管、物流主管、车间主任及有关管理岗位的要求组织内容；生产运作计划对于生产运作管理是十分重要的，本书用三个模块的篇幅对其进行阐述；同时在内容上也有所创新，如对沿海地区大量的出口产品加工企业，严格按订单组织生产，提出了"单批视为单件生产类型"的观点，对企业减少产品库存积压起到了良好的作用。本书对每个模块的案例分析十分重视，都是根据编者多年的咨询和调研中的实例编写的，具有原创性，这也使本书更具有工学结合、校企结合的特点。

本次修订在教材的理念、内容方面做了重大改动，并删去了一些次要内容，增加了适当的重要内容，使本书结构更紧凑，内容更精炼。例如，模块五新增单元一"工业工程概述"，删除原本"工作研究中的程序分析"部分内容；模块六单元三的成批生产类型生产计划编制方法中，删除了两种较为传统的方法，增加了面向市场的"初级追赶战略"的编制方法；模块七单元四删去原本的"大数据"内容，改为"工业互联网"内容；模块十一删去原本的"设备的选择与评价"内容；模块十三新增"5S 活动的着眼点"内容；等等。同时，本次修订对书中的案例和例题做了重新梳理，做出适当修改。此外，本书增加了微课视频，以二维码的形式嵌在书中，帮助学生进一步掌握和理解所学内容。

本次修订由许兆祥、汪政老师共同完成。这里还要感谢原主要编写人员光昕、李沁等老师对本书的关心和支持。

为方便教学，本书配备电子课件等教学资源。凡选用本书作为教材的教师均可登录机械工业出版社教育服务网 www.cmpedu.com 注册下载，咨询电话：010-88379375，服务 QQ：94539158。

本次第 4 版能较快地完成，得益于机械工业出版社职业教育分社孔文梅编辑的帮助和指导，在此表示诚挚的感谢。

由于编者学识水平有限，书中难免有不当和疏漏之处，敬请广大读者批评斧正。

感谢各位老师使用本书，在使用本书时有何意见或建议，均可与许兆祥老师联系，Email：xzhx45@qq.com。

编　者

二维码索引

序号	名称	二维码	页码	序号	名称	二维码	页码
1	现代生产与运作管理概论		1	8	项目管理和网络计划技术		135
2	生产过程组织		18	9	质量管理		151
3	流水线、成组技术和柔性制造系统		37	10	物流、库存和供应链管理		169
4	研究、发展与企业新产品		53	11	设备综合管理		193
5	工作研究和工作设计		67	12	其他先进生产方式		210
6	生产计划管理		87	13	生产现场管理		233
7	从 MRP 到 ERP		110				

目　录

前言
二维码索引

模块一
现代生产与运作管理概论 /001

单元一　生产的基本概念　　　　　　　　　　　/ 001
单元二　生产与运作管理的历史演进　　　　　　/ 006
单元三　21 世纪生产与运作管理　　　　　　　　/ 010
复习思考题　　　　　　　　　　　　　　　　　/ 016

模块二
生产过程组织 /018

单元一　生产过程及其构成　　　　　　　　　　/ 018
单元二　生产类型的划分　　　　　　　　　　　/ 021
单元三　生产过程空间组织　　　　　　　　　　/ 024
单元四　生产过程时间组织　　　　　　　　　　/ 032
复习思考题　　　　　　　　　　　　　　　　　/ 035

模块三
流水线、成组技术和柔性制造系统 /037

单元一　流水线生产　　　　　　　　　　　　　/ 037
单元二　成组技术　　　　　　　　　　　　　　/ 042
单元三　柔性制造系统　　　　　　　　　　　　/ 047
复习思考题　　　　　　　　　　　　　　　　　/ 050

模块四
研究、发展与企业新产品 /053

单元一　研究、发展与技术创新管理　/ 053
单元二　企业新产品　/ 058
单元三　新产品设计　/ 060
单元四　生产技术准备　/ 061
复习思考题　/ 065

模块五
工作研究和工作设计 /067

单元一　工业工程概述　/ 067
单元二　工作研究　/ 070
单元三　劳动定额　/ 078
单元四　工作设计　/ 081
复习思考题　/ 084

模块六
生产计划管理 /087

单元一　现代企业的生产计划概述　/ 087
单元二　企业生产计划种类　/ 091
单元三　生产类型与生产计划体系　/ 093
单元四　生产控制　/ 101
复习思考题　/ 108

模块七
从 MRP 到 ERP /110

单元一　物料需求计划（MRP）　110
单元二　制造资源计划（MRP Ⅱ）　118
单元三　企业资源计划（ERP）　125
单元四　工业互联网　130
复习思考题　133

模块八
项目管理和网络计划技术 /135

单元一　项目管理　/ 135
单元二　网络计划技术　/ 138
单元三　项目风险　/ 146
复习思考题　/ 148

模块九
质量管理 /151

单元一 质量与质量管理 / 151
单元二 质量管理常用工具 / 160
单元三 质量检验 / 163
复习思考题 / 168

模块十
物流、库存和供应链管理 /169

单元一 物流管理 / 169
单元二 库存管理 / 176
单元三 供应链管理 / 182
复习思考题 / 189

模块十一
设备综合管理 /193

单元一 设备管理概述 / 193
单元二 设备的使用与维修 / 197
单元三 设备的更新与改造 / 206
复习思考题 / 208

模块十二
其他先进生产方式 /210

单元一 准时化生产系统（JIT） / 210
单元二 大规模定制生产 / 215
单元三 计算机集成制造系统（CIMS）和
智能制造（IM） / 219
单元四 敏捷制造 / 225
单元五 3D 打印 / 228
复习思考题 / 231

模块十三
生产现场管理 /233

单元一 生产现场管理概述 / 233
单元二 "5S"活动 / 237
单元三 定置管理 / 246
单元四 目视管理 / 252
复习思考题 / 259

参考文献 / 261

模块一
现代生产与运作管理概论

📖 学习目的

　　了解生产与运作管理内容。掌握生产与运作管理人员所需技能，企业生产系统、服务业的特点，生产与运作战略，科学管理阶段的代表人物及贡献，21世纪生产与运作管理的主要特征，清洁生产和清洁生产审核。熟练掌握生产的含义、生产运作管理的环境要求和目标。

01

单元一　生产的基本概念

现代生产与
运作管理概论

一、生产的概念

1. 组织与生产

　　组织是指具有特定目标和功能的、社会化的生产要素的集合体。各种组织的出现，是社会分工的结果，也是社会生产力发展的标志。组织的出现，改变了人们的生活方式。

　　组织按其输出进行分类可分为制造企业和服务企业，其中制造企业的生产就是制造产品，而服务企业的生产则是提供服务。

　　美国学者埃尔伍德·斯潘塞·伯法（E. S. Buffa）在《生产管理基础》中指出："生产就是创造货物和服务的过程，我们在工厂、事务所、医院和超级市场都可发现生产过程。生产管理就是做出与生产过程有关的决定，以便按照规格、数量、进度和最小的成本生产出货物和服务。"

　　这里我们对生产的定义为：生产就是制造出产品和提供服务的过程。

2. 企业的生产系统

　　我们可用图1-1来表示企业的生产系统。

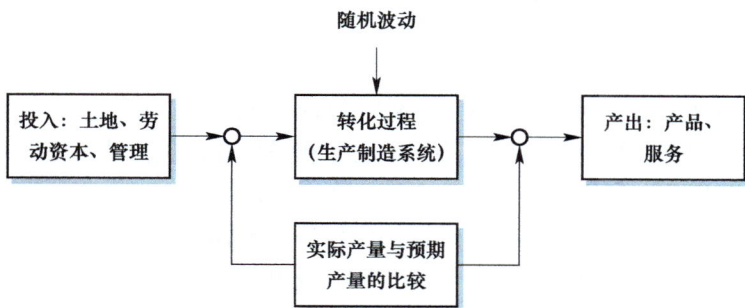

图1-1　企业的生产系统

从图 1-1 中可以看到：

（1）转化过程。转化过程即生产制造过程（使投入物转化为产出物）。

（2）随机波动。它是指计划不到或无法控制外界条件的影响（如罢工、天灾、设备故障、原材料问题等）。这些影响造成计划产量和实际产量之间的差异，如百货公司的交货迟缓、萧条、劳动力流动等。

（3）反馈。它是控制过程的一部分，能使主管部门决定是否要对企业所必需的各项活动进行调整。如百货公司的库存量、劳动效率、销售量等。

组织的生产系统就其本质而言，是一种投入、转化、产出关系，见表 1-1。

表 1-1 典型组织的投入、转化、产出系统

生产系统	主要投入	主要构成	主要功能	主要产出
汽车工厂	原材料	管理者、工人、设备	汽车的加工装配	整辆汽车
医院	病人	医生、护士、医药、设备	治疗、护理	健康的人
饭店	想就餐的顾客	厨师、侍者、食物、环境	食物、服务、环境	满意的顾客
商店	有需求的顾客	售货员、货物、货架	销售、订货、服务	满意的顾客
大学	高中毕业生	教师、教材、教室	传授知识和技能	受过高等教育的人
报社	原始的信息	编辑、记者、设备	信息处理（写作、编辑、筛选）	新闻信息

生产系统运行的目的是在转化过程中发生价值增值。增值反映的是投入成本与产出价值或价格之间的差别。对于非营利组织，产出的价值即它们对社会的价值；其增值部分越大，说明其运行效率越高。而对于营利组织，产出的价值由顾客愿意为该组织的产品或服务所支付的价格来衡量。企业用增值带来的收入进行研究与开发，投资于新的设施和设备，从而获得丰厚的利润。增值越大，可用于这方面开支的资金就越多。

目前生产管理学科的发展方向是成为面向各种生产领域的应用科学，包括制造产品和提供服务两大部分。由于本学科起源于工厂环境，因此"生产管理"的名称一直被广泛采用。随着本学科的不断发展，"生产管理"的概念已远远超出了工厂车间的范围。工业发达国家已改称本学科为"生产与运作管理"（Production and Operations Management）或"运作管理"（Operations Management）；有时也简称为"生产"或"生产运作"。

二、服务业与服务性生产

1. 服务业的兴起

经济学家根据世界经济发展的历史，将人类社会分成前工业社会、工业社会和后工业社会三个阶段。在前工业社会，人们主要从事农业和采掘业，包括种植庄稼和树木、捕鱼、狩猎、采掘煤炭和岩盐、利用天然气、淘金等；在工业社会，人们主要从事制造业；在后工业社会，人们主要从事服务业，其实质是提供各种各样的服务。

服务业并不限于餐饮、旅店类服务行业，它一般包括六个方面的服务：

（1）业务服务：咨询、财务金融、银行、房地产等。

（2）贸易服务：零售、维修等。

（3）基础设施服务：第三方物流、通信等。

（4）社会服务：餐馆、旅店、保健等。

（5）公共服务：教育、公用事业、政府等。

（6）私人服务：家政、干洗、理发、美容、栽培花木等。

这里要强调一下物流业，它是在 20 世纪后期快速成长起来的一个产业。物流业主要包括企业物流和物流企业两大方面。企业物流主要有制造企业的生产物流和流通企业内的物流，前者一般归于制造业，后者一般归于服务业。物流企业，一般称第三方物流企业，应归于服务业。

由此可见，服务业的范围十分广泛。服务业的重要性日益被人们所认识，它已经成为现代社会不可缺少的有机组成部分。如果没有服务业，就不会有现代社会。没有第三方物流和通信这样的基础设施服务，工农业生产就不可能进行；没有政府提供的公共服务，各种组织就不能正常运行；没有各种私人服务，人们就不能正常生活。这些都是人们了解的常识。

服务业的兴起是社会生产力发展的必然结果，也是社会生产力发展水平的一个重要标志。在社会生产力水平比较低下的时期，社会绝大部分成员从事农业生产，自己养活自己。当农业生产力发展到一定水平，一个农业人口除了养活自己之外，还能提供剩余农产品时，才可能有一部分人脱离农业生产，去从事手工业和其他行业。由手工业到机器大工业，劳动生产率得到了极大的提高。工业的发展，尤其是制造业的发展，为农业提供了先进的装备，反过来又促进了农业劳动生产率的进一步提高。工农业劳动生产率的提高，使剩余劳动力转移到服务业，从而促进了服务业的发展。另外，制造业的过度发展，将会引起自然环境不堪重负；随着制造业自动化程度的不断提高，其就业人数必然下降。因此，必须大力发展服务业来减轻环境的负担，增加就业岗位，从而促进整个国家或地区经济的可持续发展。

我国自改革开放以来，不仅工农业生产得到了很大发展，服务业也日益引起人们的重视。尤其是运输业和通信业，面貌已大大改观。进入 21 世纪以来，我国更加强调经济的可持续发展，全面建成小康社会，这使我国的自然环境变得更加美好，第一、二、三产业得到均衡发展，人民的生活更富裕。现在出现了制造业与服务业新的融合，推动了两者的协同发展，实现了商业模式的创新和业态的创新，发展服务型制造和生产性服务业将成为一种新趋势（详见本模块单元三）。

2. 服务性生产及其特点

服务性生产又称非制造性生产，它的基本特点是提供服务（或称劳务），而不是制造有形产品。但是，不制造有形产品不等于不提供有形产品。比如，商场零售空调机，但空调机是由空调机生产企业制造的，就商场本身而言，它主要的输出是服务，它的服务是和有形产品一起提供给顾客的。

服务性生产具有以下特点：

（1）与顾客接触。这是服务业的特点，提供服务与对服务的消费通常发生在同一地点，但这种接触往往导致效率的降低。对人服务的管理是运作管理的关键，必须经常把注意力集中在提高员工的技能上，包括提高他们的人际交往能力。当然，不同的服务与顾客接触的程度也是有区别的。

（2）服务性生产一般是劳动密集型生产，这对于增加就业岗位是很有好处的。不同的服务性生产，其劳动密集程度也有所不同，如图1-2所示。

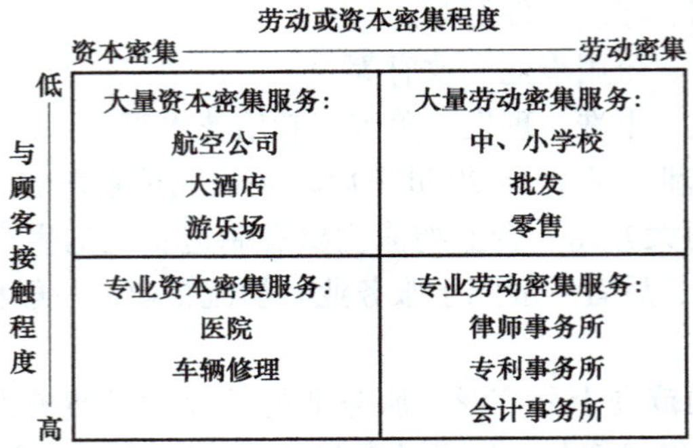

劳动或资本密集程度

	资本密集 ——————— 劳动密集
低	**大量资本密集服务：**	**大量劳动密集服务：**
	航空公司	中、小学校
	大酒店	批发
	游乐场	零售
高	**专业资本密集服务：**	**专业劳动密集服务：**
	医院	律师事务所
	车辆修理	专利事务所
		会计事务所

与顾客接触程度

图 1-2　按劳动密集程度和与顾客接触程度对服务业分类

（3）服务性生产的产出是无形产品，而且在产生的同时就被消费掉。如理发店的服务是在为顾客理发时才能产生并使用。其生产率和质量标准都较难精确地确定。

（4）服务性生产不能通过库存来调节。如饭店不能通过储存顾客来应对用餐高峰后顾客人数的减少。

三、生产与运作管理概述

生产与运作管理是对生产运作系统的设计、运行与维护的管理，包括对生产运作活动进行计划、组织和控制。

1. 生产与运作管理的内容

生产与运作管理的内容主要有四个方面：生产与运作战略、生产与运作计划、生产与运作组织和生产与运作控制。

（1）生产与运作战略。详见下文。

（2）生产与运作计划。它是指生产与运作管理中所有的计划管理工作，包括生产计划，物资采购计划，生产设备维修、更新改造计划，生产技术准备计划，人员计划等。

（3）生产与运作组织。它体现了管理的组织职能，主要内容有生产过程组织、企业的研究与发展、工作研究与工作设计、企业物流管理、全面质量管理、生产现场管理等。

（4）生产与运作控制。它表现了管理的控制职能，其主要内容有生产进度控制、库存控制、生产与运作成本控制等。

所有这些内容将在本书后面模块单元中展开介绍。

2. 生产与运作战略

五种常用的生产与运作战略如下：

（1）自制或购买。这是首先要决定的问题。如果决定制造某种产品或由本企业提供某种服务，则需要建造相应的设施，采购所需要的设备，配备相应的工人、技术人员和管理人员。由于社会分工大大提高了生产效率，一般在做出自制或购买决策时，不可能全部产品和零部件都自制。

（2）低成本和大批量。早期福特汽车公司就是采用这种策略。在零售业，沃尔玛公司也是采取这种策略。采用这种策略需要选择标准化的产品或服务，而不是顾客化的产品或服务。需要注意的是，这种策略应该用于需求量很大的产品或服务。只要市场需求量大，采用低成本和大批量的策略就可以战胜竞争对手，取得成功，尤其在居民消费水平还不高的国家或地区。

（3）多品种和小批量。对于顾客化的产品，只能采取多品种、小批量生产策略。当今世界消费多样化、个性化，企业只有采用这种策略才能立于不败之地。但是多品种、小批量生产的效率难以提高，对大众化的产品不应该采取这种策略；否则，遇到采用低成本、大批量策略的企业，就无法与其竞争。

（4）高质量。质量问题日益重要，无论是采取低成本、大批量策略还是多品种、小批量策略，都必须保证质量。在当今世界，价廉质劣的产品是没有销路的。

（5）混合战略。将上述几种战略综合运用，实现多品种、低成本、高质量，可以取得竞争优势。现在人们提出的"顾客化大量生产"或称"大量定制生产"，既可以满足顾客多种多样的需求，又具有大量生产的高效率，是混合战略下的一种新生产方式。

3. 生产与运作管理的环境要求和目标

激烈的市场竞争对企业生产运作提出了越来越高的环境要求，主要包括四个方面：时间（Time，T）、质量（Quality，Q）、成本（Cost，C）和服务（Service，S）。时间（T）是指满足顾客对产品和服务在时间方面的要求，即交货期要短而准；质量（Q）是指满足顾客对产品和服务在质量方面的要求；成本（C）是指满足顾客对产品和服务在价格和使用成本方面的要求，即不仅产品形成过程中的成本要低，而且在用户使用过程中的成本也要低；服务（S）是指在提供产品之外为满足顾客需求而提供的相关服务，如产品售前服务及售后服务等。

这种环境要求决定了生产与运作管理所追逐的目标，它可以用一句话来概括：高效、低耗、灵活、准时地提供合格产品和（或）满意服务。高效是对时间而言，指能够迅速地满足用户的需要。在当前激烈的市场竞争条件下，谁的订货提前期短，谁就能争取用户。低耗是指生产同样数量和质量的产品，人力、物力和财力的消耗最少。低耗才能实现低成本，低成本才有低价格，低价格才能争取用户。灵活是指能很快地适应市场的变化，生产不同的品种和开发新品种或提供不同的服务和开发新的服务。准时是指在用户需要的时间，按用户需要的数量，提供所需的产品和服务。合格产品和（或）满意服务是指质量要满足顾客的要求。

4. 生产与运作管理人员所需技能

要搞好生产与运作管理，必须有一支高水平的生产运作管理队伍。生产运作管理人员运用了企业的绝大部分资产（固定资产——设施、设备等，流动资产——原材料、在制品、产成品等）来组织生产运作，其活动效果决定了企业效益的好坏。因此，生产运作管理人员在企业中的作用是十分重要的。

生产运作管理人员与其他管理人员一样，也是通过他人来完成工作任务。因此，他们必须具备两方面的技能：

（1）技术技能。技术技能包括两方面：专业技术与管理技术。生产运作管理人员面对转化物料或提供各种特定服务等活动，他们必须了解这个过程，必须具备相关的专业技术知识，特别是工艺知识。不懂专业技术的人是无法从事生产运作管理的。但单有专业技术知识对于生产运作管理人员是不够的，他们还需要懂得生产运作过程的组织，懂得计划与控制，懂得现代生产运作管理技术。这些正是本书要讲述的内容。

（2）行为技能。生产运作管理者要组织工人和技术人员进行生产活动，他们必须具备处理人际关系的能力，要善于与他人共事，调动他人的工作积极性，协调众人的活动。

因此，对生产运作管理人员的要求是很高的。要获得这些技能，当一名合格的生产运作管理者，一靠教育培训，二靠实践。生产运作管理人员是企业的宝贵财富，企业主管应当充分发挥他们的作用。

小提示

"生产与运作管理"是工商管理专业的一门主课，学习和掌握这门课的知识，为培养企业管理人员技术技能打下了坚实的基础。企业的生产管理岗位是一个重要的岗位，有志于将来从事生产与运作管理的学生，必须认真学好这门课程。

02 单元二 生产与运作管理的历史演进

产业革命带来的大量生产需要对工厂进行系统的管理，需要进行财务、人事等有关的生产经营活动。生产与运作管理是整个企业管理的重要组成部分，企业管理的历史演进阶段有许多分类，本单元以五个阶段来划分，即传统管理阶段、科学管理阶段、行为科学阶段、管理科学阶段和现代管理阶段。下面就这五个阶段中生产与运作管理的特点及代表人物进行叙述。

一、传统管理阶段

传统管理阶段一般是指西方的产业革命阶段。产业革命开始于18世纪70年代的英国，19世纪又扩展到欧洲其他国家和美国。此前，在制造业的初期，产品是在手工艺生产这一制度下，由手工艺人和他们的徒弟在作坊里生产出来的。手工艺生产是指技术高的工人利用简单的工具，生产出少量的定制品这样一种生产系统。要提高生产能力，首先必须制造动力机械和各种生产机器。其中意义最重大的是1765年瓦特改进的蒸汽机，因为它为工厂里机器的运转提供了动力。詹姆斯·哈格里夫斯（James Hargreaves）的珍妮纺纱机（1765年）和埃德蒙·卡特赖特（Edmund Cartwright）的动力织布机（1785年）使纺织业发生了革命。

这一阶段经历了一百多年。在这漫长的期间内，随着生产规模的不断扩大，有一些先进分子对生产运作管理理论进行了探索，其主要代表性人物有：亚当·斯密（Adam Smith），英国古典经济学家，1776年在其经典著作《国富论》中系统地论述了劳动分工理论，为生产运作管理的形成奠定了重要的理论基础；伊莱·惠特尼（Eli Whitney），美国人，他首先倡导零部件标准化和有效的质量管理，为可互换部件的早期普及做出了贡献。

手工艺生产本身有严重的缺陷。因为产品是经技术高超的工人用一个个零件装配出来的，所以生产效率低、成本高。另外，生产成本并不随产量的增加而下降，即根本不存在刺激企业扩大规模的规模经济，这个时期，只有小的作坊，而不可能出现大的工厂。

二、科学管理阶段

这一阶段起始于 19 世纪末，延续到 20 世纪 40 年代，经历了大约半个世纪。产业革命之后，机器的制造和利用得到了迅速的发展，企业规模和生产能力快速扩张。然而，这也导致管理方面矛盾显现，引起了许多管理人员和技术人员的关注。他们认为，企业管理不能只凭经验，一定要建立管理的理论，即用科学的方法来解决企业中突出的管理问题。其主要代表人物为泰勒及其追随者，还有福特等。

（一）泰勒和"科学管理"理论

美国人弗雷德里克·温斯洛·泰勒（Frederick Winslow Taylor）是"科学管理"理论的创始人，该理论的创建给工厂管理带来了巨大变化，因此，泰勒常被称为"科学管理之父"。泰勒依据对工作方法的观测、分析和改进以及经济刺激，将管理建立在科学之上。他通过对工作方法进行详细的研究来确定做每一项工作的最佳方法。泰勒还认为管理部门应负责制订计划，认真挑选和培训工人，找出完成每一项工作的最佳方法，实现管理部门与工人的合作，以及将管理活动从工作活动中分离出来。泰勒还研究了工具改进，制定劳动定额，实行差别计件工资制。泰勒的这套方法提高了工人的工作效率，1911 年，他最重要的一本书《科学管理原理》出版了，奠定了科学管理理论的基础。

（二）福特的大量生产方式

在大量生产方式诞生之前，汽车的生产都是以单件生产方式进行的。亨利·福特（Henry Ford）于 1903 年创立福特汽车公司，他认为阻碍汽车业生产率提高的最主要原因是：汽车本身结构复杂、不同的汽车之间缺乏通用零部件以及技术工人之间在技艺上存在差异。针对以上问题，他对汽车制造业提出了所谓的"3S 化"，即标准化（Standardization）、简单化（Simplification）、专门化（Specialization）的革新建议。

"3S 化"革新的另一项重大成果，就是把传送带装配线（流水线生产）应用于 1913 年新建的底特律的山地工厂。传送带装配线不仅使零部件库存减少，而且与手工作业相比成倍地提高了生产效率。在使用流水线生产前，生产一辆汽车需要 13 小时，到了 1914 年，福特汽车公司装配一辆 T 型车只需 93 分钟。由于劳动生产率的极大提高，该项投资当年就收回了。到了 1920 年，T 型福特车的产品成本降低到了 1908 年刚开始生产时的 1/3。老福特主动把一辆车的售价由 2 800 美元降为 850 美元，为汽车的大量生产创造了良好的市场环境。1922 年的汽车生产量达到了 200 万辆，随着车价的大幅降低，汽车由富豪们的奢侈品变成了普通工薪族也能买得起的生活必需品。流水线生产及后来出现的问题将在模块二中详细叙述。

还有很多先驱者也对科学管理做出了重大贡献。弗兰克·吉尔布雷思（Frank B. Gilbreth）是一位工业工程师，常被称为"动作研究之父"。他提出了动作经济原理，该原理可应用于很小的一项工作。亨利·甘特（Henry L. Gantt）认识到非货币报酬对激励工人的价值，并提出了获得广泛应用并被称为甘特图的进度安排法。哈林顿·埃默森（Harrington Emerson）将泰勒的观点应用于组织结构，并鼓励聘用专家以提高组织效率。

三、行为科学阶段

行为科学阶段开始于 20 世纪 30 年代。正当科学管理理论为当时的企业界所普遍接受时，新的管理思想与理论也在孕育之中，这就是行为科学理论。

行为科学理论实为人群关系理论，它的产生源于有名的"霍桑实验"。1929 年，美国哈佛大学教授乔治·埃尔顿·梅奥（G. E. Mayo）率领哈佛研究小组到美国西屋电气公司的霍桑工厂进行了一系列实验和观察，通过调查与实验，发现员工的心理因素和社会因素对生产积极性的影响很大。梅奥教授在 1933 年出版了《工业文明中的人》一书，奠定了人际关系理论的基础。

霍桑实验及梅奥的见解开拓了管理中另一个值得重视的新领域，即人际关系的整合。霍桑实验之后，大批的研究者和实践者继续从心理学、社会学、人类学和管理科学的角度对人际关系进行综合研究，从而建立了关于人的行为及其调控的一般理论。如马斯洛的"需要层次理论"、赫兹伯格的"双因素理论"、麦克雷戈的"X 理论—Y 理论"等。行为科学理论为生产与运作管理中如何处理人际关系提供了良好的工具。

四、管理科学阶段

管理科学是继科学管理、行为科学理论之后，管理理论与实践进一步发展的结果。尽管有许多学者较早提出了用定量方法解决管理问题的数学模型，但真正得到推广和发展还是在第二次世界大战以后，即 20 世纪 50 年代以后。

代表人物福特·哈里斯（Ford W. Harris）于 1915 年提出了第一个模型：库存管理的数学模型。20 世纪 30 年代，在贝尔电话实验室工作的 H. F. 道奇、H. G. 罗米格和 W. 休哈特提出了抽样和质量控制的统计程序。1935 年，L. H. C. 蒂皮特进行的研究为统计抽样理论提供了基础工作。

起先这些模型并未在工业上获得广泛应用。然而，第二次世界大战的爆发改变了这一状况。战争给制造业带来了很大压力，多学科的专家共同努力来促使军事和制造业迅速发展。战后，研究和改进定量方法的工作仍在进行，相继提出了预测、库存管理、项目管理及运作管理中其他方面的决策模型。

20 世纪 60 ～ 70 年代，管理科学方法受到高度重视。20 世纪 80 年代，对这些方法的重视程度有所下降。而随着计算机及计算机软件在工作中的广泛应用，这些方法重新受到青睐。

五、现代管理阶段

现代管理阶段开始于 20 世纪 70 年代。这个阶段许多传统行业已发展到了顶峰，一些新兴行业及新兴产品也有了爆炸性发展，是以前各个阶段都无法比拟的。由于情况比较复杂，内容也很多，因此将其分为两部分叙述，即 20 世纪 70 年代至 21 世纪初（称前时期）和 21 世纪初到将来（称后时期）（本单元主要是讲前时期，后时期在单元三中叙述）。

（一）生产与运作管理面临的挑战

（1）由于是买方市场，顾客对产品质量、性能的要求变得更高、更苛刻。

（2）市场需求的多样性使得以往单一品种大批量生产，靠扩大产量降低成本的生产方式，逐渐无法适应今天的要求，因此，要求企业转向多品种、中小批量生产。

（3）技术的飞跃发展为管理工具和手段的不断改进，为生产系统增强其功能和提高运作效率提供了可能。

（4）以供应链管理为代表的新理念（供应链内企业之间加强协调与合作），以及电子商务 B2B、B2C 的出现，加速了网络经济时代的到来，使生产管理的领域不能再局限在一个企业的范围之内，而需向企业外部的供应系统和分销系统伸展。

（二）现代生产与运作管理的主要特征

（1）生产经营一体化。

（2）信息技术和管理技术在生产运作中已经得到应用。

（3）多品种生产、快速响应与灵活应变。多品种、中小批量生产将成为社会生产的主流方式，从而带来生产管理上的一系列变化。

（4）人本管理与不断创新。随着知识经济时代的到来，信息和知识将成为最重要的财富和资源。

表 1-2 按时间顺序列出了生产与运作管理演进中的一些重大事件。

表 1-2 生产与运作管理演进中的一些重大事件

时 间	内 容	主要代表人物	国家或地区
1776 年	劳动分工	亚当·斯密	英国
1790 年	零件互换性	伊莱·惠特尼	美国
1911 年	科学管理原理	泰勒	美国
1911 年	动作研究工业心理学的应用	弗兰克·吉尔布雷思，莉莲·吉尔布雷思	美国
1912 年	活动进度图	亨利·甘特	美国
1913 年	移动装配线（生产流水线）	亨利·福特	美国
1915 年	库存管理的数学模型	福特·哈里斯	美国
1930 年	关于工人动机的霍桑实验	梅奥	美国
1925～1935 年	控制图、抽样检验等统计技术在质量控制中的应用	W. 休哈特，H. F. 道奇，H. G. 罗米格，L. H. C. 蒂皮特	美国
1940 年	运筹研究在战争上的运用	运筹研究小组	英国
1947 年	线性规划	乔治·丹齐克	美国
1950～1960 年	模拟技术、排队论、决策论、网络计划技术、计算机软硬件技术	许多人	美国、西欧
1975 年	以制造战略为重点	W. 斯金纳	美国
20 世纪 80 年代	JIT、TQC、CIMS、FMS、CAD、CAM 等	许多人	日本、美国、西欧
20 世纪 90 年代	TQM、ISO9000、BPR、ERP、SCM、互联网等	许多人	美国、日本、西欧、中国

缩略词注：

CAD Computer Aided Design 计算机辅助设计

CAM Computer Aided Management 计算机辅助管理

FMS Flexible Manufacturing System 柔性制造系统

CIMS Computer Integrated Manufacturing System 计算机集成制造系统

单元三 21 世纪生产与运作管理

自 20 世纪初美国推行泰勒的科学管理后，其制造业的劳动生产率一直高于欧洲各工业发达国家。美国在制造业的领先地位促进了农业劳动生产率的提高和服务业的发展，也使得美国很多企业逐渐把生产管理放到次要地位，使从事生产管理的人员成了"灰姑娘"。20世纪 50 ～ 70 年代日本经济振兴，主要靠的是制造业的高效率、低成本与高质量。面对日本企业的挑战，美国一些企业又重新把注意力放到生产上，提出了各种夺回制造业优势的对策。美国国防部根据国会的要求，委托理海大学（Lehigh University）亚科卡研究所对美国制造技术规划进行研究，亚科卡研究所提交了《21 世纪制造企业战略报告》。该报告对汽车工业、化学工业、半导体工业和电子产品工业进行了分析，提出通过采用敏捷制造寻回竞争优势。同时，服务业的竞争也愈发激烈。

进入 21 世纪后，世界经济受国际金融危机的影响，整体上呈现低速稳定增长态势。一些传统行业如钢铁、汽车等，在发展到顶峰后，呈下滑势头，而一些新兴行业如信息通信、新材料、新能源等则有飞速发展，全球经济一体化进程有所加速，全球产业（行业）竞争格局正在发生重大调整，经济发达地区纷纷提出"再工业化"战略，中国于 2015 年提出了实施制造强国战略的第一个十年行动纲领——《中国制造 2025》，通过努力实现中国制造向中国创造、中国速度向中国质量、中国产品向中国品牌的三大转变，迈入制造强国的行列。美国著名社会学者杰里米·里夫金（Jeremy Rifkin）则提出了许多新的概念，如"第三次工业革命""零边际成本社会""协同共享（Collaborative Commons）""产消者（消费自己生产产品的人）"等，他认为："数以百万计的产消者可以在社会共享中免费地相互协作，创造新的信息技术和软件、新形式的娱乐、新的学习工具、新媒体、新的绿色能源、新的3D 打印成品、新的健康研究方案以及新的非营利社会创业企业，使用开源法律协议，从知识产权的束缚中解脱出来。其结果是创造力的激增，增长程度至少与 20 世纪资本主义市场经济所经历的创新动力不相上下。"当然对于他的预言，一些人认为还需在今后的实践中进一步验证。总之，在 21 世纪，企业的生产与运作管理既面临艰巨的挑战，也存在良好的机遇。

一、21 世纪企业生产与运作管理的主要特征

1. 现代信息技术的运用已成为企业生产与运作管理的主旋律

21 世纪信息技术和互联网的快速发展对生产与运作管理的影响，如何好评都不为过。开始只在企业内部的一个部门，如财务管理、计算机辅助设计（CAD），到计算机集成制造系统（CIMS），再到整个企业内部的各个方面如智能制造（详见模块十二单元三）和智能工厂，再延伸到企业外部，形成能够随时与世界任何地方的供应商和客户进行联系的电子商务系统。现在国家已经把工业化和信息化的融合（称为两化融合）作为使我国从制造大国向制造强国转变的基本手段。

现代信息技术的发展带动了互联网的快速发展，起源于高校查寻各种资料的互联网，现已应用于经济发展的各个领域。我国政府提出了把"互联网＋"作为经济发展的总引擎。

"互联网+"是两化融合的升级版，将互联网作为当前信息化发展的核心特征，提取出来，并与工业、商业、金融业等服务业全面融合。通俗来说，"互联网+"就是"互联网+各个传统行业"，但这并不是简单的两者相加，而是利用信息通信技术和互联网平台，让互联网与传统行业进行深度融合，创造新的发展生态。"互联网+工业"（即工业互联网的内容详见模块七单元四。

基于信息物理系统的智能装备、智能工厂等智能制造正在引领制造方式变革；网络众包、协同设计、大规模个性化定制、精准供应链管理、全生命周期管理、电子商务等正在重塑产业价值链体系；可穿戴智能产品、智能家电、智能汽车等智能终端产品不断拓展制造业新领域。

2．传统产业产能过剩，长期的结构性矛盾突出，供给侧结构性改革是最好的选择

众所周知，改革开放以来，为了解决物资长期短缺的问题，我国基本实行的是需求引导供给、供给改善需求的发展策略。但是，这种通过投资、出口、消费三驾马车拉动需求的做法，在经济新常态下受到了挑战，需求正在向多样化、高端化、服务化方向转型，但是供给侧结构越来越不适宜市场需求侧的变化。我们的一些企业，其运行还不能很好地适应市场经济体系，它们的发展是以扩张型为主，造成产能大量过剩，效率低下，钢铁、煤炭、水泥、玻璃、石化、铁矿石、有色金属等几大行业，亏损面一度达到80%，产业的利润下降幅度最大，产能过剩很严重。

所谓供给侧结构性改革，即从提高供给质量出发，用改革的办法推进结构调整，矫正要素配置扭曲，扩大有效供给，提高供给结构对需求变化的适应性和灵活性，提高全要素生产率，更好地满足广大人民群众的需要，促进经济社会持续健康发展。讲得通俗一点，即要改善供给以满足各种不同的市场需求。我国供需关系正面临着不可忽视的结构性失衡，"供需错位"已成为阻挡我国经济持续增长的最大障碍：一方面，过剩产能已成为制约我国经济转型的一大包袱；另一方面，我国的供给体系，总体上是中低端产品过剩，高端产品供给不足。因此，强调供给侧改革，就是要从生产、供给端入手，调整供给结构，为真正启动内需，打造经济发展新动力寻求路径。供给侧结构性改革为企业的生产与运作管理带来了机遇和挑战。首先是要减产能，这对于陷入产能严重过剩的企业，有些可能涅槃重生，有些可能淘汰出局，而且这些企业大多数是高污染企业，产能的减少将在很大程度上改善一些地区的生态环境。另外，需求向多样化、高端化、服务化方向转型，也给企业生产与运作管理带来了很大的空间。一直以来，我们的许多中小企业，生产过程简单，只能生产低档的廉价产品，利润率也低，现在它们受到越来越大的人工成本和环境成本的压力，有些不堪压力的已倒闭。有一定经济实力、成长性好的中小企业，应考虑提高产品档次，以适应高端产品的市场需求，这要从软件和硬件两个方面对企业的生产过程进行改进，并强化企业的生产与运作管理工作。在软件方面，首先要执行严格的产品标准，严肃加工过程的工艺纪律，强化对生产过程的质量管理，必要时还需使用更高质量的原料，当然还要加强对工人的培训，没有高质量的人员，也生产不出高档次的产品；在硬件方面，主要要对生产设备进行提档升级，并要加强对设备的维护和修理。

3．环境形势严峻，企业生产与运作管理必须全面推行绿色制造工程

我国自改革开放以来，经济总量有了快速增长，但由于前一时期片面强调GDP的增长

而忽视了生态环境的保护，造成目前环境形势十分严峻，雾霾频发，水体污染严重，有些地方已危及人类的生存，因此无论是党的十八大、十九大决议还是2021年出台的国家"十四五规划"均将生态建设提到一个前所未有的高度。当然修复已破坏的生态环境并不是一件简单的事，顶层设计只是一个良好的开端，企业在生产与运作管理中全面推行绿色制造工程已是势在必行，否则会被淘汰出局（详见下节）。

4. 发展服务型制造和生产性服务业将成为一种新趋势

加快制造与服务的协同发展，促进生产型制造向服务型制造转变。服务型制造是在经济全球化、客户需求个性化和现代信息技术快速发展下出现的一种创新的商业模式和生产组织方式，是制造与服务相融合的创新产业形态，服务型制造企业通过对客户价值的关注，依托分散化的资源集成，引导顾客参与到个性化的产品服务系统的生产过程中，实现了企业产品模式从物理产品或无形服务向产品服务系统的转变；也使得企业完成了从产品或服务供应商向"综合性解决方案"供应商的转变，延伸了企业的价值链。

服务型制造要从主要提供产品制造向提供产品和服务转变。制造业企业增加服务环节投入，发展个性化定制服务、全生命周期管理、网络精准营销和在线支持服务等。有条件的企业由提供设备向提供系统集成总承包服务转变，由提供产品向提供整体解决方案转变。优势制造业企业"裂变"专业优势，通过业务流程再造，面向行业提供社会化、专业化服务。符合条件的制造业企业建立企业财务公司、金融租赁公司等金融机构，推广大型制造设备、生产线等融资租赁服务。发展服务型制造对于大型设备制造和生产线制造企业更为必要。

生产性服务业是指为生产企业服务的服务业。要加快生产性服务业的发展步伐，服务业要转变服务方向，大力发展面向制造业的信息技术服务，提高重点行业信息应用系统的方案设计、开发、综合集成能力。加快互联网企业发展移动电子商务、在线定制、线上到线下等创新模式，积极发展对产品、市场的动态监控和预测预警等业务，实现与制造业企业的无缝对接，创新业务协作流程和价值创造模式。加快发展研发设计、技术转移、创业孵化、知识产权、科技咨询等科技服务业，发展壮大第三方物流、节能环保、检验检测认证、电子商务、服务外包、融资租赁、人力资源服务、售后服务、品牌建设等生产性服务业，提升对制造业转型升级的支撑能力。

国内外的研究表明，生产性服务业能显著促进技术密集型制造业的发展，大力发展生产性服务业可以促进装备制造业技术含量的提高。生产性服务业的发展与装备制造业发展产生的大量中间需求有关，只有制造业得到发展，生产性服务业才能获得充分的发展空间。生产性服务业的发展可促进装备制造业技术含量提高，而技术密集型制造业增加值比例的提高又有利于制造业能耗强度的下降和制造业的持续发展；同时，装备制造业发展产生的大量中间需求有利于生产性服务业的发展，二者相互促进。概括成一句话：专业的事情由专业人员去做，这样能发挥各方面优势，提高整体效率。

5. 企业的生产与运作管理一定要注重相关利益者，并要承担起社会责任

1937年美国著名经济学家科斯阐明了这样一个道理：为什么会有企业？因为企业可以"用费用较低的企业内交易替代费用较高的市场交易"。这证明企业为了盈利而生存。很久以来，许多人都认为"企业就是一台赚钱的机器"，因此有些人就会不惜一切手段来赚钱，

而不管利益相关者和整个社会的利益。企业的利益相关者包括顾客、经销商、供应商、所有者、贷款方、员工及社区成员。当企业发展损害到公众和社会利益时，就会被社会所不容。政府作为社会的管理者，就会用法律来规范企业的某些行为，这引出了"社会责任"问题，即企业的运行除了有营利的目的外，还必须承担企业应有的社会责任。企业的社会责任一般包括生产优质安全的产品、重视环境保护、提供安全清洁的工作环境并善待员工、与周围社区保持良好关系等。

特别是，企业的生产与运作过程往往是在一个持续变化和充满挑战的环境中，将资源转化为产品和服务的运作系统非常复杂，而且现实条件和社会环境也在不断变化（如法律等）。这些变化实际上代表了来自不同利益相关者相互冲突的观点所产生的挑战。这些利益相关者以及各级政府机关都需要企业持续关注并做出恰当的响应。例如时有发生的环保群体事件，往往是由于企业在生产中有意或无意地排放有毒、有害气体或污水，污染了周边环境所引起的，严重时甚至造成附近社区居民对企业的打砸，其结果是双输，肇事者被拘留，企业财物损失，还要被政府因污染环境而处罚。也有一些企业，因生产车间环境较差，员工不满而选择离去，使企业陷入困境。这些都是由于企业没有承担社会责任所引起的恶性事件。

二、绿色制造工程

1. 政府出台严厉政策法律，倒逼企业重视生态建设

我们许多企业，长期以来习惯于粗放式管理，在生产与运作过程中随意排放各种污染物，而治理这些污染物需要大量的费用，有人将其称为"外部成本"。一直以来，这部分成本都是由社会买单，企业得益，环境受到污染。2015年我国修改了环境保护法，凡企业违规超标排放，企业不但要受到严厉的经济处罚，企业法人还要承担刑事责任。严厉的法律将倒逼企业重视生态建设，必须把外部成本转化为内部成本，企业增加环保成本成为新常态，一些企业必须要对生产与运作过程进行创新，以消化这些成本，一些高污染企业逐渐被淘汰出局。

补充阅读

水泥企业的外部成本

2015年专业环境智库清洁空气创新中心、全球性环境咨询公司Trucost联合发布报告，这份名为《上市公司环境成本档案：以32家水泥企业为例》的报告披露，32家产量占中国水泥总产量46%的上市水泥公司，2013年产生了1 954亿元的外部成本。如果将这些外部成本内化，可抵消这些公司67%的熟料和水泥收益（2 932亿元），或43%的总收益（4 585亿元）。熟料是水泥生产最主要的半成品，也是水泥生产中最耗能的环节，而如果将环境污染成本内化为熟料的价格（以2013年价格为基准），熟料的价格将上涨72%，至490元/吨，这将超过水泥成品的出厂价格，而使企业的运行难以为继。不仅是水泥行业，2014年能源基金会发布的煤炭环境外部成本报告指出，我国2010年煤炭外部环境总成本5 555亿元，每吨煤外部成本高达200多元，内化占比不足三成。这个所谓的外部成本就是企业的生产过程污染环境所造成的经济损失，也可称为企业运行的环境成本。长期以来，资源低价、廉价甚至无价，企业缺乏节约资源、保护环境的内生动力和外在压力，企业的资源使用成本和环境污染成本往往被社会化或外部化，最终由社会公众买单。这不仅引发了资源

环境的危机，客观上也助长了粗放型的开发方式、生产方式和消费方式。这也是第一次通过环境成本的概念对过去粗放式不计环境代价的企业生产运行模式敲响了警钟。

随着我国生态文明建设的深入，政府为了实现对公众的承诺，实行越来越严格的环保政策，环境成本内化为企业成本，极大地挤压了企业的利润空间，许多行业或企业将进行重新洗牌。当然，水泥作为主要的建筑材料，整个行业还会继续生存下去，但许多水泥企业将不得不面对环境成本不断增加的新常态，必须要加强管理，严格压缩各项不合理的开支，改变工艺方法，选择更清洁、更环保的生产方式，以降低成本。

随着人们生活水平的提高，生活垃圾剧增，对它们的处理成为难题，我国许多地方时有出现垃圾围城、垃圾围乡的报道。国内一些水泥厂经过试验，用生活垃圾代替部分燃料（煤炭）来生产水泥，因为水泥窑内温度在 1 300 摄氏度以上，而且生活垃圾在水泥窑中停留时间也比较长，在生产过程中不会产生二噁英，而受到好评。这样企业一方面减少燃料量，减少生产成本（燃料成本）；另一方面焚烧生活垃圾可以得到政府补贴，可谓是一举两得。

2. 企业在生产与运作管理中全面推行绿色制造工程势在必行

一般认为绿色制造工程是一个闭环系统，即原料——工业生产——产品使用——报废——二次原料资源，从设计、制造、使用一直到产品报废回收整个生命周期对环境影响最小，资源效率最高。也就是说，要在产品整个生命周期内，以系统集成的观点考虑产品环境属性，改变了原来末端处理的环境保护办法，对环境保护从源头抓起，并考虑产品的基本属性，使产品在满足环境目标要求的同时，保证产品应有的基本性能、使用寿命、质量等。

全面推行绿色制造工程必须要做好以下几项重点工作：

（1）绿色设计。绿色制造的首要环节是绿色设计，绿色设计是指在产品的整个生命周期内，着重考虑产品的可拆卸性、可回收性、可维护性、可重复利用性等，并将其作为设计目标，在满足环境目标的同时，保证产品应有的功能、使用寿命、质量等要求。提倡绿色设计是把着眼点放在了绿色制造系统的源头，在产品的最初的设计阶段即考虑资源的最大利用效率，包括绿色材料的选择设计、绿色过程设计、产品可回收性设计、产品的可拆卸性设计、绿色包装设计、绿色物流设计、绿色服务设计、绿色回收利用设计等，融入循环经济的发展理念。因此，绿色设计不仅是绿色制造的起点，也是循环经济的核心和立足点。在现阶段，绿色设计在我国仅处于起步阶段。

（2）绿色生产。即清洁生产，对于许多制造企业而言，"清洁生产"将是必然的选择。为了使经济得到可持续发展，欧美经济发达国家从20世纪60年代开始在制造企业中推进"清洁生产"，我国在联合国有关组织的资助和指导下，在清洁生产方面也取得了积极的进展。所谓清洁生产，是指不断采取改进设计、使用清洁的能源和原料、采用先进的工艺技术与设备、改善管理、综合利用等措施，从源头削减污染，提高资源利用效率，减少或者避免生产、服务和产品使用过程中污染物的产生和排放，以减轻或者消除对人类健康和环境的危害。

清洁生产的内容可表述为："采用清洁的原料和能源、清洁的生产和服务过程，得到清洁的产品。"

所谓清洁的原料和能源是指：尽量少用或不用有毒有害的原料，尽量少用或不用使用后污染量大的能源；完善原料、能源的管理，做到物料的再循环利用，如污水治理后达标的水（一般称为"中水"）的回用。这里要特别提到节能减排，这两者既独立，又相互关联。现在企业的能源基本有煤、电等，目前我国的电厂仍是以碳基燃料为主的，电厂在发电过程中，不但有大量的碳排放，还有大量的污染物排放，如 NO_x、SO_2 等，以往一座发电厂往往是当地大气的一个大污染源。进入 21 世纪以来，强台风、沙尘暴、高温干旱、极端降水等极端天气在全球频频发作，危害越发严重。究其原因，最重要且人类负有不可推卸的责任的是碳基燃料消耗过大而造成的全球气候变暖——极端天气只是能源消耗问题的一个折射而已。因此企业节约电能也等于减少了碳排放及其他污染物的排放。

所谓清洁的生产和服务过程是指：对原料、能源要求外，尽量减少生产过程中的各种危险因素，如高温、高压、低温、低压、易燃易爆、强噪声、强振动等；采用可靠、简单的生产操作和控制方法；实施和依靠清洁生产工程，如使用替代技术、减量技术等，采用新工艺和新设备，提高生产效率；清洁的服务过程即减少服务过程的原料、能源消耗和废弃物的产生量。

所谓清洁的产品是指：利用二次资源做原料；产品在使用过程中及使用后不会危害人体健康和生态环境；易回收、复用和再生；合理包装；合理的使用功能和使用寿命；易处置、易降解等。

在实施清洁生产过程中，要加快制造业绿色改造升级。全面推进钢铁、有色、化工、建材、轻工、印染等传统制造业绿色改造，大力研发推广余热余压回收、水循环利用、重金属污染减量化、有毒有害原料替代、废渣资源化、脱硫脱硝除尘等绿色工艺技术装备，加快应用清洁高效铸造、锻压、焊接、表面处理、切削等加工工艺，实现绿色生产。持续提升电机、锅炉、内燃机及电器等终端用能产品能效水平，加快淘汰落后机电产品和技术。积极引领新兴产业高起点绿色发展，大幅降低电子信息产品生产的使用能耗及限用物质含量，建设绿色数据中心和绿色基站，大力促进新材料、新能源、高端装备、生物产业绿色低碳发展。支持企业强化技术创新和管理，增强绿色精益制造能力，大幅降低能耗、物耗和水耗水平。

清洁生产是一种全新的发展战略，它借助各种相关理论和技术，在产品整个生命周期的各个环节采取"预防"措施，通过将生产技术、生产过程、经营管理及产品等方面与物流、能量、信息等要素有机结合，并优化运行方式，实现最小的环境影响，最少的资源、能源使用，最佳的管理模式以及最优化的经济增长水平。更重要的是，环境作为经济的载体，良好的环境可更好地支撑经济的发展，并为社会经济活动提供所必需的资源和能源，从而实现经济的可持续发展。

要实施清洁生产，关键在于要进行清洁生产审核。清洁生产审核是指按照一定程序，对生产和服务过程进行调查和诊断，找出能耗高、物耗高、污染重的原因，提出减少有毒有害物料的使用、产生和降低能耗、物耗及废物产生的方案，进而选定技术经济及环境可行的清洁生产方案的过程。

（3）资源再生利用和资源高效循环利用。目前我国的资源再生利用企业散而小，不成规模，所以要推进资源再生利用产业向规范化、规模化发展，强化技术装备支撑，提高大宗工业固体废弃物、废旧金属、废弃电器电子产品等综合利用水平。大力发展再制造产业，实施高端再制造、智能再制造、在役再制造，推进产品认定，促进再制造产业持续健康发展。还要推进资源高效循环利用。支持企业强化技术创新和管理，增强绿色精益制造能力，大幅降低能耗、物耗和水耗水平。持续提高绿色低碳能源使用比率，开展工业园区和企业分布式绿色智能微电网建设，控制和削减碳基能源消费量。全面推行循环生产方式，促进企业、园区、行业间链接共生、原料互供、资源共享。特别在化工园区更应该如此，有时一个企业的废气或废液可能就是下一个企业的原料，在一个园区连续分布，不但可以大大降低企业有害废物对环境的排放，还可以在很大程度上降低各企业的生产成本，真正实现双赢。

小提示

碳达峰和碳中和

碳达峰表示在某个时间节点，二氧化碳的排放达到顶峰；碳中和表示企业或家庭要减少二氧化碳的排放量，可通过植树造林、节能减排的形式实现二氧化碳的零排放。气候变化问题是全球共同面临的挑战，应对气候变化是各国共同的责任。我国为提高国家自主贡献力度，于 2020 年首次提出：采取更加有力的措施使二氧化碳排放量力争在 2030 年前达到峰值，努力争取 2060 年前实现碳中和。

补充阅读

习近平总书记反复强调"绿水青山就是金山银山"。党的二十大报告指出：我们要加快发展方式绿色转型，实施全面节约战略，发展绿色低碳产业，倡导绿色消费，推动形成绿色低碳的生产方式和生活方式。深入推进环境污染防治，持续深入打好蓝天、碧水、净土保卫战，基本消除重污染天气，基本消除城市黑臭水体，加强土壤污染源头防控，提升环境基础设施建设水平，推进城乡人居环境整治。提升生态系统多样性、稳定性、持续性，加快实施重要生态系统保护和修复重大工程，实施生物多样性保护重大工程，推行草原森林河流湖泊湿地休养生息，实施好长江十年禁渔，健全耕地休耕轮作制度，防治外来物种侵害。积极稳妥推进碳达峰碳中和，立足我国能源资源禀赋，坚持先立后破，有计划分步骤实施碳达峰行动，深入推进能源革命，加强煤炭清洁高效利用，加快规划建设新型能源体系，积极参与应对气候变化全球治理。

复习思考题

一、简答题

1. 什么是"生产"？用图表示企业的生产系统。
2. 服务性生产有哪些特点？
3. 简述生产与运作管理的环境要求和目标。
4. 生产与运作管理人员需要具备哪些方面的技能？
5. 泰勒及"科学管理"理论的主要贡献是什么？
6. 福特提出的"3S 化"是指什么？在历史上曾起到什么作用？在现实中有什么意义？
7. 举例说明行为科学理论对生产与运作管理的作用。
8. 简述 21 世纪生产与运作管理的特点。

9. 什么是清洁生产？什么是清洁生产审核？

二、案例分析题

A 公司是一家化工企业，甲产品是该企业的主导产品，有十多年的生产历史，在地区市场上有较高的占有率。近年来，由于竞争对手开始出现，甲产品的销售受到一定程度的威胁，市场占有率有所下降。另外，当地政府为了实施生态文明建设，加强了对环境的监管力度，从 2010 年下半年至今，两次对该企业排放的污水抽检不合格，该企业不仅被处罚款 20 万元，而且被列入污染企业"黑名单"，根据当地政府政策，凡列入"黑名单"的企业，银行将停止对该企业的贷款，引发了企业的生存危机，这引起了公司高层领导的高度重视，聘请了某管理咨询公司来开展管理咨询。经过咨询人员深入调查，发现企业在生产与运作管理的环境发生变化时，没有很好的应对措施，另外，在环境保护策略上也存在较大的失误。由于甲产品长期以来在地区市场上有较高的占有率，企业销售人员有以老大自居的思想，在为用户服务方面存在较多的问题，如在产品交货期上，往往强调企业的需要，而较少考虑用户的需要；由于包装材料的质量问题，有些产品到达用户处时，包装破损造成了用户的损失，用户意见较大，问题至今没有解决。生产工艺长期没有进行调整和改进，实际上，公司在降低成本方面还有一定的空间。

在改进措施上，首先进行销售策略上的调整，抛弃以老大自居的思想，树立"一切以用户第一"的思想，改进生产计划工作，以确保用户要求的交货期。改进产品包装质量，尽量减少用户的损失。从为企业进行"清洁生产"理念的培训开始，协助企业树立"清洁生产"理念，建议聘请某著名化工研究设计院的工程技术人员调整和改进生产工艺，学习"清洁生产工艺"，新工艺实施后成本大约可降低 10%，每年可获利 100 万元左右，减少工业污水量 50%；决定投资 80 万元，建造新的污水处理系统，使其外排污水中有害物质，如 COD（化学需氧量）、氨氮量浓度大大低于政府要求的控制指标。

经过 3 个季度的改进措施的实施，在销售工作方面，随着"一切以用户第一"观念的树立，用户的投诉率大为下降。由于降低了成本，企业决定销售价格下降 3%，在竞争对手面前，有了价格竞争优势。企业在扩大销售市场方面做了有力的调整。在新的污水处理系统投入使用后，经环保局在线监测和多次"飞行监测"，外排污水浓度都合格，"排污不合格企业"的帽子已被摘除，银行恢复贷款。最近企业又申报了"太湖流域水环境治理项目"的地方子项目，经有关部门评审，获得 50 万元的国家资金资助。企业对第二代甲产品的研发计划已经启动。企业生产经营进入了良性循环的轨道。

请讨论：

1. 企业生产与运作管理的环境要求是什么？A 公司在管理咨询前主要存在什么问题？
2. "清洁生产"的内容是什么？A 公司主要做了哪些改进？取得了哪些主要成效？

模块二
生产过程组织

📖 学习目的

　　了解厂区布置、仓库布置、办公室布置等概况。掌握工序的概念及重要性、产品生产过程的概念、生产过程的构成、生产类型的几种划分及不同生产类型对企业管理的影响。熟练掌握合理组织生产过程的基本要求、车间平面布置中的两种专业化形式的特点和优缺点，以及零件在工序间移动三种方式的概念及计算。

01

单元一　生产过程及其构成

生产过程组织

一、生产过程的概念

　　组织的生产系统就其本质而言是一种投入、转化、产出关系，生产系统也可以称为生产过程。制造企业的生产过程相对于服务企业，要更复杂、更重要，下面的内容主要是针对制造企业而言。

　　在一家工厂中，一方面是原材料、燃料、劳动力、资金等生产要素的不断输入；另一方面是工业产品和工业性作业的不断输出。输出的产品，有些是能够立即消费的终端产品（如服装、电视机等），有些是需要继续加工制造的中间产品（如钢材、棉纱等）。

　　产品的生产过程是指从准备生产该品种产品开始，到把它生产出来的全部过程。它的基本内容是人的劳动过程，在某些生产技术条件下，生产过程的进行还需要借助自然力的作用（如油漆的干燥、酿酒的发酵等），这时，生产过程就是劳动过程和自然过程相结合。

　　这里要强调的是生产过程是与产品紧密相关的。因此，要搞好生产与运作管理，必须深入生产实践，熟悉所生产产品的特性。只有这样，在生产运作与管理中才会有发言权。

二、生产过程的构成

　　企业的生产过程是各种产品生产过程的总和，一般由以下几个部分组成。

1. 生产技术准备过程

　　生产技术准备过程是指产品在投入生产前所进行的各种生产技术准备工作，如产品设计、工艺设计、工艺装备的设计和制造、标准化工作、定额工作、调整劳动组织和设备布置等。

2．基本生产过程

基本生产过程是指直接为完成企业基本产品所进行的生产活动。它又可划分为两大类：一类是加工装配式生产过程，先分别通过各种加工作业制造零件，然后通过装配活动把零件组合成部件，最后装配成产品的过程，如机械、电子等企业都采用这种生产过程；另一类为流程式生产过程，通过一系列化学或物理处理，使原料变为产品的过程，如冶金、纺织、化工、水泥等企业都采用这种过程。

3．辅助生产过程

辅助生产过程是指保证基本生产过程正常进行所必需的各种辅助性生产活动，如机械工厂中的动力生产、工具制造、设备维修等。

4．生产服务过程

生产服务过程是指为基本生产和辅助生产服务的各种生产服务活动，如原材料、半成品的供应、运输、保管及产品检验等。

上述四个部分既有区别，又有联系，其核心是基本生产过程，其他的部分可以通过专业协作来完成。随着社会专业化协作水平的提高，企业的生产过程趋向简化，企业之间的协作关系日益密切。例如企业的物流管理，在 20 世纪 90 年代前，我国大大小小的企业都有自己的车队，但其运转效率却极低，增加了大量的成本。随着国家市场经济的深化，第三方物流企业蓬勃发展，制造企业物流外包是其最佳选择。随着生产性服务业的发展，更多的制造企业选择对生产服务过程进行外包，甚至也可对辅助生产过程外包，这样，制造企业的生产更高效，效益也会更好。

三、工艺阶段和工序

1．工艺阶段

生产过程按照工艺加工性质，可划分为若干相互联系的工艺阶段（局部生产过程）。

例如，机械工厂一般分为三个工艺阶段，即准备阶段、加工阶段、装配阶段。其中：准备阶段主要是采用铸造、锻造、直接下料等工艺方法，为加工阶段提供毛坯和材料；加工阶段主要是采用机械加工、冲压、铆焊、热处理、电镀等工艺方法，为装配阶段提供各种合格的零件；装配阶段是将各种零件装配成部件、成品。铜冶炼厂一般可分为粗炼、精炼、电解三个工艺阶段。水泥工厂一般可分为生料制备、熟料煅烧、水泥粉磨三个工艺阶段。

2．工序

若对局部生产过程进行划分，又可分为许多相互联系的工序。所谓工序是指一个或一组工人，在同一工作地对同一劳动对象进行加工的生产环节；而工作地是工人使用劳动工具对劳动对象进行生产活动的地点。按工人和工作地不同，工序有两种形式（见表 2-1）。

表 2-1 工序的两种形式

工 序 形 式	工 人	工 作 地	典 型 行 业
I	固定	劳动对象顺序经过	机械、冶金、电子等
II	不同工种的工人按顺序加工	固定	建筑、造船等

工序按其作用不同，通常可分为工艺工序、检验工序和运输工序等。其中：工艺工序是使劳动对象发生物理或化学变化的工序；检验工序是对原材料、半成品和成品的质量进行检验的工序；运输工序是在工艺工序之间、工艺工序与检验工序之间运送劳动对象的工序。三者中以工艺工序最为重要。

工序是组成生产过程的最小单元，是企业生产技术工作、生产管理和组织工作的基础。如规定工序成本、工序质量等。组织生产过程就是要合理地安排工作，组织好各工序之间的配合。

由于工序的重要性，工序的划分也显得十分重要。工艺工序的划分，主要取决于生产技术的要求。应该按照采用的工艺方法和机器设备来划分工序，不把采用不同工艺方法、不同机器设备的生产活动划为同一工序。在工艺方法相同的情况下，工序的划分考虑劳动分工和提高劳动生产率的要求。

四、合理组织生产过程的基本要求

组织生产过程的目的是要使产品在生产过程中行程最短、时间最省、耗费最小。因此，组织生产过程必须符合以下五项要求。

1. 连续性

连续性是指产品在生产过程各阶段、各工序之间流动，在时间上是紧密衔接的，不发生或很少发生不必要的停顿和等待时间。

保证生产过程连续性的作用为：可以缩短产品的生产周期，减少在制品存量，降低存货成本；可以更好地利用设备和生产面积；可以改进产品质量。

生产过程的连续性同工厂布置、生产技术水平有关。工厂布置合理，或采用先进的科学技术，提高机械化、自动化水平，就比较容易实现生产过程的连续性。在一定的生产技术条件下，生产过程的连续性还与生产管理水平有关。做好生产管理，如采用先进的生产组织形式、合理地安排工序、提前做好生产技术准备工作等，就能提高生产过程的连续性。

2. 比例性

比例性是指生产过程各阶段、各工序在生产能力上要保持一定的比例关系，即各个生产环节的工人人数、机器设备、生产面积或生产能力，都必须相互协调、相互适应。比例性的破坏将导致生产过程出现"瓶颈"。为了保持生产过程的比例性，应做好以下几方面工作：

（1）工厂（产品）设计时就要正确确定生产过程的各个环节、各工种工人的数量、各种机器设备数量和生产能力方面的比例关系。

（2）在日常管理工作中，要加强管理的计划和控制，搞好综合平衡，使各个生产环节保持应有的适当比例关系。

（3）生产过程的比例性不是一成不变的。由于生产技术的改进，产品品种、原料构成的变化，厂际协作关系的改变，以及工人熟练程度的提高等原因，某些环节的生产能力总会发生变化，从而改变原有的比例关系。此时必须采取措施，及时协调和调整各种比例不协调现象，建立新的比例关系，以适应发生变化的情况。

3. 均衡性（节奏性）

均衡性是指企业及各个生产环节，从原料投入到成品完工入库，都能保持有节奏地、均衡地进行，不出现时松时紧、前松后紧等现象。均衡地进行生产，能充分利用设备和人力，防止突击赶工，有利于保证和提高产品质量，避免产品积压和各种浪费损失，还有利于安全生产。

保证生产过程均衡性的作用为：有利于劳动资源的合理利用；有利于设备正常维护和运转；有利于提高产品质量；有利于减少在制品的大量积压；有利于安全生产。

为了保证企业有节奏地均衡生产，首先必须保持生产过程的比例性，加强计划管理与生产控制，强化生产指挥系统，提高生产组织水平，搞好生产技术准备与物资供应工作。

4. 适应性

适应性是指生产过程组织要灵活，能适应多变的市场需要。随着科技飞速发展，人们的物质生活水平日益提高，企业产品必须满足用户的个性化需求。这样，产品的生命周期越来越短，这就要求企业对产品不断地进行更新换代，来适应用户的新需求。现今已经产生并有很好发展前途的柔性制造系统（FMS），就是适应这一要求而建立起来的。它既可使产品具有较强的适应性，同时又使生产系统具有较高的机械化、自动化水平。因此，为了提高生产过程的适应性，必须采用现代化管理方法和手段，使之与现代生产技术结合起来，从而适应市场的新需求。

5. 准时性

准时性是指生产过程的各阶段、各工序都按后续阶段和工序的需要进行生产。即在需要的时候，按需要的量，生产所需要的零部件。准时性是市场经济对生产过程提出的要求。关于准时性，本书将在模块十一中更为详细地叙述。

以上五项基本要求是相互联系、相互制约的，达到这些要求，就可使生产过程获得良好的经济效益。

02 单元二　生产类型的划分

生产类型是影响生产过程组织的主要因素。虽然各企业生产的产品品种、产量、精度要求以及生产条件等存在着各种各样的差异，但是某些企业之间仍具有相同或相似的特点和生产规律，从而为选择相应的生产组织形式、生产技术手段和生产管理方法创造了条件，也为科学地分析生产管理理论、推广生产管理方面的先进经验起到重要作用。因此，在组织企业生产过程中必须适应不同的生产类型，才能取得较好的效果，故划分生产类型显得十分重要。划分生产类型的方法很多，从便于生产管理的角度，一般有三种划分方法。

一、生产类型的几种划分标准

1. 以生产的技术特性为标准

以生产的技术特性为标准，可分为加工装配式生产类型和流程式生产类型。若企业的基本生产过程为加工装配式，则其生产类型为加工装配式生产类型；若企业的基本生产过程为流程式，则为流程式生产类型。

2. 以产品所具有的市场特性为标准

以产品所具有的市场特性为标准，可分为订货式生产类型和存货式（或称预测式）生产类型。在订货式生产类型企业中，基本是按用户订单来组织生产，订单可能是单件，也可能是批量。随着我国经济市场化的深入，越来越多的企业采取这种生产类型，如一般机电行业及东部沿海地区面广量大的外贸产品生产企业。订货式生产类型主要强调用户特定的规格、质量以及严格的交货期（如外贸产品的生产）。外贸产品的生产还有许多特征，应引起我们的重视。除上述严格的交货期外，有时一笔订单表面看是一个批量（数量可能成千或上万），但由于每笔订单有较大的差异，即应把每笔订单看作"单批"，做单件生产类型处理，而不是当作成批生产类型。在订货式生产的企业中，如何完成订单是企业的中心和生命线，这也自然而然地形成了一个新的热门岗位——跟单员，跟单员的工作内容与特点，随企业规模与性质而有所区别。跟单员主要有两类工作，业务跟单和生产跟单。在大型企业中，由于分工比较明确，其跟单员主要从事业务跟单，代表企业业务部门向生产制造部门催单要货，跟踪出货，即承担传统的销售人员的角色。在小型企业中，跟单员可能要身兼数职，既是内勤员，又是生产计划员、物料控制员，甚至还会是采购员。对生产管理的知识要求较高。

订货式生产类型又可分为按订单设计制造型、按订单制造型和按订单装配型。

存货式生产类型，虽然也考虑用户的订货，但一般按一定的标准来组织生产。大多数基础原材料企业，流程式生产的产品，如水泥、煤炭、采油、石油化工、金属冶炼产品等，都是属于此类型。

由于市场的复杂性，还存在一类介于这两者间的类型，可称为"半存货、半订货生产类型"或"预测+订单生产类型"。这类企业的生产任务一部分来自于客户订单，一部分来自于预测。

3. 以生产任务重复程度和工作地专业化程度为标准

以生产任务重复程度和工作地专业化程度为标准，可分为大量、单件、成批三种生产类型。

（1）大量生产类型。特点是产品品种少、产量大，经常重复生产一种或少数几种相似的产品，生产过程稳定地不断重复进行，工作地专业化程度高。一般产品在一定时期内具有大量且相对稳定的社会需求。例如，流程式生产的产品，如水泥、煤炭、采油、石油化工、金属冶炼产品等；也有加工装配式生产产品，典型的如美国福特汽车公司，曾长达19年坚持生产T型车一个车种，以及通用类家用电器产品，如电冰箱、电视机及其零部件、冰箱压缩机、显像管等。

（2）单件生产类型。特点是产品品种多，经常改变，每种产品只生产一件或少数几件，一般不重复生产，或虽重复但不定期。如前所述，外贸产品的"单批"，可视为单件生产类型。

单件生产类型还可按其生产产品的复杂程度进一步分类，可分为简单单件（单批）产品和复杂单件产品。简单产品如出口的轻工产品（鞋帽、服装等），复杂产品如重型机器、船舶、大型电站设备等，但其行业分布面较窄，企业数量较少。另外，还有建筑工程产品，从住房、高速公路到大型的水电站等。

（3）成批生产类型。特点是产品品种较多，各种产品往往成批轮番生产。由制造一批产品改变为制造另一批产品时，工作地设备和工具就要做一次调整，即要花一次准备结束时间。每批产品的数量越大，工作地上调整的次数越少；反之就越多。所以，合理地确定批量，组织好多品种的轮番生产，是成批生产类型生产管理的重要问题。

在目前的实际生产中，大量生产或单件生产只是一种极端情况，一般都是成批生产。由于成批生产的范围很广，通常将它再分为"大批生产""中批生产"和"小批生产"三种。由于大批生产与大量生产的特点相近，习惯上合称为"大量大批生产"。同理，也存在"单件小批生产"。有些企业，生产的产品品种繁多，批量大小差别也很大，习惯上称之为"多品种中小批量生产"。以上三种分类方法比较符合企业的实际情况。

实际上，不论是根据生产任务的重复程度还是工作地的专业化程度来区分生产类型，这两个方面都是密切相关的。经常重复生产同一品种的产品，则工作地专业化程度就可能高些；如果产品的品种很多，每种产品的产量很少，生产很少重复，则工作地的专业化程度必然较低。有人提出对机械行业，可按零件大小和产量或工作地承担的工序数目来区别生产类型，其经验数据见表 2-2 和表 2-3。

表 2-2　按零件大小和产量区别生产类型

生 产 类 型		零件的年产量（件）		
		重 型 零 件	中 型 零 件	轻 型 零 件
单件生产		<5	<10	<100
成批生产	小批	5～100	10～200	100～500
	中批	100～300	200～500	500～5 000
	大批	300～1 000	500～5 000	5 000～50 000
大量生产		>1 000	>5 000	>50 000

表 2-3　按工作地承担的工序数目区别生产类型

工作地生产类型	工作地承担的工序数目
大量生产类型	1～2
大批生产类型	2～10
中批生产类型	10～20
小批生产类型	20～40
单件生产类型	40 以上

各种生产类型之间的关系用表 2-4 表示。

表 2-4　各种生产类型之间的关系

	技 术 特 性	市 场 特 性	任务重复程度
生产类型	加工装配式生产 ↗→↘　　流程式生产 →	订货式生产 ↘→↗　　存货式生产 ↗	单件生产　成批生产　大量生产

二、不同生产类型对企业管理的影响

不同生产类型对企业管理的影响见表 2-5。

表 2-5　不同生产类型对企业管理的影响

生产类型 项目	大量（大批）生产	成批生产	单件（小批）生产
产品品种	少	较多	很多
工作地担负的工作项目	很少，一般为 1～2 道工序	较多	很多
劳动生产率	高	较高	低
计划管理工作	简单	较复杂	复杂多变
生产周期	短	较长	长
资金周转速度	快	较快	慢
产品成本	低	较高	高
适应品种变化能力	差	较好	好
销售与生产关系	存货形式	存货或订货形式	订货形式

三、提高多品种小批量生产类型的效率的途径

如何克服市场需求多样化和小批量生产效率低下的矛盾，是现代生产管理的一项重大难题。提高多品种小批量生产类型的效率可通过以下途径。

1. 减少零件变化

（1）推行"三化"（产品系列化、零部件标准化、通用化）。推行产品系列化可以减少产品的品种数，用户的多种要求可以通过产品系列得到满足。例如，人脚的尺寸是一个连续的量，但生产厂商却不能制造无限多不同尺码的鞋，只能生产一套尺码系列的鞋，顾客选择最接近其脚大小的鞋码，便可得到满足。产品系列化可使品种数量减少，从而使零件数减少。零部件的标准化和通用化，实际上是福特提出"3S"理论的延续。

（2）推行成组技术。成组技术是指利用零件的相似性来组织多品种、小批量生产的方法。按零件加工表面和加工工艺的相似性，对零件进行分类编组。如回转体、非回转体等。

（3）推行变化减少办法。变化减少办法从分析产生产品"变化性"的根源入手，本着"以不变应万变"的思想，变产品的多品种为零件、工艺的少品种。它运用统计方法，区分产品中固定不变部分与变动部分，使变动部分尽可能减少。该方法还运用各种组合技术，如基本部分加附加部分、公共模块的组合方式以及各种基本模块的组合方式，以便简化设计。

2. 提高生产系统的柔性

提高生产系统的柔性，可以适应不同产品和零件的加工要求，并减少加工转换时间。一般有数控机床（NC）、柔性加工单元、柔性制造系统（FMS）、成组技术等。

3. 实施 JIT

JIT 的内容将在后面模块中讲述。

03

单元三　生产过程空间组织

生产过程的空间组织涉及厂区、车间、仓库、办公室等区域的布置。

一、厂区布置

厂区布置的实质是，对企业的生产单位在厂区的范围内进行合理的布局。下面以机械制造企业为例，讨论一般企业的生产单位组成。

（一）生产单位的组成

企业的生产过程由生产技术准备过程、基本生产过程、辅助生产过程、生产服务过程所组成。因此，企业必须相应设置以下几个部门。

1．生产技术准备部门

它是为基本生产和辅助生产提供产品设计、工艺设计、工艺装备设计、非标准设备设计等技术文件并负责新产品试制工作的部门。一般大中型制造企业都设有研究所、设计科、工艺科、工具科、试制车间等。

2．基本生产部门

它是直接从事企业基本产品生产，实现企业基本生产过程的部门。对于大型机械制造企业来说，一般包括：

（1）准备车间。如铸造车间（铸钢车间、铸铁车间）、有色金属铸造车间、锻工车间、水压车间、备料车间等。

（2）加工车间。如机械加工车间、冲压车间、铆焊车间、热处理车间、电镀车间等。

（3）装配车间。如部件（总成）装配车间、成品装配车间、油漆车间和包装车间等。

3．辅助生产部门

它是实现辅助生产过程，为基本生产提供辅助产品与劳务的部门。大型机械制造企业一般包括：

（1）辅助车间。如工具车间、木模车间、金属模车间、机修车间、电修车间和建筑修理车间等。

（2）动力部门。如热电站、压缩空气站、煤气站、氧气站、锅炉房、变电所等。

4．生产服务部门

它是为基本生产和辅助生产服务的部门。大型机械制造企业一般包括：

（1）运输部门。如车队、装卸队等。随着现代物流业的发展，更多企业的运输部门将主要精力集中于厂内运输和装卸，厂外运输采取外包方式来解决。

（2）仓库。如材料库、成品库、半成品库、工具库、设备库等。

（3）试验与计量检验部门。如试验室、计量室、技术检查站等。

企业生产单位的组成是建立企业管理组织机构、确定各部门分工协作关系、组织日常经营活动的前提与依据。企业生产单位的组成合理与否，对企业管理工作的水平和企业生产经营活动的成果有很大影响。

上述生产单位的组成，是企业生产单位组成的典型情况，并非所有企业生产单位的组成模式。不同的企业，甚至同类企业，由于生产条件和生产任务的差异，生产单位的组成也不尽相同。

（二）厂区平面布置原则

制造工厂的布置是企业生产管理的一项重要内容，科学的工厂布置是合理组织生产的先决条件。所谓工厂布置，就是由原料的接收到成品的制造完成和发运的全部过程中，将人员、设备、物料所需要的空间做最适当的分配，使之形成有机系统，以最经济的方式满足生产的要求，获得最大的经济效果。理想的工厂布置，开始于建厂的设计阶段。平面布置又分为工厂平面布置（总平面布置）和车间平面布置。

工厂总平面布置的原则如下：

（1）工厂厂房、设备和其他建筑物的布置，应满足生产过程的要求。尽可能使厂区内物件运输路线最短。减少交叉和往返运输，从而缩短生产周期，节约生产成本。

（2）尽可能使厂区平面布置紧凑，以减少占地面积，节约投资和生产费用。

（3）生产联系和协作关系密切的单位应相互靠近布置。

（4）充分利用外部环境提供的便利条件。如充分利用城市现有的运输条件，公路、铁路、港口及供电、供水等公共设施。

（5）厂区布置要有利于安全和员工的健康。安全如防火、防爆、防毒、防盗等；员工健康环境的美化、绿化，设置休息区域等。

（6）厂区布置要充分考虑远景发展的需要，预留发展余地。

（7）厂区布置要与环境相协调。布置工厂总平面时，应使厂区环境、建筑布置和式样与周围社区的环境相协调。

在工厂平面布置设计工作中，一般拟订几种不同的平面布置方案，然后进行方案比较，详细分析各个方案的优缺点，根据总体最优的原则选择一个合理的方案。图2-1是某电器制造厂总平面布置示意图，是一个较好的平面布置方案。

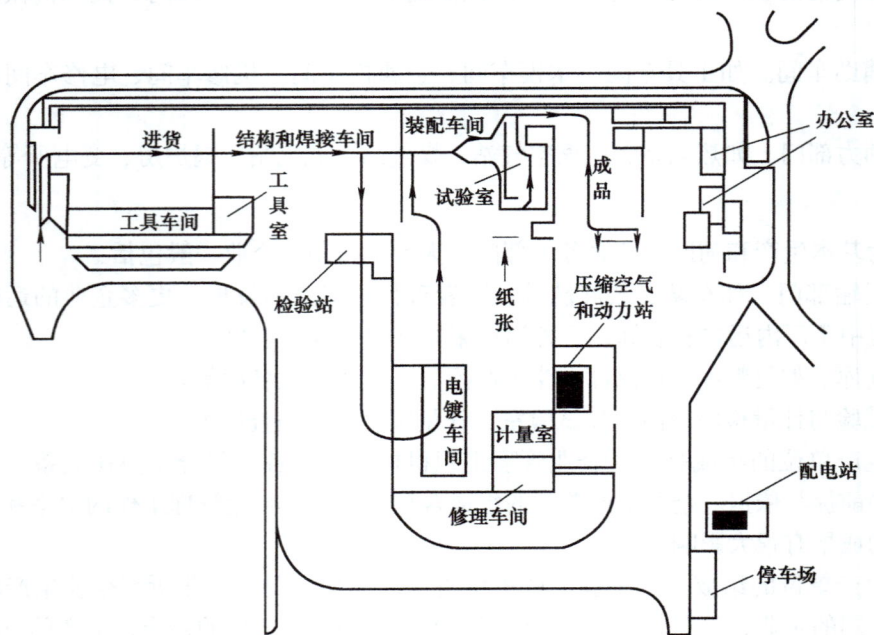

图2-1　某电器制造厂总平面布置示意图

（三）厂区平面布置设计的方法

物料运量图法就是按照原材料、在制品、成品及其他物资在生产过程中总的流动方向和搬运量来进行工厂布置，即布置工厂的车间、设施和生产服务单位。它适用于物料运量很大的工厂。应用物料运量图法布置工厂平面图的步骤如下：

（1）根据工厂布置的初步方案和生产工艺的顺序，绘制初步物流图，表明物料在单位之间的流动方向。

（2）统计车间或部门之间的物流量，制订物料运量表（见表2-6）。各部门的物料搬运量，按如下公式进行计算：

$$N=\sum n_{ij} \cdot L_{ij}$$

式中　N——搬运量；

　　　n_{ij}——自 i 部门至 j 部门的搬运次数；

　　　L_{ij}——自 i 部门至 j 部门的搬运距离。

各车间或部门间的搬运距离可通过实地测量或计算确定；搬运次数和搬运量要根据生产计划、生产批量、运输方式、工位器具等因素确定。

表2-6　车间或部门之间物料运量表　　　　　　　　（单位：吨）

从__车间（部门）＼至__车间（部门）	一	二	三	四	五	六	总　计
一		7	2	1	2	6	18
二			6	2			8
三		4		5	1	1	11
四			6		2		8
五				2		1	3
六							0
总　计	0	11	14	10	5	8	

注：表中一、二等为车间或部门的代号。

（3）根据运量表，绘制运量相关线图，以便直观和清晰地表示各车间或部门间的物料运量，如图2-2所示。可见本例中，部门二、三、四之间运量最大。最后，通过运量相关线图确定各车间或部门的布置，平面布置如图2-3所示。

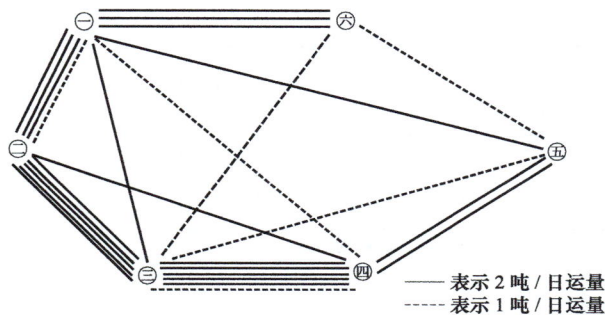

——表示2吨/日运量
-----表示1吨/日运量

图2-2　各车间或部门之间的运量

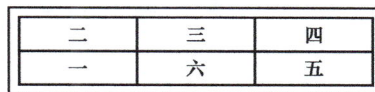

二	三	四
一	六	五

图2-3　车间或部门平面布置图

二、车间布置

车间的布置首先要确定内部生产组织的专业化形式。所谓专业化，是指把一定产品的生产细分为许多独立部分，形成专门的生产组织，如分厂、车间、工段和班组等。

内部生产组织的专业化形式，决定了企业内部的生产分工和协作关系，决定了工艺过程的流向及原材料、在制品在厂内的运输路线和运输量，它是企业生产过程空间组织的一个重要问题。内部生产组织的专业化形式一般有三种：工艺专业化形式、对象专业化形式和综合形式。

1. 工艺专业化形式

工艺专业化又称工艺原则，它是指按照生产工艺的特点来设置生产单位，如图 2-4 所示。它集中同类设备、同工种工人，进行相同工艺方法的加工任务。如：机械厂设置金工、磨工、冲压、热处理、铸造等车间。钢铁厂设置炼铁、炼钢，初轧、轧板等车间（分厂）。

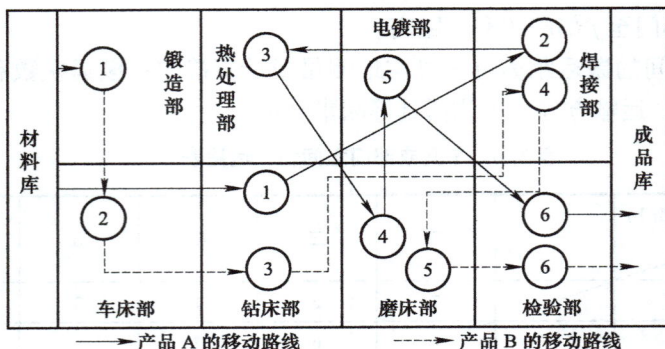

图 2-4 工艺专业化形式示意图

工艺专业化形式主要有以下优缺点。

优点：能较好适应产品品种变化；便于工艺管理；能充分利用生产设备和生产面积。

缺点：生产周期长（产品大量存放）；运输路线长；生产单位之间协作往来频繁，使计划管理、在制品管理、质量管理等各种管理工作变得复杂。

2. 对象专业化形式

对象专业化又称对象原则，它是指按照产品（部件、零件）的不同来设置生产单位，如图 2-5 所示。它集中不同设备、不同工种工人，进行不同工艺方法的加工任务。如：汽车制造厂设置发动机、底盘分厂等。

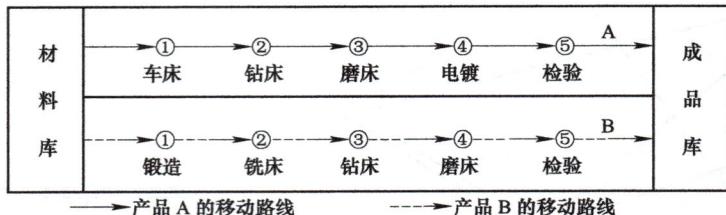

图 2-5 对象专业化形式示例图

对象专业化形式主要有以下优缺点。

优点：生产周期短；运输路线短；减少车间之间的协作联系，简化计划管理，便于质量管理，可划小核算单位，有利于经济核算。

缺点：生产过程适应性差；不便于工艺管理；不能充分地利用生产设备和面积。

这两种专业化形式的特点及适宜范围见表 2-7。

表 2-7 工艺专业化形式和对象专业化形式的特点及适宜范围

	工艺专业化形式	对象专业化形式
生产设备	集中同类设备	集中不同类型的设备
工人工种	同工种工人	不同工种工人
工艺方法	对产品进行相同工艺方法的加工	对产品进行不同工艺方法的加工
完成工艺过程	只完成生产过程中部分工艺阶段或部分工序的加工任务，属协作型生产过程	基本上独立完成该产品全部或大部分工艺过程，属封闭型生产过程
适宜范围	适宜于生产过程适应性强，专业化程度较低的单件或小批生产类型	适宜于专业方向明确、产品结构、产量、品种较稳定的大量或大批生产类型

3．综合形式

上述两种设置方式各有其特点，在实际生产中，往往结合起来应用。如在一个企业内部，有些车间按对象设置，有些车间按工艺设置；在一个车间内部，也可能有些工段和班组按对象设置，有些工段和班组按工艺设置。

对于流程式生产类型，一般称为工艺线（生产线），其特点为生产过程长，连续性强。从整体来说，企业一般以工艺专业化形式设置内部生产单位，即按照不同的工艺将生产线分段来设置内部生产单位。当原料、半成品、成品能分开时，也可按对象专业化形式来设置低一级的内部生产单位。

三、仓库布置

无论在制造企业还是服务企业（特别是物流企业）都有不同类型的仓库，储存不同种类的物资。生产或服务过程中会经常有物资运进搬出，工作量很大。如果仓库布置不合理，也会影响生产成本。仓库类似于制造过程，因为物品也需要在不同地点（单元）之间移动。因此，仓库布置也可以有多种不同的方案。下面举一简单例子说明。

例：有一个家电用品仓库，共有 16 个货区，分别储存 8 种家电。仓库有一个出入口，进出仓库的货物都要经过该口（如图 2-6 所示）。该仓库每种物品每周的存取情况见表 2-8。应该如何布置不同物品的货区，使总搬运量最小？

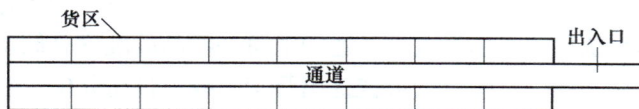

图 2-6 家电用品仓库平面图

表 2-8 家电用品仓库的存取情况

序 号	库存物品名称	每周搬运次数	所占库区个数
1	空调	200	2
2	电冰箱	540	3
3	微波炉	520	2
4	音响	80	1
5	电视机	840	4
6	收音机	60	1
7	厨房电器	150	1
8	其他	100	2

这实际上就是一个典型的仓库布置问题。显而易见，这个问题的关键是寻找一种布置方案，使得总搬运量最小。这个目标函数与一般设施布置的目标函数是一致的。实际上，这种仓库布置的情况比制造业工厂中的生产单元的布置更简单，因为全部搬运都发生在出入口和货区之间，而不存在各个货区之间的搬运。

进一步分析，这种仓库布置可分为两种不同情况：

（1）各种物品所需货区面积相同。在这种情况下，只需把搬运次数最多的物品货区布置在靠近出入口之处，即可得到最小的总负荷数。

（2）各种物品所需货区面积不同。需要首先计算某物品的搬运次数与所需货区数量之比，取该比值最大者靠近出入口，依次往下排列。如本例中，各种物品的该比值从大到小的排列顺序为（括号中为比值）：3（260）、5（210）、2（180）、7（150）、1（100）、4（80）、6（60）、8（50）。图 2-7 是根据这种排列所做出的布置方案。

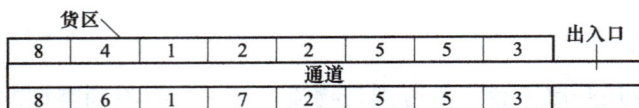

货区

8	4	1	2	2	5	5	3	出入口
通道								
8	6	1	7	2	5	5	3	

图 2-7　仓库新布置方案

上面是以总负荷数最小为目标的一种简单易行的仓库货区布置方法。在实际中，根据情况的不同，仓库布置可以有多种方案，多种考虑目标。例如，不同物品的需求经常是季节性的，因此，在上例中，也许在元旦、春节期间应把电视、音响放在靠近出入口处，而在春夏之季将空调放在靠近出入口处。又如，空间利用的不同方法也会带来不同的仓库布置要求，在同一面积内，高架立体仓库可存储的物品要多得多。由于拣运设备、存储记录方式等的不同，也会带来布置方法上的不同。再如，新技术的引入会带来考虑更多有效方案的可能性：计算机仓储信息管理系统可使得拣运人员迅速知道每一物品的准确仓储位置，并为拣运人员设计一套汇集不同物品于同一货车上的最佳拣出行走路线，自动分拣运输线可使仓储人员分区工作，而不必跑遍整个仓库等。总而言之，根据不同的目标、使用不同的技术以及仓储设施本身的特点，仓库的布置方法可有很多种。

四、办公室布置

办公室在制造业和服务业都是普遍存在，如何通过合理、有效的办公室布置提高工作效率，提高"白领"的劳动生产率也日益成为一个重要问题。

办公室布置的主要考虑因素有两个：①信息传递与交流的迅速、方便；②人员的劳动生产率。其中信息的传递与交流既包括各种书面文件、电子信息的传递，也包括人与人之间的信息传递和交流。对于需要跨越多个部门才能完成的工作，部门之间的相对地理位置也是一个重要问题，这一点与生产系统相似。

办公室布置中要考虑的另一个主要因素是办公室人员的劳动生产率。必须根据工作性质的不同、工作目标的不同来考虑什么样的布置更有利于生产率的提高。

办公室布置的几种基本模式：

（1）封闭式。办公楼被分割成多个小房间，伴之以一堵堵墙、一道道门和长长的走廊。显然，这种布置可以保持工作人员足够的独立性，但却不利于人与人之间的信息交流和传递，使人与人之间产生疏远感，也不利于上下级之间的沟通。而且，几乎没有调整和改变布局的余地。

（2）开放式。在一间很大的办公室内，可同时容纳一个或几个部门的十几人、几十人甚至上百人共同工作。这种布置方式不仅方便了同事之间的交流，也方便了部门领导与一般职员的交流，在某种程度上消除了等级的隔阂。但这种方式的一个弊病是，有时会相互干扰，会带来职员之间的闲聊等。因此，后来进一步发展起来的一种布置是带有半截屏风的组合办公模块。这种布置既利用了开放式办公室布置的优点，又在某种程度上避免了开放式布置情况下的相互干扰、闲聊等弊病，而且这种模块式布置具有很大的柔性，可随时根据情况的变化重新调整和布置。有人曾估计过，采用这种形式的办公室布置，建筑费用比传统的封闭式办公建筑能节省40%，改变布置的费用也低得多。实际上，在很多组织中，封闭式布置和开放式布置都是结合使用的。

（3）活动中心。20世纪80年代，在西方发达国家又出现了一种称为"活动中心"的新型办公室布置。在每一个活动中心，有进行一项完整工作所需的各种设备，如会议室、讨论间、电视电话室、接待处、打字复印室、资料室等。楼内有若干个这样的活动中心，每一项相对独立的工作集中在这样一个活动中心进行，工作人员根据不同的工作任务在不同的活动中心之间移动，但每人仍保留有一个小小的传统式个人办公室。显而易见，这是一种比较特殊的布置形式，较适用于项目型的工作。

（4）远程办公。20世纪90年代以来，随着信息技术的迅猛发展，一种更加新型的办公形式——"远程办公"也正在从根本上冲击着传统的办公布置方式。所谓远程办公，是指利用信息网络技术，将处于不同地点的人们联系在一起，共同完成工作。例如，人们可以坐在家里办公，也可以在出差地的另一个城市或飞机、火车上办公等。可以想象，当信息技术进一步普及、其使用成本进一步降低后，办公室的工作方式和对办公室的需求，以及办公室布置等，还会发生更大的变化。

04 单元四 生产过程时间组织

一、生产过程时间组织的概念

生产过程的时间组织，是指要求各个生产单位之间、各加工工序之间在时间上紧密地衔接起来，以缩短生产周期的做法。

产品从投入生产开始，到最后制成产品为止所经过的时间，称为生产周期。这里的产品是广义的，包括零件、部件、整机等，因此，存在单件产品的生产周期和一批产品的生产周期的概念。

缩短生产周期的作用有：提高劳动生产率，降低成本，减少在制品，减少资金占用。因此，生产过程时间组织对整个生产与运作管理具有重要的意义。

二、零件在工序间的移动方式

零件在工序间移动，对于不同行业、不同企业表现形式是不相同的。如在建筑、造船等企业，劳动对象固定不动，工人顺序移动；冶金、化工等企业，原料整批或连续投入，整批地按加工顺序进行工序间移动，同批产品不可能同时在两道工序上加工。

在加工装配式企业内，生产周期与零件在工序间移动方式有关。当一批零件数量大于2时，一般有3种移动方式：顺序移动方式、平行移动方式、平行顺序移动方式。

（一）顺序移动方式

顺序移动方式，是指把一批零件在前道工序全部加工完毕后，再整批地转移到下道工序去加工。

例：一批零件4件，经过4道工序加工，各道工序的单件加工时间分别为10、5、15、5分钟，求该批零件在顺序移动方式时的生产周期。

解：假设该批零件在各工艺工序之间无停放等待时间，工序间的运输时间略而不计，则该批零件的生产周期，等于它们在全部工序上作业时间的总和（如图2-8所示）。用公式表示如下：

$$T_顺=nt_1+nt_2+nt_3+nt_4=n\times(t_1+t_2+t_3+t_4)=[4\times(10+5+15+5)]分钟=140分钟$$

一般公式：

$$T_顺=n\sum_{i=1}^{m}t_i$$

从图2-8中可看到，按照顺序移动方式进行生产过程时，其设备开动、工人操作是连贯的，并不存在间断时间。但就每一个零件而言，在转序时，没有达到连续进行加工，存在着工序间的等待时间，故生产周期很长。

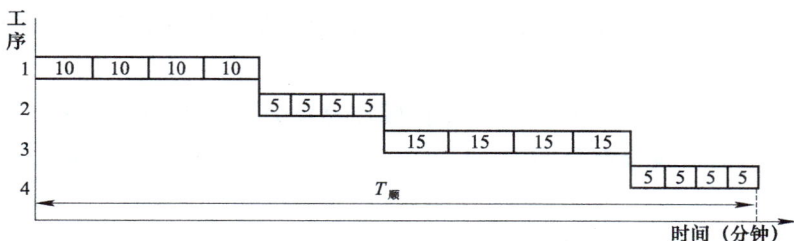

图 2-8　顺序移动方式

（二）平行移动方式

平行移动方式，是指每个零件在前道工序加工后，立即转移到下道工序进行加工。

在平行结合方式下，整批零件的加工周期可按下式计算：

$$T_{平}=t_1+t_2+t_3+\cdots+nt_L+\cdots+t_m$$

$$=t_1+t_2+t_3+\cdots+t_L+\cdots+t_m+（n-1）t_L$$

$$=\sum_{i=1}^{m}t_i+（n-1）t_L$$

式中　$T_{平}$——平行结合方式的加工周期；

t_L——最长的单位加工时间。

利用平行移动方式解决上例，则得：

$$T_{平}=[（10+5+15+5）+（4-1）\times15]分钟 =80分钟$$

从计算结果和图 2-9 可清楚地看到，平行移动方式的生产周期是最短的，但它的运输次数是最多的。而且当前后道工序时间不相等时，就会出现间歇性的设备停歇时间。这些停歇时间短而分散，不便于充分利用。

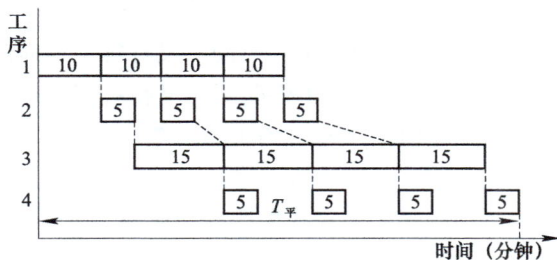

图 2-9　平行移动方式

（三）平行顺序移动方式

平行顺序移动方式的特点是将平行和顺序移动相结合，减少短暂停顿时间和缩短生产周期。总的原则是每批零件都连续加工，合并零碎停顿时间。

对长、短工序有两种移动方式：①$t_{前}<t_{后}$，平行移动；②$t_{前}>t_{后}$，前道工序完工零件数足以保证后道工序连续加工时，才将零件转入下道工序。即后工序结束时间比前工序结束时

间差一个 $t_后$，才能使后工序加工零件时，不出现间隙，后工序开始时间为前工序结束时间反推 $(n-1)t_后$。

平行顺序移动方式的生产周期，为零件顺序移动方式下的周期减去各重合部分的时间求得。当 $t_前 < t_后$ 时，重合部分为 $(n-1)t_前$；当 $t_前 > t_后$ 时，重合部分为 $(n-1)t_后$，这时 $t_前$ 或 $t_后$ 都是短工序。

平行顺序移动方式如图 2-10 所示。

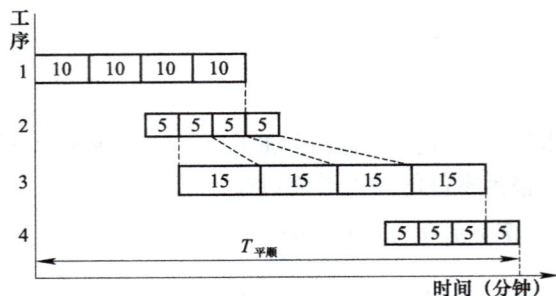

图 2-10　平行顺序移动方式

平行顺序结合方式的加工周期，可用下式计算：

$$T_{平顺} = n\sum_{i=1}^{m} t_i - (n-1)\sum_{i=1}^{m-1} t_短$$

式中　$T_{平顺}$——平行顺序结合方式下的加工周期；

　　　$t_短$——前后两道工序单件加工时间中的短者。

利用平行顺序移动方式解决上例，可得：

$$T_{平顺} = [4 \times (10+5+15+5) - (4-1) \times (5+5+5)]分钟 = 95 分钟$$

上述公式可转换为下列公式：

$$T_{平顺} = \sum_{i=1}^{m} t_i + (n-1)\left(\sum t_L - \sum t_s\right)$$

式中　t_L——同前后工序相比为较长工序的单件时间（又称峰工序时间）；

　　　t_s——同前后工序相比为较短工序的单件时间（又称谷工序时间）。

第二种公式的峰工序和谷工序由工序峰谷图（如图 2-11 所示）来确定。

从图 2-11 中可明显看出，工序 1、3 为峰工序；工序 2 为谷工序而工序 4 为坡工序。

从计算结果可看出，平行顺序移动方式的生产周期居中，其综合效果较好。

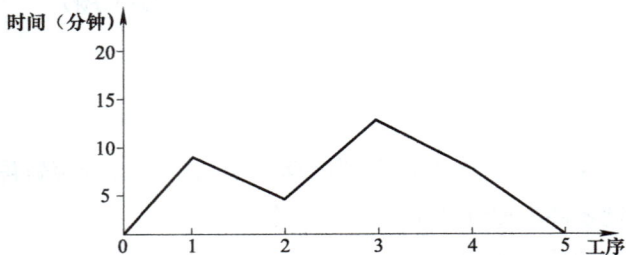

图 2-11　工序峰谷图

三种移动方式特性比较见表 2-9。

表 2-9　三种移动方式特性比较

特性 移动方式	生产周期	运输次数	停顿时间
顺序移动	最长	最少	集中且长
平行移动	最短	最多	分散较短
平行顺序移动	居中	居中	集中较长

（四）选择移动方式应考虑的因素

（1）企业内部的专业化形式。工艺专业化由于受设备布置和运输条件的限制，一般采取顺序移动方式；对象专业化宜采用平行或平行顺序移动方式。

（2）工序工作量和零件重量。工序劳动量大，且零件重，采用平行或平行顺序移动方式；工序劳动量小，且零件轻，采用顺序移动方式。

（3）设备调整所需时间。设备调整所需时间长，宜采用顺序移动方式；设备调整所需时间短，宜采用平行或平行顺序移动方式。

（4）生产类型。单件小批生产类型宜采用顺序移动方式；大量大批生产类型一般采用平行或平行顺序移动方式。

（5）任务紧急程度。加工任务紧急一般都采用平行移动方式，因为它的生产周期最短。

复习思考题

一、简答题

1. 什么是产品生产过程？它由哪几部分构成？
2. 现代生产对合理组织生产过程提出哪些基本要求？
3. 什么是工序？为什么说它是重要的？
4. 怎样区分生产类型（指按工作地专业化程度来区分）？不同生产类型对企业的生产管理工作有什么影响？
5. 厂区平面布置的原则是什么？它有哪几种设计方法？
6. 工艺专业化形式和对象专业化形式有哪些区别？
7. 一批零件为 4 件，各工序的单件加工时间如表 2-10 所示。

表 2-10　各工序的单件加工时间

工序	1	2	3	4	5	6
时间（分钟）	14	5	8	3	6	10

（1）用计算法求三种移动方式的生产周期。

（2）如果采用平行顺序移动方式，求下列情况的生产周期，并讨论其结果。

1）某较大工序（峰工序）减少 1 分钟。

2）某较小工序（谷工序）减少1分钟。

3）某非较大、较小工序（坡工序）减少1分钟。

4）合并第4与第5道工序为一个工序。

（提示：注意工序时间改变后对生产周期的影响。）

二、案例分析题

A是某学院的资深教师，长期从事生产运作管理教学和研究。W是工商管理专业的学生，并由A担任其毕业实习和论文的指导教师。在去企业实习前，A就已布置W要调查该企业主导产品的生产类型及其特点，以及产品生产的主要工序等。W所在实习企业的主导产品为针织衫，几乎全部出口，根据外商订单要求来组织生产，他所实习的车间为成衣车间，其主要工序为：裁剪、缝制、整烫、检验、包装、成品出厂等。在实习过程中，W了解到企业今年需要招聘"跟单员"岗位5名，W对"跟单员"岗位的性质和工作内容不甚了解，便打电话向A咨询，老师向他指出了教材中有关"跟单员"的内容，并指明了相关参考资料，W经过认真准备，在实习后被企业聘用为"跟单员"。

请讨论：

1. W所在实习企业的主导产品的生产类型是什么？有什么特点？成衣车间的主要工序是什么？

2. 企业"跟单员"的工作内容是什么？

模块三
流水线、成组技术和柔性制造系统

（3）划分工序工艺
作地间距离适当……

📖 **学习目的**

了解流水线的分类、成组技术的背景、柔性制造系统的概念。掌握流水线生产的特点、流水线组织的几个主要问题、自动线组织的优点、成组技术的定义、成组技术的主要内容。熟练掌握流水线的节拍和工序同期化、柔性制造系统的组成。

单元一　流水线生产

流水线、成组技术和柔性制造系统

一、流水线概述

在按对象专业化形式组织生产单位的基础上进一步提高，就可组成流水线生产。所谓流水线生产是指劳动对象按规定的工艺路线、生产速度，连续不断地通过各个工作地，顺序进行加工，并出产产品（零件）的一种生产组织形式。历史上，流水线对生产管理的发展起到很大的促进作用。流水线生产示意图如图 3-1 所示。

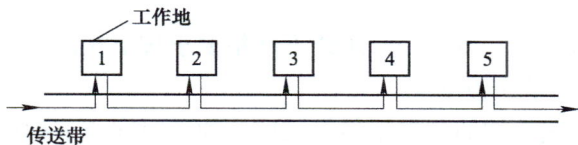

图 3-1　流水线生产示意图

（一）流水线生产的主要特点

（1）工作地专业化程度高，每一工作地只固定完成一道或少数几道工序。

（2）工作地按工艺顺序排列，劳动对象在工序间作单向移动。

（3）节奏性强，按规定的节拍生产产品。所谓节拍，是指流水线上前后两件产品的间隔时间。节拍是流水线生产的一个最重要的参数，是流水线生产企业的指挥棒，企业的一切生产活动都围绕着节拍来组织。例如，某压缩机公司装配流水线的节拍为 6 秒，这意味着全厂的生产活动的节奏均以此为指标，即它所有的零部件生产都必须以 6 秒为节拍，甚至包括原料的采购等。

（4）流水线上各工序之间的生产能力是平衡的、成比例的。

（二）组织流水线生产的条件

（1）产品结构和工艺相对稳定。

（2）制品要有足够大的产量，以保证流水线各项工作有充分的负荷。

（3）制品加工各工序能细分和合并，能达到工序同期化。工序同期化是指流水线上各工序的时间定额与其生产节拍相等或成倍数关系。

（三）流水线的分类

1. 按流水线上生产对象的种类划分

（1）单一对象流水线。它只固定生产一种产品或零件，也叫不变流水线。

（2）多对象流水线。固定生产几种结构上、工艺上相似的产品或零件。从劳动对象轮换方式看，多对象流水线又可分为可变流水线、成组流水线和混合流水线。可变流水线是成批轮番地生产固定在流水线上的几种加工对象，当变换生产对象时，流水线上的设备和工装需要进行调整。成组流水线是同时或者顺序地生产固定在流水线上的几种加工对象，变换生产对象时，不需要重新调整设备和工装。混合流水线是在同一时间内混合生产多个制品，但要遵循一定的投产顺序，变换品种时，基本上不需要重新调整设备和工装。

2. 按流水线连续程度划分

（1）连续流水线。被加工的对象在这种流水线的每一工序都没有等候现象，生产是不停顿而连续进行的。

（2）间断流水线。被加工的对象在这种流水线的个别工序中有间歇，不能连续移动。

3. 按流水线节奏性划分

（1）强制节拍流水线。强制节拍流水线是准确地按节拍出产产品的流水线，这种流水线对设备、工艺和工人的操作有严格要求，并采用机械化运输装置，严格按时传送生产对象，保证强制节拍的实现。

（2）自由节拍流水线。自由节拍流水线不严格要求按节拍出产产品，节拍要靠工人的熟练操作来保证，因而可能有波动。

（3）粗略节拍流水线。它的特点是各个工序的加工时间与节拍相差很大，如果按节拍组织生产，就会使工人和设备处于时断时续的状态。为了充分利用人力、物力，要求流水线经过一个合理的时间间隔，生产相等的制品，而每道工序并不按固定节拍进行生产。

此外，流水线的分类方法还有很多种。例如，按生产对象移动方式分可分为固定流水线和移动流水线；按机械化程度分可分为手工流水线、机械化流水线和自动化流水线等。

二、流水线组织几个主要问题

1. 确定流水线的节拍

节拍是流水线最重要的工作参数，也可以说节拍是流水线生产的核心问题。节拍一般以每件生产产品所需的作业时间计，它表明流水线的生产速度或生产效率的高低。节拍缩短1倍，流水线生产效率就提高1倍。根据节拍可计算流水线的产量，例如某压缩机公司，其装配流水线的节拍为6秒，每天开两班，各15分钟的工间休息，日班9.5小时，晚班9小时。每年工作以285天计，每条流水线年产量=（9.5+9）×3 600×285/6=316.35（万台），全公司8条流水线能完成目标产销量2 350万台。

2．工序同期化

工序同期化是通过各种技术组织措施来调整流水线各工序时间，使它们等于流水线节拍或与节拍成整数倍比关系。工序同期化是组织连续流水线的必要条件，工序同期化程度高，流水线设备负荷也高，有利于提高劳动生产率和缩短生产周期。

工序的分解和合并是实现工序同期化的基本方法。工序分解是将较大的工序划分为若干较小工序（或叫工步）；工序合并则是把若干有联系的小工序合并为较大的工序。通过把大工序划小、小工序并大的办法来调整各道工序的加工时间，使其等于流水线节拍或与节拍成整数倍比关系。这种方法在手工操作为主的装配流水线上比较容易实现，而在以机器工作为主的流水线上则较难实现。这是因为受机器设备的限制，工序不能随意分解和合并所致。通过对工序的分解和合并，可以达到初步同期化。

在此基础上，对关键工序还可采用改装设备、采用高效的工艺装备、改进工作地布置、改进作业方法和劳动组织等措施进一步提高工序同期化水平。

如果这样仍然不能使工序的单件时间准确地等于计算出来的节拍或其倍数，就应修改原计算的节拍，可取各工序单件时间中最大值作为实际节拍。

3．合理配备流水线工人

在以手工劳动和使用手工工具为主的流水线上，不需考虑后备工人，故整条流水线所需工人总数为各工序工人人数之和。在以设备加工为主的流水线上，计算工人数量时，要考虑后备工人和工人的设备看管定额等。

4．确定流水线节拍的性质和运输工具的选择

流水线一般可采用强制节拍、自由节拍或粗略节拍。流水线节拍的性质决定了流水线采用运输工具的种类。

（1）强制节拍流水线的运输工具。为了严格保证节拍的实现，采用三种类型的传送带，即分配式传送带、连续工作传送带和间歇式（脉冲式）工作传送带。

（2）自由节拍流水线的运输工具。在自由节拍流水线，由于工序同期化水平和连续性程度较低，一般采用连续式运输带、滚道、平板运输车、滑道等运输工具，其共同特点是允许工序间储存一定数量的在制品，用以调节节拍的摆动。

（3）粗略节拍流水线的运输工具。在粗略节拍流水线，由于生产连续性很差，故一般采用滚道、重力滑道、手推车、叉车、吊车等运输工具。

5．流水线的平面布置

流水线的平面布置应保证零件运输路线最短、便于工人操作、流水线之间紧密衔接以及生产面积能够充分使用等。流水线的平面布置要考虑三个问题：①流水线的形状；②流水线内工作地的排列方法；③各流水线的衔接。

流水线的形状一般有直线形、直角形、开口形、山字形、环形、蛇形等，如图 3-2 所示。

直线形布置（图 3-2a）用于工序和工作地较少的流水线。工序或工作地较多时，可用

直角形（图 3-2b）、开口形（图 3-2c）、蛇形（图 3-2f）布置。开口形布置与蛇形布置还适合一个工人看管多台设备的情况。山字形布置（图 3-2d）适用于几条零件生产线汇合为一条部件装配线的场合。环形流水线（图 3-2e）多用于工序循环的情况。

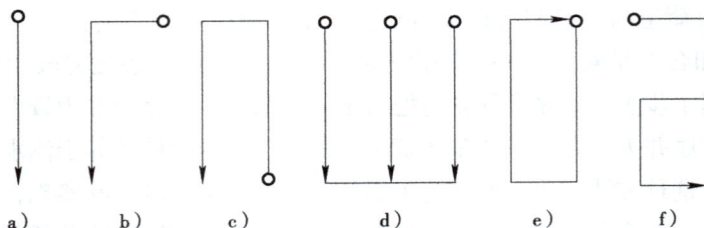

图 3-2　流水线布置示意图

流水线工作地的排列，要符合工艺路线，考虑到每道工序同类工作地数目的多少和多设备看管，可将工作地置于传送带的单侧（单列）或双侧（双列）。

流水线位置以及它们之间的衔接要符合产品总流向，减少运输工作量。

6. 计算流水线的经济效益

建立一条流水线需要较多的资金，应当作为一个工业投资项目进行经济评价。建立一条流水线需要的时间通常在 1 年以上，流水线的使用寿命更长。因此，流水线既有投资的过程，又有从产品获得收益的过程，它的经济评价应当运用技术经济方法，才能获得较为可靠的结果。

流水线的经济效果指标有产品成本降低率、劳动生产率及增长速度、流动资金占用量的节约额、产品成本降低额及降低率、投资回收期、年度综合节约额等。

三、流水线生产的发展前景

流水线生产发展的前景可从两个方面叙述，一是改变流水线的形式，二是组织自动化流水线（简称自动线）。

（一）改变流水线的形式

20 世纪初（1914 ～ 1916 年）美国人亨利·福特在他著名的福特汽车公司创造了机械化流水线。当时就使 T 型汽车每辆装配时间从 13 小时缩短为 93 分钟，工效提高了近 10 倍。随着社会对同类产品需求量的大量增加，在生产专业化、零部件标准化以及产品单一化的发展背景下，世界各国许多企业中广泛采用流水线生产方式，对提高企业劳动生产率确实起到了极大的推动作用。目前，在我国的机械、电子、化工、服装、食品等一些行业都有流水线生产的组织形式。时代的发展给流水线生产带来两大问题：一是现代市场需求将越来越多元化，而流水线生产对多变的市场适应性较差；二是流水线上单调枯燥的作业，使工人普遍产生厌烦情绪。

瑞典人根据行为科学原理，创建了新型流水线生产。他们把美国传统的直线式流水线改成圆形流水线（如图 3-3 所示），在流水线上掺进了单件小批生产特点。每个工作地是一个工人小组，人数较多，有 30 ～ 40 人，负责一大套工序，如这组装变速箱，那组装挡泥板。工人只规定小组工作量和人数，具体生产组织形式由小组决定。瑞典式流水线生产的产品质量比美国流水线要高，因为工人看到自己的生产成果，同时也有助于改善工人工作枯燥乏味、简单重复的问题。但它的缺点是产量低，最高日产量为 50～80 台（汽车），而且在制品积压也多。而美国流水线的生产效率则为 55 秒 / 台。瑞典方式适用于生产量不大的豪华轿车，而美国方式则适用于生产量大的普通汽车。看来任何一种生产方式都不是十全十美的，它有一定的适用范围，而且必须在实践中不断改进，才能保持旺盛的生命力。

目前，我国一些企业在流水线的多品种生产和缩短节拍方面进行了多方面的改革，创新了流水线生产的发展前景。

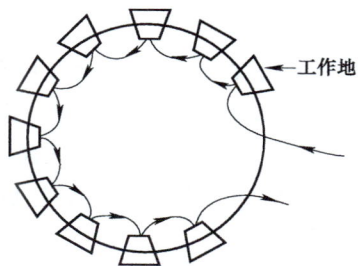

图 3-3　瑞典式流水线

（二）组织自动线

1. 自动线的特征

到目前为止，自动线是最先进、最完善、最高级的生产组织形式，它是将按工艺顺序排列的若干台自动车床和设备，用一套自动装配传送装置和自动控制装备联系起来的自动作业线，是流水线的高级形式。它的主要特征有两个：

（1）整个生产过程具有高度连续性。自动线的所有设备在生产中都按统一的进度进行工作，在制品在工序间没有等待时间，始终处于加工或传送状态。它的连续性还体现了最合理的工序集中和采用最先进的方法，如可以采用计算机控制。

（2）产品生产完全自动化。原始的流水线是用手工传动，后来改进为机械传动，一般流水线虽然也采用了自动车床，但在生产时离不开工人操作和服务性工作。而自动线是将所有设备完全实现自动化，工人由直接操作转变为调整设备和监视生产过程的正常进行。

2. 自动线的基本形式

按划分的角度不同，自动线有不同的形式：

（1）按自动线上零件移动的方式，可分为脉冲式自动线和连续式自动线。

（2）按自动线类型，可分为单一自动线和综合自动线。

（3）按加工设备的连接方式，可分为刚性连接自动线和柔性连接自动线。

（4）按设备排列方式，可分为顺序排列的自动线、平行排列的自动线和顺序平行混合排列的自动线。

（5）按布局形式，可分为直线式自动线、折线式自动线和封闭式自动线。

3. 组织自动线的条件

（1）在加工对象方面，零件的标准化、通用化程度必须高，零件的结构必须适应自动化生产的特点，要便于装夹和运输。

（2）在工艺方面，自动线所采用的设备、工艺装备和工艺方法必须先进，工艺规程要保证重复安装和夹紧次数最少。

（3）在劳动组织方面，要求对劳动力进行必要的挑选和培训，使工人的文化技术水平达到能够诊断故障、调整设备的程度。

（4）在自动线的管理方面，要求各工序在数量、质量和时间上符合规定标准，设备的维修保养也要按规定进行。

4．组织自动线的优点

（1）自动线比流水线具有更高的生产率。由于自动线的生产是自动进行的，所需工人数大大减少，而产量却可提高几十倍，甚至几百倍。

（2）自动线可以保证高度的连续性和节奏性。使工序间的在制品占用量减少，运输的自动化又可使零件运输数量也大大减少，从而缩短了生产周期，减少了资金占用，提高了经济效益。

（3）组织自动线可节约大量的生产面积。生产过程的自动化和在制品的减少，使设备排列紧凑，生产占用的面积减小。

（4）有利于提高产品质量。由于生产过程采用了先进设备和自动控制技术，降低了废品率，产品质量可以得到系统性的保证。

自动线的发展趋势将向着柔性化、扩大工艺范围、进一步提高加工精度和自动化程度以及自动线与计算机融为一体等方向发展。

此前在我国许多地方掀起的"机器换人"工作的实质，就是从普通的流水线生产向自动线转变的一种尝试。

> **小提示**
>
> "机器换人"，是推动传统制造业实现产业转型升级的一项重要举措，是以现代化、自动化的装备提升传统产业，推动技术红利替代人口红利，成为新的产业优化升级和经济持续增长的动力之源。该举措对于技术进步、提升劳动力素质、提高企业生产效率、促进产业结构调整，以及推进工业转变发展方式等具有特别重要的意义。通俗来讲，"机器换人"就是在用工紧张和资源有限的情况下，通过提升机器的办事效率，来提高企业的产出效益。机器换人的发展目标是：在电子、机械、食品、纺织、服装、家具、鞋业、化工、物流等重复劳动特征明显、劳动强度大、有一定危险性的行业领域企业中，特别是劳动密集型企业中全面推动实施"机器换人"，并重点推进工业机器人智能装备和先进自动化设备的推广应用与发挥示范带动作用，实现"减员、增效、提质、保安全"的目标要求，进一步优化人口结构，提高企业劳动生产率和技术贡献率，培育新的经济增长点，加快企业转型升级。

02 单元二　成组技术

一、成组技术概述

（一）成组技术的概念

1．成组技术的定义

成组技术（Group Technology，GT）又称群组技术，是指以零件结构和工艺相似性为基础，合理组织生产技术准备工作和产品生产过程的方法。

多品种、中小批量生产的主要特点是生产的产品种类多、变换快，生产中同时加工的零件种类繁多，生产过程的稳定性差。所以，产品设计和工艺准备工作繁重，生产组织和计划管理工作复杂，难度很大。若我们对机械产品进一步地分析，其品种虽然千差万别，但是就其功能构成来看，不外乎有工作机构、传动机构、基础部件，还有一些通用性零件，如连接件、支撑件、紧固件等。功能相似的机构其组成的零件亦相似，如齿轮传动机构离不开齿轮、轴、齿轮箱、拨叉、轴承等，而液压传动机构则需活塞、缸体、连杆、阀门等。所以，不同的机器中存在着大量的相似件（如图3-4所示）。而成组技术就是依据相似性理论将产品零件按零件结构特点和工艺要求等的相似性分类归组，并配备相应的生产设备，采用成组工艺装备，使用成组工艺文件，选用适当的设备布局，达到扩大批量，提高劳动生产率和设备利用率，减少生产资金，缩短生产周期，降低产品成本，提高企业经济效益的目的。由此可见，成组技术是标准化、典型工艺、生产线这几种管理技术的综合运用，是一种先进的生产组织管理技术。

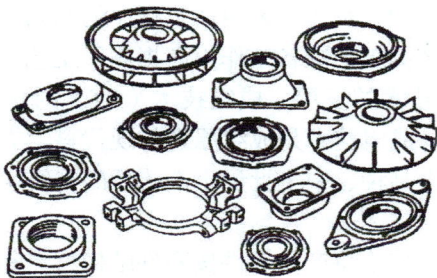

图 3-4　工艺特征相似而设计特征不同的一组零件

2. 成组技术的背景

20世纪50年代以来，科学技术的发展突飞猛进，产品更新换代的速度大大加快，社会经济发展水平和消费水平不断提高，消费观念、消费心理发生了很大的变化，追求多样化、新颖化成为社会的风尚。这些都使产品的生命周期日趋缩短。以机电产品为例，产品生命周期超过10年者在20世纪60年代约占32%，到20世纪80年代降为15%，市场寿命在5年以下者则由38%增长到65%～70%，企业不能再长期生产一两种固定的产品，必须跟随技术进步的步伐及时进行产品的更新换代，并不断开发多种多样的新产品以适应市场的需求。

多品种、中小批量生产将成为社会生产的主流方式，其在社会生产总量中所占比重日益增大。全球机电产品中属于中小批量生产的产品种数在20世纪60年代占50%左右，到20世纪80年代上升为85%，产值由占45%上升为75%。我国机械制造企业属中小批量生产的占总数95%左右。

传统的中小批量生产由于品种多、批量小，一般采用通用设备、万能工艺装备和通用量刀具，与大量生产采用专用高效设备、专用工装和专用量刀具相比，工件装夹检测的时间长，生产率要低得多，相差达几倍、十几倍，甚至几十倍。在品种繁多、生产对象经常变换的情况下，一般只能按工艺专业化原则组建生产单位，设备按机群式布置。这与大量生产的流水线、自动线相比，工件的物流路线复杂，工序间的周转等待时间长，使生产中在制品增多，生产周期大为延长，从而也使产品成本大幅度提高。据统计，批量小于 50 的机械产品，其成本比大批量生产的同种产品要高 10 ~ 30 倍。

鉴于以上情况，随着多品种、中小批量生产在社会生产中的地位日趋重要，改变其落后的传统生产方式就成为摆在现代生产管理面前的一项迫切任务。成组技术正是在这样的历史背景下成长和发展起来的。

（二）成组技术在多品种、中小批量生产中的应用

最早是把相似性原理应用到工件的工序加工方面，称为成组加工，即根据工件加工工序的相似性，把不同产品中的零件集中起来，在自动、半自动机床上进行加工，使原来单件小批生产的工件用上了先进的高效设备，生产率得到极大提高。

随着工件分类编码系统和工艺流程分析等分类手段的发展和应用出现了成组工艺，即把工艺过程相似的零件进行归类分组，并在此基础上研究与合理制定适用于一个零件族的典型工艺，即所谓成组工艺。利用这种成组工艺就不需为每一种零件单独编制工艺，避免了大量不必要的重复劳动。成组工艺首先在机械加工领域中得到应用，后来很快扩大到成组铸造、成组锻造、成组冲压、成组装配以及成组数控加工程序的编制等方面。成组工艺的应用大大简化了多品种、中小批量生产的工艺准备工作，还提高了工艺工作的水平。

随着科技理论和计算机技术的发展，成组技术（GT）的应用在现代工具和现代化方法的支持下获得了巨大的发展。成组技术是成组原理与现代科学方法和计算机技术相结合的一种现代技术，它已成为改造多品种、中小批量生产落后的传统生产方式和提高其经济效益的有力武器。

成组技术就是依据相似性理论将产品零件按零件结构特点和工艺要求等的相似性分类归组，进而使制造这些零件所用的设备、工具、工装、刀具布置等也呈现相似性，以至零件的工时定额、材料消耗定额、定额成本和生产管理上的期量标准等也都具有相似性，即由零件固有特征上的相似性可以导出一系列从属的相似性。成组技术就是基于这些相似性在多品种、中小批量生产中得到广泛的应用。例如，利用成组分类编码系统、相似件图库和 CAD 软件进行成组设计，不但大大减少了设计计算工作量，而且可以提高设计的继承性，提高产品的"三化"程度；应用成组分类编码系统、零件族成组工艺库和工艺专家系统进行成组工艺设计，由计算机自动生成工艺，不仅可节约大量不必要的重复性劳动，而且还提高了工艺设计水平；利用相似性原性进行工时定额、材料消耗定额和定额成本的制定，不仅事半功倍，而且可以保持定额水平的一致性，克服过去定额工作上因不同的人、不同时间、不同场合制定的定额差异性很大的矛盾；将成组原理应用于生产组织和计划管理，例如，建立成组生产单元、柔性制造系统，编制成组生产作业计划组织成组生产，可以提高企业生产系统的柔性，使企业能够适应市场的需要，更好地实行多品种、中小批量生产。成组技术是综合性的现代组织管理技术，是提高计算机辅助设计（CAD）、计算机辅助工艺设计（CAPP）、柔性制造系统（FMS）和管理信息系统（MIS）有效性和经济性的重要基础。美国有机构指出，计算机集成制造系统（CIMS）是制造业企业发展的方向，而成组技术则是通向 CIMS 的必由之路。

二、成组技术的主要内容

成组技术的主要内容可归纳为以下六个部分。

1．零件的分组

成组技术，顾名思义，首先要对零件分组。应对企业的全部零件（包括自制件和外购件）进行结构、工艺、加工设备、工艺装备等的相似性分析，并按照一定的规则进行零件的分类编码，按照一定的相似性标准和相似性程度建立零件族、零件组。

2．零件组编码

对已分组的零件，按一定的规则进行编码。利用相似零件图册、设计指导资料进行产品设计，包括零件设计的自动检索。将相似性设计同标准化工作密切结合起来，尽量缩减零件的种类和规格，增加零件结构与工艺的相似性，扩大零件工序的加工批量。当条件具备时，建立零件设计准备自动化系统。

为了将企业一切与生产活动有关的事物，如产品、零件、工艺、设备、材料等，按照一定的规律进行归类成组，就必须有一个特定的法则或标准，我们称之为零件分类编码系统或编码法则。这种分类编码，就是用数字或符号对零件的有关特性进行描述与识别的一套规则和依据。

零件分类编码系统是成组技术的基础，且发展很快，目前公开发表的零件分类编码系统已达百余种，其形式和内容多种多样，其中德国阿享工业大学奥匹兹教授指导研制的分类编码系统具有很好的通用性。奥匹兹编码系统由 1～9 位码组成，其中前 5 位为主码，后 4 位为辅码。主码表示零件的类别和形状结构特征，辅码表示零件加工表面特征（如图 3-5 所示）。

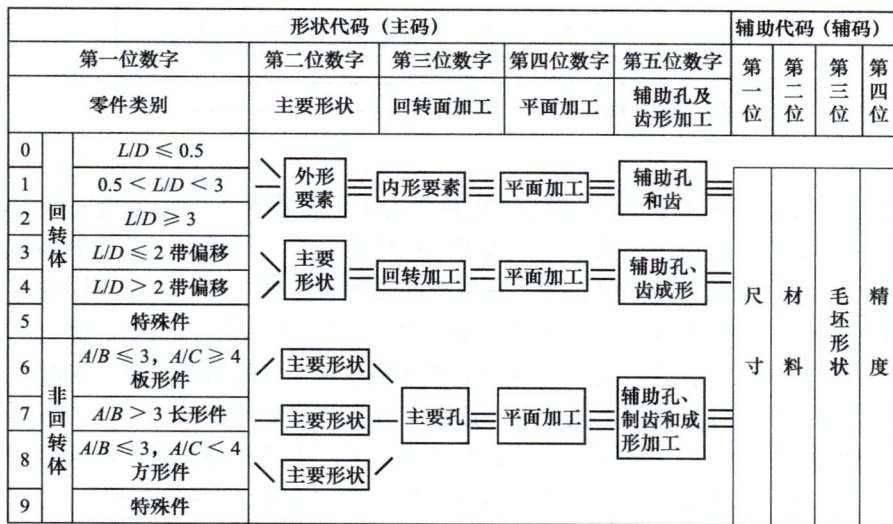

形状代码（主码）					辅助代码（辅码）			
第一位数字	第二位数字	第三位数字	第四位数字	第五位数字	第一位	第二位	第三位	第四位
零件类别	主要形状	回转面加工	平面加工	辅助孔及齿形加工	尺寸	材料	毛坯形状	精度
0 | $L/D \leqslant 0.5$								
1 | $0.5 < L/D < 3$	外形要素	内形要素	平面加工	辅助孔和齿				
2 | 回 | $L/D \geqslant 3$								
3 | 转 | $L/D \leqslant 2$ 带偏移	主要形状	回转加工	平面加工	辅助孔、齿成形	尺	材	毛	精
4 | 体 | $L/D > 2$ 带偏移					寸	料	坯	度
5 | 特殊件							形	
6 | $A/B \leqslant 3, A/C \geqslant 4$ 板形件	主要形状			辅助孔、制齿和成形加工			状	
7 | 非 | $A/B > 3$ 长形件	主要形状	主要孔	平面加工					
8 | 回 转 | $A/B \leqslant 3, A/C < 4$ 方形件	主要形状							
9 | 体 | 特殊件								

图 3-5　奥匹兹编码系统的基本结构

3．改进工艺设计

按照成组加工的要求改进工艺设计工作，制订零件组的工艺方案和工艺规程，选择或设计制造成组加工机床、成组工艺装备，实行工艺要素的标准化和工艺装备的标准化。当条件具备时，建立生产工艺准备自动化系统。

在设计工作中应用成组技术后，据统计，在设计系列新产品时，约有 3/4 的零件图可以直接利用或稍加修改便可利用原图样，仅 1/4 的零件图需要重新设计。

4．建立成组生产单位

根据企业的生产大纲、设备数量与构成，以及零件组的划分情况，建立成组生产单元和成组车间，制订投资规划，进行设备布置设计和工作地组织。

奥匹兹编码系统的实例如图 3-6 所示。

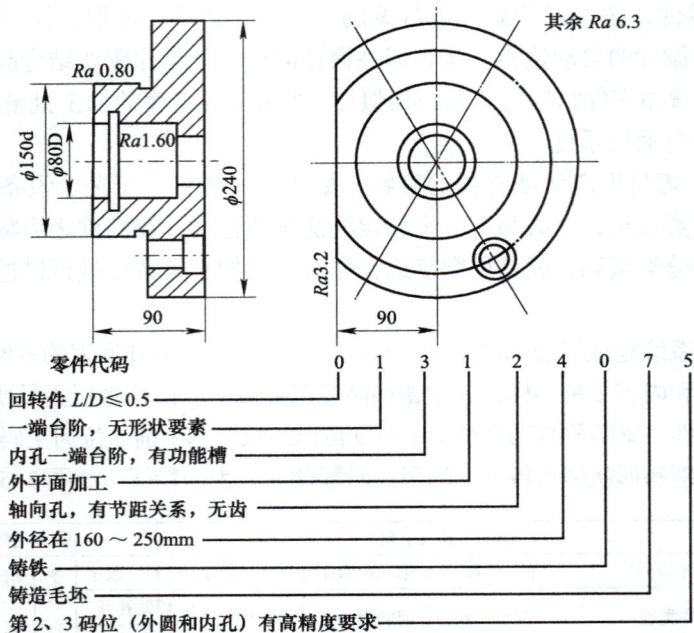

图 3-6　奥匹兹编码系统实例

成组生产单元是按一个或几个零件的共同工艺流程布置设备，它是能完成类似零件全部工序的一种封闭式生产组织形式。由于成组生产单元是按零件组分工的，例如盘单元、轴单元、套单元、齿轮单元、箱体单元等，它生产的品种虽然很多而且属于不同的产品，但是都是同一类型的，生产工艺很相似，所以可以按对象专业化原则进行组织，即采用专业化程度较高的机床设备和工艺装备；按照一定的生产纲领和各工序的加工工作量来配置生产设备和工人，机床设备按零件组典型工艺的顺序进行布置，使物流顺畅，工件在工序间的传递采用平行或平行顺序移动方式，以缩短生产周期和减少生产中的在制品量；对各生产单元实行经济责任制，使单元内全体员工为完成共同的任务而团结协作，发挥每一个人的积极性和创造性。

5．组织生产

按照成组工艺文件和成组生产单元来组织生产，相应地制订同成组生产有关的作业计划、劳动组织、劳动定额、经济核算的制度和实施办法。

应用成组技术后，打破产品界限，按零件组组织生产，建立成组加工单元；质量检验以成组生产单元自控为主，工人向一专多能方向发展，这些都改变和充实了原有生产组织工作的内容和方法。在生产的计划方面，实施成组技术后，计划的作用更加突出、更加重要了。

因为零件可按组进行加工制造，而整机必须按产品进行装配、生产，从零件的相似性看，某零件可以归入某一零件组，以扩大批量，组织成组加工，但从产品的交货期看，该零件归入零件组后，可能受加工周期的限制，不得不从该零件组中取出，而代之以一些相似性较小的零件。这种扩大批量与交货期的矛盾，只有通过生产计划才能加以调整和解决。另外，少数出现率极低的专用件，以及非成组加工单元之间的协作，也必须通过计划来组织实现。

推广应用成组技术可以简化计划管理工作。例如按零件组制定标准资料，可作为编制计划的依据；建立相对独立的成组加工单元，采用成组工艺装备等，有利于简化编制计划、生产指令、调度控制等工作。

6. 推广应用

检查成组技术的推广应用情况，总结经验，计算技术经济指标。推广应用成组技术是企业生产管理工作中的一项重大改革，它能带来以下技术经济效益：

（1）促进产品结构及其零部件的系列化、标准化和通用化。减少产品设计工作量，缩短新产品的设计周期。

（2）减少工艺过程设计和工艺装备设计与制造所需的时间和费用，扩大生产批量，提高生产效率，缩短产品的生产周期，提高按期交货率。

（3）减少设备调整所需的时间和费用，节省生产面积，降低废品率，减少原材料和在制品储备，降低产品成本。

（4）有利于加强责任制，发挥人员和设备的潜力，加强对产品品种的适应能力。

（5）简化生产管理工作，减少管理人员。

我国有些企业在没有完善的零件分类编码系统和尚未与数控技术、计算机技术结合的情况下，应用成组技术也已取得初步成果。例如，某厂建立拨叉类零件的成组加工单元后，可用来生产 30 多个品种，与原生产方式相比较，单件工时减少 66% ～ 90%，加工成本降低了 66% ～ 75%；某厂采用成组夹具，用 24 套成组夹具取代了 509 套专用夹具，使夹具的设计时间减少 83%，制造工时减少 64%，材料消耗减少 73%，大大缩短了生产技术准备周期。

单元三　柔性制造系统

一、柔性制造系统的概念

柔性制造系统（Flexible Manufacturing System，FMS）是由计算机控制的以数控（Numerical Control，NC）机床和加工中心（Machine Center，MC）为基础适应多品种、中小批量生产的自动化制造系统。FMS 是 20 世纪 60 年代后期诞生和发展起来的。它综合应用现代数控技术、计算机技术、自动化物料输送技术，由计算机控制和管理，使多品种、中小批量生产实现了自动化。FMS 一般由多台 MC 和 NC 机床组成。它可以同时加工多种不同的工件。一台机床在加工完一种零件后可以在不停机调整的条件下，按计算机指令自动转换加工另一种零件。各机床之间的联系是灵活的，工件在机床间的传输没有固定的流向和节拍。20 世纪 80 年代以来，FMS 技术已进入实用阶段，许多工业发达国家已能成套提供作为商品出售的 FMS。目前多数 FMS 是用于机械加工的，但焊接、钣金、成型加工和装配等领域也都在发展 FMS。建立柔性制造系统（FMS）是建立计算机集成制造系统（CIMS）和智能制造（IM）的基础。图 3-7 为柔性加工单元，是一种最简单的柔性制造系统。

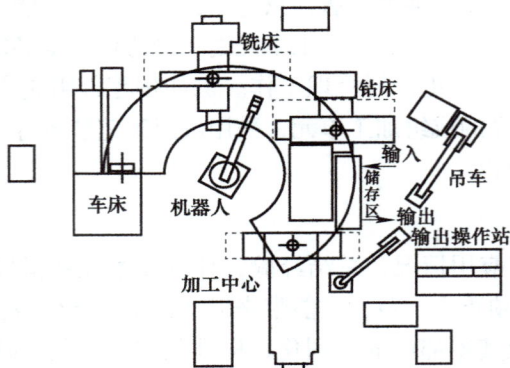

图 3-7　柔性加工单元

二、柔性制造系统的组成

任何一个 FMS 按其功能要求应由以下几部分组成。

1. 加工系统

加工系统设备的种类和数量取决于加工对象的要求。进行机械加工的 FMS 其加工对象一般分为回转体和非回转体两大类。回转体可进一步分为轴类、盘套类，非回转体则可分为箱体类和板类等。根据不同的加工对象，FMS 常配备镗铣加工中心、车削加工中心、各类NC 机床和经过数控化改装的机床。

FMS 的柔性化程度通常以能同时加工的工件类型为评价指标。能加工的工件类型越多，则柔性程度越高。但加工的工件类型越多，对设备的要求也越高，设备的投资就越大。所以不要盲目追求 FMS 的柔性化程度。采用成组技术组织成组生产，可以使每一个 FMS 加工工件的类型趋于简单，节省设备投资，从而达到高效与经济的目的。目前生产中运行的FMS，加工非回转体的占多数，非回转体中又以箱体类零件为主。

2. 物料储运系统

物料储运系统是 FMS 的重要组成部分。它的功能包含物料的存取、运输和装卸。储运的物料有工件毛坯、半成品、成品、工夹具、刀具、切屑等。物料的存取一般采用带堆垛机的立体仓库。对于立式或卧式加工中心，物料的装卸通常采用托盘交换台，对于车削加工中心则采用装卸料机器人或机械手。从立体仓库到各工作站之间的运输可以有多种方案。常见的方案是采用辊道传送带或架空单轨悬挂式输送装置作为运输工具。采用这类运输工具运输线路是固定的，形成直线型或封闭回路型线路。机床布置在运输线的内侧或外侧。为了使线路具有一定的存储功能和能变换工件的运输方向，常在运输线上设置一些支线或缓冲站。这种运输方案投资较少，工作可靠，是目前较广泛采用的一种。工业机器人作为运输工具，适用于短距离运输，运送小工件和回转体零件。它是加工回转体的 FMS 的重要运输工具。

3．计算机管理与控制系统

计算机管理与控制系统是 FMS 的"大脑"，由它指挥整个 FMS 的一切活动。计算机管理与控制系统的基本结构如图 3-8 所示。

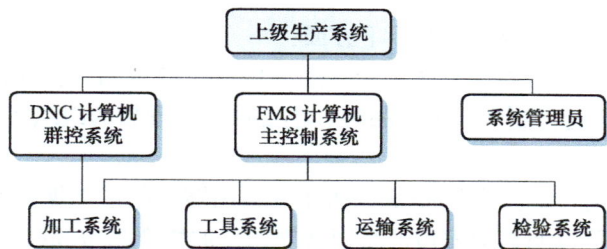

图 3-8 计算机管理与控制系统的基本结构

以 FMS 计算机为主的主控制系统直接指挥和监控加工系统、工具系统、运输系统和检验系统等执行子系统。它和分布式数控（Distributed Numerical Control，DNC）计算机为主的群控系统的关系是：当工件已在加工设备上装夹好，一切准备就绪时，主控制系统就将对该设备的控制权交给 DNC 系统。由 DNC 系统给该设备分配相应的数控程序，并指挥设备起动。加工完毕后 DNC 系统将控制权交还，再由主控制系统指挥将加工好的工件运往下一个工位。

一个计算机管理与控制系统在正常情况下可以自动完成 FMS 的控制任务，包括制订生产日程计划、模拟系统运行状态、协调各子系统的工作，甚至还能处理一般性的故障问题。但是计算机只能按事先确定的原则和逻辑去处理问题，对意外情况非结构化问题就无能为力了，而且计算机本身也会出故障。所以一般采用人机结合的管理与控制方式，由计算机负责正常情况的管理与控制，非正常情况则由系统管理员来处理。平时根据需要管理员也可以随时对运行情况进行干预。

计算机主控制系统的核心是数据库和系统控制软件。

（1）数据库。系统数据库中存放三大类数据：①生产数据，这里包含来自上级生产系统的生产计划和生产工艺数据。②资源数据，主要是 FMS 的设备资源和工具资源数据。③运行数据，这类数据随着生产的进行随时更新并动态地反映 FMS 的运行状态，包括当前工件所在位置，设备和工具的使用状况与生产进度等数据。

（2）系统控制软件。系统控制软件包含系统管理与系统监视等。

1）系统管理软件。负责组织与指挥 FMS 的日常运行。

2）系统监视软件。系统运行状况的监视一般分两级进行：系统级和设备级。设备级的监视由每台设备的控制器来实现，通过控制器对设备的若干个工作参数定期或连续地进行测量，检查设备的工作状况。检测的对象通常包括电子装置、电器装置和机械部件的受力、变形、振动、运动等状况，有的还要检查温度、湿度等。

系统级的监视由 FMS 主控制系统执行。它主要监视各种设备的控制器工作是否正常和小车的运行。发现故障后，迅速进行故障诊断。诊断的准确性取决于诊断软件的质量和检测装置的质量，也决定于设置的检测项目的合理性。

在切削过程中对刀具的监视是系统监视的重要内容。由于刀具材质、工件材质和毛坯数量的波动，常使刀具发生异常磨损，甚至出现断裂。为了预防事故发生，对切削过程必须严密监视。

通过系统级监视，把系统运行情况通过工况报告随时反映给上级系统和系统管理员，以便及时采取措施进行处理。

三、采用 FMS 的经济效益

采用 FMS 的经济效益主要表现在以下方面：

（1）提高了生产系统的柔性，适用于多品种生产。FMS 的柔性比成组生产单元更好，对加工对象变化的适应能力更强，是多品种、小批量生产理想的组织形式。因此被认为是现代制造业发展的方向。

（2）缩短制造周期、减少在制品量、加速资金周转。制造周期是反映企业竞争能力的重要指标。采用 FMS 可以明显地缩短产品制造周期，加快产品市场投放。

采用 FMS 可缩短制造周期，减少在制品量是基于以下几方面原因：① FMS 的加工设备主要采用 MC 和 NC 机床，不仅提高了生产率，而且实现了工序集中化，减少了工件转序、装卡的次数和相应的辅助时间。② FMS 采取封闭的单元组织形式，又有计算机控制的自动化运输系统，提高了生产过程的连续性，使工序间的等待时间、运输时间大为缩短。③ FMS 编制的生产日程计划一般经过优化运算，并通过模拟进行修正，所以能保证具有较短的制造周期和较少的在制品量。

（3）提高设备利用率，加快投资回收。随着技术进步，技术更新速度的加快，一方面设备的生命周期正在缩短，另一方面随着生产过程机械化自动化程度的不断提高，设备投资在企业总资产中的比重不断升高，因此在设备有限的生命周期内如何充分利用它，以加快投资回收是现代生产管理中一个不可忽视的问题。而采用 FMS 实现了生产的高度自动化，工人在白班做好生产准备以后，机床可以无人看管三班连续工作，从而可增加设备的工作班时间。又由于采用 MC 和 NC 机床，实现了工序集中化，大为减少了设备的调整时间，从而可增加设备在工作班内的工作时间。由此使设备的利用率得到提高，以保证投资能较快回收。

建立 FMS 需要巨额投资，而且技术复杂，如果掌握不好，经常发生故障，就难以发挥它的经济效益。因此企业要建立 FMS 必须具备一定的条件。首先是客观上要有需求，有需要采用 FMS 解决的加工任务。因为 FMS 的投资巨大，所以必须保证投产后能满负荷地工作才能有好的经济效益。其次是资金条件，购置与开发 FMS 的硬件和软件需要大笔资金，这对于一般企业，特别是中小型企业，是不容易办到的，所以对于 FMS 的规模和自动化水平应该仔细论证，慎重决定。还有就是企业是否拥有足够的技术力量，保证系统投产后能正常地运行。FMS 集中采用了一系列高新技术，包括电子、数控、自动化、计算机和通信网络等技术，要完成复杂的自动化作业，企业必须拥有一支全面掌握 FMS 技术的管理人员、工人队伍，才能保证系统可靠地运行，并取得预期的经济效益。

复习思考题

一、简答题

1. 简述流水线生产的特点。

2. 什么是流水线的节拍？什么是工序同期化？

3. 流水线生产主要要解决哪些问题？

4. 组织自动线的优点是什么？

5. 什么是成组技术？

6. 简述成组技术的主要内容。

7. 简述柔性制造系统构成的组成。

8. 简述采用柔性制造系统的经济效益。

二、案例分析题

加西贝拉压缩机有限公司创建于 1988 年，地处长三角经济区的中心地域——浙江省嘉兴市，从一家引进、消化、吸收国外技术的制造企业，转型为拥有核心竞争力和自主创新能力的国家技术创新示范企业，并升级为全球行业的领跑者。

企业创建以来创造了一系列的传奇，从 1992 年正式投产，年产销量 3 万台，到 2015 年达 2 350 万台，特别是在全球行业需求下滑的大背景下，企业逆势超越，产销总量连续 15 年保持国内行业第一，出口连续 10 年排行业首位。

企业在生产与运作方面创造了四个方面的特色，并取得了显著的成效。

（1）企业十分重视研发和技术创新。1998 年底，刚刚调任加西贝拉不久的总经理面对资金十分困难的窘境，硬是挤出 3 000 多万元，建起了国内冰箱压缩机行业首家省级企业技术中心，并大幅提高技术人员的绩效奖金。近年来，企业在国内外培育引进了一大批优秀人才，拥有了国家级技术中心、省级压缩机技术研究院、院士专家工作站、欧洲技术营销中心、美国技术营销中心等，其中硕士、博士及以上学历研发人员、外国专家近百人，成为国家技术创新示范企业。企业不断加强压缩机基础理论及应用技术的研究和应用，加快智能制造步伐，形成大量在全球行业处于先进水平的技术成果，企业技术创新进入引领行业技术发展的新阶段。围绕无氟化、小型化、高效化、变频化，企业自主创新一步一个脚印，填补了国内一项又一项空白。1997 年，企业成功开发出国内第一台无氟化环保压缩机，对臭氧层真正实现零破坏，并从 2005 年开始，压缩机无氟化比例保持在 100%，加西贝拉为此荣获联合国环境署颁发的"示范项目贡献奖"。其高效化、小型化技术处于国内领先、国际先进水平；变频技术打破国外技术垄断，填补国内空白；仿真技术的应用，使产品开发周期缩短 1/3；新一代小型化 Mini 系列高效压缩机完成研发，整机重量仅为 4.8kg，处于世界领先水平。企业通过技术上的持续创新，不断推出新的产品。从最初的引进机型一枝独秀，发展到 6 个系列 300 多个品种的"百花齐放"，年销量从 3 万台到 2 350 万台，客户由零起步到占据全球市场的 12%、欧洲市场的 35%。

（2）始终建立质量第一的思想，质量管理不断创建先进水平。加西贝拉真正做到"质量是企业的生命，质量是品牌的灵魂，员工的质量忧患意识和技能水平是基础"。在员工素质技能方面，企业注重培育员工"认真专注、精益求精"的工匠精神，引导员工把"打造中国制造、世界一流的压缩机精品"作为人生事业的追求。在产品质量方面，严格执行先进的产品质量标准，企业是冰箱压缩机国家标准修订组长单位、中国家电标委会冰箱压缩机标准化工作组组长单位。在工序质量控制方面，已达到国际先进水平的 PPM 级（百万分之一），如某工序外装报废率 <50PPM。在质量管理方面，企业于 1995 年在国内同行业中率先通过了 ISO9002 质量体系认证。更难能可贵的是企业没有把贯标当作形式，而是真正从 ISO9000 族标准中学习到国外质量管理的先进思想和理念，并真正地贯彻到企业的质量管理实践中，不断提高企业质量管理水平。2007 年，加西贝拉引入卓越绩效管理模式；近几年，公司先后获得首届嘉兴市市长质量奖、浙江省政府质量奖、全国质量奖。

（3）以创新精神改造传统的流水线生产。众所周知，流水线生产的优点是较高的效率，其缺陷是不太适应多品种的生产；另外，其核心问题是流水线的节拍。时代的发展给流水线生产带来的问题之一是现代市场发展越来越多元化，而流水线生产对市场的适应性较差。企业以创新的精神改造传统流水线生产，如引进柔性制造系统（FMS），使对加工对象变化适应性更强；根据市场新形势，每年对企业产品系列和生产线进行统一规划，利用每年的年度设备检修时间进行完善或改造，使之在保持较高效率的同时满足顾客需求；在安排生产计划时，使生产的产品品种搭配得更合理；尽可能使工装模具化，即在线外把要更换的工装事先组合在一起，换型时可以像换模具一样快速换工装，从而缩短换型时间，发挥流水线高效率优势。了解流水线生产的人都知道，缩短流水线的节拍就能较大地提高其生产效率，但这是个十分困难的事情，企业能知难而上，针对瓶颈工序，特别是一些劳动强度较大的工序，通过改革生产组织，合并和拆分工序等；还通过革新设备"机器换人"（如图 3-9 所示），使缩短流水线节拍取得成效，从原先 13 秒的节拍，缩短到目前 6、7 秒，使整个生产系统效率提高一倍多，真正做到了"减人增效"。

图 3-9　加西贝拉"机器换人"引进码垛机器人

（4）不断推出高品质、低成本的创新产品，拓展市场，赢得较好的经济效益。国内的一些企业，为了高速发展，盲目扩大产能，造成资金链断裂，使企业陷入困境。加西贝拉以技术创新和研发为先导，注重装备、工艺、管理等的提升，不断推出领先行业世界先进水平的新产品，同时，以优异稳定的产品质量为基础，促进企业规模的壮大，尤其近年来，企业产能成倍增长，但始终能保持很高的产销率，并赢得了较好的经济效益。

请讨论：

1. 加西贝拉公司在生产运作方面创造了哪些特色？并取得了哪些成效？
2. 加西贝拉公司如何对传统的流水线生产进行改进？

模块四
研究、发展与企业新产品

📖 学习目的

了解技术创新概念及技术创新动态过程、新产品的概念、新产品开发的方式。掌握研发的分类和特征、二次创新的含义及动态模型、新产品开发的一般步骤、流程性材料的开发程序、新产品试制和鉴定。熟练掌握新产品设计程序和内容、生产工艺准备的主要内容。

01 单元一　研究、发展与技术创新管理

研究、发展与企业新产品

一、研究与发展

研究是针对某个主题的科学知识进行大量的、系统的、反复的探索，通过对事物现象的周密调查与反复思索而揭示出事物的本质。它是一个重要的科学调查实验与分析过程。发展（或称开发）是指运用科学知识对基本思想、基本原理作进一步的发展，以产生一种新的物质形态。因而，研究是探索未知，发展（或开发）则是从潜在的或基本的因素中创造出某种具体的物质形态（如新产品、新工艺、新材料等）。人们往往习惯把研究与发展统称为科学研究，或简称研发。

研究与发展（Research and Development，R&D），按国际最通用的划分方法可分为基础研究、应用研究和技术开发研究。基础研究进行的是探索新的规律、创建基础性知识工作，它没有特定的商业目的，其研究成果一般是广泛的真理、普遍的原则、理论或定律；应用研究是将基础理论研究中开发的新知识、新理论应用于具体领域，它是为了某种特定的目标而进行的；技术开发研究（有时也称试验发展）是运用基础研究和应用研究及实验的知识，为了引入、开发新材料、新产品、新装置、新方法，或是为对现有材料和中间生产做重大改进而进行的系统的创造活动。研发分类实例见表4-1。

表 4-1　研发分类实例

研 发 分 类	基础研究	应用研究	技术开发研究
各类别的研究方向	研究微生物耐辐射的生物化学和生物物理的机制	为获得保存果汁方法所需的知识，就加热和辐射对酵母自下而上的影响而进行微生物学的研究	发展一种用 γ 射线保存果汁的方法

不同的研究类别呈现的特征也不同，上述三种研发类型的特征比较见表4-2。

表 4-2　三种研发类型的特征比较

特征方面	基础研究	应用研究	技术开发研究
目的	寻求真理，扩展知识	探讨新知识应用的可能性	将研究成果应用于生产实践
性质	探讨发现新事物、新规律	发明新事物	完成新产品、新工艺，使之实用化、商品化
内容	发现新事物、新现象	探求基础研究应用的可能性	运用基础研究及应用研究成果从事产品设计、产品试制、工艺改进
成果	论文	论文或专利	专利设计书、图样、样品
成功率	成功率低	成功率较高	成功率高
人员	理论水平高、学术基础雄厚的科学家	创造能力强、应用能力强的发明家	知识和经验丰富、动手能力强的技术专家
管理原则	尊重科学家意见，支持个人成果，采用同行评议	尊重集体意见，支持研究组织在适当时候做出评价	尊重和支持团体合作
计划	自由度大，没有严格的指标和期限	弹性，有战略方向，期限较长	硬性，有明确目标，较短期限

二、技术创新及其动态模型

（一）技术创新的概念

科学技术的任务在于认识世界和改造世界。科学着重于认识世界，技术着重于改造世界。人类运用科学技术发现世界的过程，也就是技术进步和技术变革的过程。

技术变革大体上要经过发明、创新、扩散三个阶段，其中，发明是基础研究和应用研究的结果，创新则是发展研究的结果。技术创新阶段要投入大量的人力、物力和财力，其成果直接关系到国民经济的发展和企业经营的成败。

技术创新是为了满足社会需要而对现有知识新的综合，是新技术第一次商业性应用，也是科学直接转化为生产力的阶段。

技术创新主要是指产品创新、工艺创新和扩散。产品创新是指技术上有变化的产品的商品化，它可以是完全新产品，也可以是对现有产品的改进。工艺创新是指一个产品的生产技术的重大变革，包括新工艺、新设备及新的管理和组织方法。扩散是指创新通过市场或非市场的渠道的传播。

（二）技术创新的动态模型

为了更好地了解产品创新和工艺创新的相互作用及动态特性，现将两者的动态特性综合为一个模型，如图 4-1 所示。

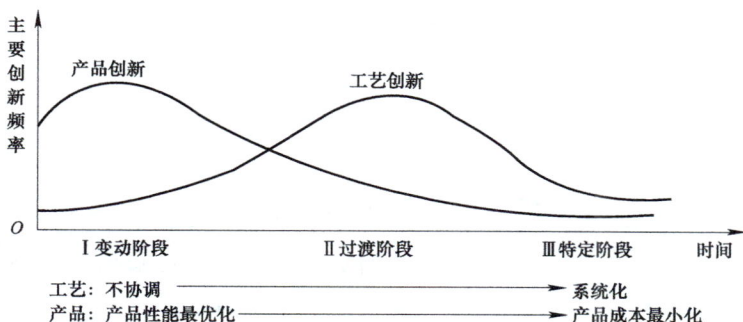

图 4-1 技术创新动态模型

技术创新动态过程分为以下三个阶段：

1. 变动阶段

通过频繁的产品创新，使存在的许多有关产品的技术问题得到解决，从而使产品性能和结构得到明显的改进。开始时工艺因陋就简，但随着生产的发展，工艺创新率必须逐步提高。用户的比较和评价是把产品创新引向改进与提高产品性能的重要推动力和信息源。

2. 过渡阶段

为进一步开拓市场、增加市场占有率，产品创新将集中于解决便于制造、运输和维修等方面的要求，解决结构的工艺性，产品的系列化、通用化和组件的标准化问题。产品创新的频率大幅度下降，工艺创新率大幅度上升。

3. 特定阶段

特定阶段即某种特定产品的高效、低成本阶段。这时竞争基础已不是创新产品的性能，而是产品的质量与成本之比。产品性能和生产工艺趋于稳定，产品和工艺创新率降到最低。

以上三个阶段是由美国学者阿柏纳赛（Abernathy）与厄多伯克（Utterback）提出的，又称 U-A 模式。

（三）二次创新及其动态模型

U-A 模式适用于自主创新，但由于科技基础结构、技术能力、经济发展水平、教育和文化等诸方面所存在的差异，发展中国家的自我技术发展能力往往是从发达国家引进技术的基础上，通过消化吸收积累而成的。以引进、消化、吸收先进技术为基础的二次创新模式，是发展中国家的必然选择。

引进技术的成功关键在于"二次创新"，否则就会掉入引进技术的陷阱，即"引进—落后—再引进—再落后"。因此，对于引进技术不能"只引进不消化"或"只消化不创新"。

至于究竟引进什么技术好，这方面存在一定的争议，关键在于如何对引进技术进行再创新，以形成自身在市场上的竞争优势。我国作为一个发展中国家，技术创新应走"二次创新"的道路。

二次创新是指在引进技术的基础上，囿于已有的"技术范式"，结合自身市场的条件，循新的"技术轨迹"发展的技术创新。二次创新贯穿于引进技术的消化、吸收全过程。

我国浙江大学学者提出了不同于 U-A 模型的二次创新动态模型，如图 4-2 所示。

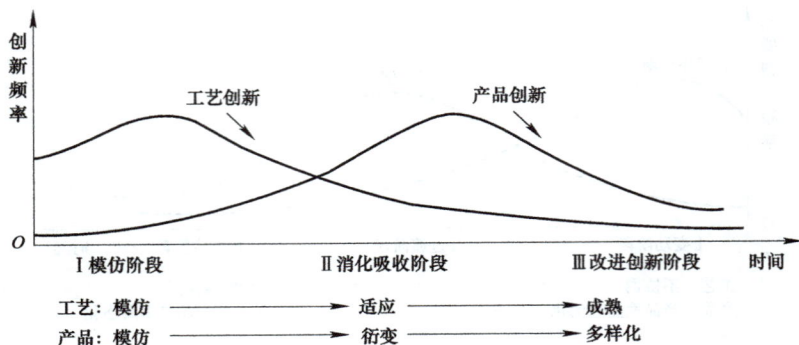

图 4-2　二次创新动态模型

二次创新分为三个阶段：模仿阶段、消化吸收阶段、改进创新阶段。各阶段的特征，见表 4-3。

表 4-3　二次创新动态模型各阶段的特征

特 征 方 面	模 仿 阶 段	消化吸收阶段	改进创新阶段
竞争焦点	产品质量	降低成本	改进产品性能
创新动力	内部技术"瓶颈"	社会需求 内部技术"瓶颈"	新市场需求
创新主类型	工艺创新	工艺创新 产品衍变	改进型产品创新
产品种类	单一	标准产品系列化	产品多样化
生产过程	向预定方式跃进	适应性调整	高效、稳定
组织管理	强调目标与规划	标准化、专业化	发挥企业家作用
主导战略	尽早打入市场	低成本、高质量 扩大市场	多样化 开拓新市场

三、企业应适应国家加快实施创新驱动发展战略的新常态

创新是推动一个国家和民族向前发展的重要力量，也是推动整个人类社会向前发展的重要力量。面对全球新一轮科技革命与产业变革的重大机遇和挑战，中共中央、国务院在 2015 年出台了《关于深化体制机制改革加快实施创新驱动发展战略的若干意见》，将创新发展作为一种国家战略来推广，并以"大众创业，万众创新"为行动重点；2018 年，国务院下发《关于推动创新创业高质量发展打造"双创"升级版的意见》；2022 年，国家税务总局更新发布了《"大众创业 万众创新"税费优惠政策指引》。在这样的大环境和新常态下，企业更应把技术创新作为实现自身发展的一种新机遇。

国家为鼓励企业实施技术创新将出台许多新的优惠政策：如在完善企业为主体的产业技术创新机制方面，对市场导向明确的科技项目由企业牵头、政府引导、联合高等学校和科研院所实施。鼓励构建以企业为主导、产学研合作的产业技术创新战略联盟。更多运用财政后补助、间接投入等方式，支持企业自主决策、先行投入，开展重大产业关

键共性技术、装备和标准的研发攻关。开展龙头企业创新转型试点，探索政府支持企业技术创新、管理创新、商业模式创新的新机制。完善中小企业创新服务体系，加快推进创业孵化、知识产权服务、第三方检验检测认证等机构的专业化、市场化改革，壮大技术交易市场。优化国家实验室、重点实验室、工程实验室、工程（技术）研究中心布局，按功能定位分类整合，构建开放共享互动的创新网络，建立向企业特别是中小企业有效开放的机制。探索在战略性领域采取企业主导、院校协作、多元投资、军民融合、成果分享的新模式，整合形成若干产业创新中心。加大国家重大科研基础设施、大型科研仪器和专利基础信息资源等向社会开放力度。

在提高普惠性财税政策支持力度方面，坚持结构性减税方向，逐步将国家对企业技术创新的投入方式转变为以普惠性财税政策为主。统筹研究企业所得税加计扣除政策，完善企业研发费用计核方法，调整目录管理方式，扩大研发费用加计扣除优惠政策适用范围。完善高新技术企业认定办法，重点鼓励中小企业加大研发力度。

企业在技术创新方面要注意提高创新设计能力。在传统制造业、战略性新兴产业、现代服务业等重点领域开展创新设计示范，全面推广应用以绿色、智能、协同为特征的先进设计技术。国家计划要加强设计领域共性关键技术研发，攻克信息化设计、过程集成设计、复杂过程和系统设计等共性技术，开发一批具有自主知识产权的关键设计工具软件，建设完善创新设计生态系统。建设若干具有世界影响力的创新设计集群，培育一批专业化、开放型的工业设计企业，鼓励代工企业建立研究设计中心，向代设计和出口自主品牌产品转变。发展各类创新设计教育，设立国家工业设计奖，激发全社会创新设计的积极性和主动性。

案例："华龙一号"核电机组

2020年11月27日，"华龙一号"全球首堆——中核集团福清核电5号机组（如图4-3所示）首次并网成功。我国自主研发的先进百万千瓦级压水堆核电技术，具有完全自主知识产权的三代压水堆核电创新成果，是我国核电走向世界的"国家名片"，是我国核电创新发展的重大标志性成果。

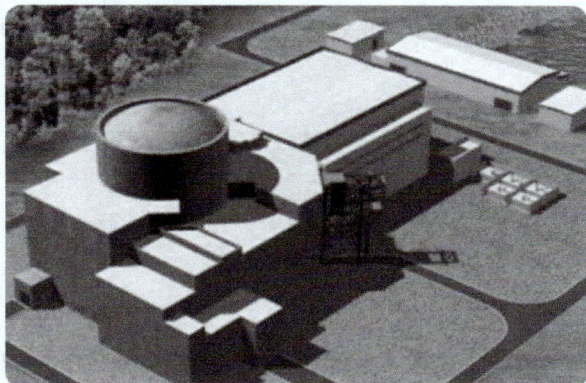

图4-3 "华龙一号"核电机组

单元二　企业新产品

企业新产品开发是企业研究和发展的重点，包括物质形态和非物质形态新产品的研究开发，是企业的创新活动。创新既是一种思想，又是一种行为或活动，还是一种成果。创新成果是通过创新行为或创新活动产生的。新产品即是在这种创新思想指导下从事创新活动所取得的成果。

一、新产品开发的一般程序

新产品开发由创意与概念形成开始，至产品在市场成功销售为止，其间有众多不同职能单位的参与以及大量时间与金钱的投入，因此，如何有效规划新产品开发程序与管理新产品开发的活动，是所有企业都关注的重要课题。新产品开发程序一般分为以下几个阶段。

1. 新产品构思与计划

人们在一定范围内首次提出开发某种新产品的设想，称为新产品构思。首先根据市场的需求，提出吸引顾客的新产品构思方案。它应该包括对新产品的原理、构造、材料、工艺过程以及新产品的性能指标、功能、用途等多方面的设想。然后对构思方案进行分析、评价、筛选，最后确定方案，制订开发计划。开发计划遵循"生产一代，储备一代，研制一代，构思一代"的原则，使新产品能够不断地适时取代老产品而进入市场，以保持企业的经营活力和市场占有率。

2. 新产品构思的评估与选择

所谓评估与选择，就是对众多的新产品构思进行分析评价，淘汰不可行的和可行性小的构思，保留少数可行性大的有价值的构思，以便集中创新资源进行深入的研究。对新产品构思进行评估与选择，一要考虑能否满足社会需要。社会需要有很多方面，一个构思若能满足一方面或几方面的社会需要，就具有开发价值。二要考虑企业目标和企业创新资源。构思应与企业目标（如利润目标、销售成长目标、企业商誉等）相一致，并且要与企业创新资源相符合，即企业运用现有的和可争取到的创新资源能将构思变成新产品；否则，这一构思对企业毫无意义。

3. 新产品设计

在单元三展开论述。

4. 生产技术准备

在单元四展开论述。

5. 商业性投产和市场营销

新产品投产以及供应市场，需要大量的投资。企业应根据预测的销售量来决定新产品的生产方式和生产规模。新产品在进入批量生产后，商品正式推出时要做到三个"有利"，即有利的时机、有利的地点、有利的对象。所谓"有利的时机"，就是选择投放市场的最佳时间。投放时间过早会造成老产品损失，投放过晚则会使新产品不能处于领先地位，失去新产品的销售良机。"有利的地点"，就是选择主要地区市场投放新产品，以便占有市场，取得立脚点，然后再扩大到其他地区。"有利的对象"，就是最先使用者、大量使用者，能影响别人购买的带头人，以及对价格敏感的购买者，新产品应尽量先向这些人推销。

新产品开发过程需要耗费大量的资金，企业若要降低研发费用和加快研发进度，必须严格遵守新产品开发程序。

二、流程性材料的开发

流程性材料有许多是中间产品（或称原料产品），也有一些是终端产品。中间产品如纺织工业上的新型纤维材料，某些新的化工材料如药物中间体，它们的终端产品分别为纺织面料、服装和药品。在市场经济体制下，只有当它们的终端产品被市场认可时，中间产品才具有价值。因此，当原料产品的新产品开发成功后，还要关注和积极参与整个产品链的新产品开发。当然，这样需要较长的时间和较多的投资，一旦成功，其经济效益和社会效益都会十分巨大，甚至可以形成一个新的产业。

1. 流程性材料开发程序

流程性材料（由流程式生产过程生产）的新产品开发，由于其本身的特性，与硬件（由加工装配式生产过程生产）新产品开发有些不同。流程性材料的新产品开发程序为：新产品构思——实验室试验——中间试验——商业性投产和市场营销。它与上述新产品开发一般步骤的区别在于，产品的性质和习惯的称谓。它的产品设计，强调的是配方的确定，一般可认为是原料品种、各种原料配合的比例及反应（生产）条件的确定等。而配方的确定一般先要经过实验室试验、中间试验等。它没有产品图样的概念。它的生产技术准备强调的是，工艺方案（生产配方、生产工艺条件等），设备的试验及制造、安装等。

2. 流程性材料开发中的重要一环——中间试验（简称中试）

中间试验是指经初步技术鉴定或实验室阶段研试取得成功的科研成果到生产定型以前的技术经济活动。这些技术经济活动主要是指为了企业技术创新的实现，通过建立生产经营微系统进行的一系列技术试验活动、生产试验活动和市场营销试验活动。

中间试验要在近似于生产的环境中进行，要建立一定装置、机组、车间或试验基地。如制药行业，当药品研发的实验室工艺完成后，即药品工艺路线经论证确定后，一般都需要经过一个比小型实验规模放大 50 ～ 100 倍的中试装置进行放大，以便进一步研究在一定规模装置中各步反应条件的变化规律，并解决实验室阶段未能解决或尚未发现的问题。不仅如此，中间试验得以进行必须有技术试验、生产试验和市场营销试验所需要的各种人员、物料、信息、资金及相应的采购、销售组织等，这些要素还要动态地、有机地结合起来，即组成一个类似于工业企业的生产经营系统。由于这个系统在规模上远小于工业企业的生产经营系统，所以可称之为生产经营微系统。

中间试验的作用不仅仅在于验证、改进实验室研究的成果，还在于很大程度上消除了应用新技术所带来的种种在生产方面、市场方面的不确定性，为企业技术创新的实施做全面的准备。并且，通过设计、改进、完善和运营一个基于新技术的生产经营微系统，从而为企业技术创新的实施做示范。

对中间试验的重视除了在观念上进行更新外，国家支持技术创新的措施必须要跟上。有学者提出，国家有必要加强面向社会的中间试验基地的建设。这是因为，从发明到商业化产品的路途是漫长的，实验室试验、中间试验往往必不可少。多数个体发明者根本不具备中间试验的条件，而潜在的技术买主对于不成熟的技术又很难做出决断，这就陷入一个怪圈。为了推动自主创新，国家除了兴建重点实验室之外，还非常有必要加强面向社会的中间试验基地的建设，尤其是采用开放共享方式、主要为中小企业和个体发明者服务的中间试验基地。当然，这些中间试验基地与请求中间试验的发明者双方可以就一旦相关技术转让成功之后的利益分享问题做出协议安排。这样的开放式中间试验基地将为我国技术水平的稳步提升做出不可估量的贡献。

03 单元三 新产品设计

新产品设计工作是指从确定新产品设计任务开始，到确定产品具体结构，直到画出图样的一系列技术工作过程。新产品设计决定了产品内在结构、性能及各种质量特征，关系到产品的生产技术水平、生产效率和制造成本、使用费用，是影响企业经济效益和社会效益的重大因素。新产品设计由技术部门负责实施。

一、新产品设计的方式和基本要求

新产品设计的方式主要有：自行设计、仿制设计、外来图样设计（即企业用外单位或用户提供的产品图样进行的新产品设计工作）、自行研究与技术引进相结合的设计（即新产品设计一部分采用本企业的研究成果，一部分采用引进技术）、老产品改进设计。

新产品设计的基本要求，就是保证可靠地、经济地、充分地实现用户所要求的功能。

二、新产品设计程序和内容

新产品构思方案如果通过评审，接下来就进入了新产品设计阶段。新产品设计过程是将产品构思方案转化为具体的产品，详细地设计产品的结构和零部件组成。它应将定性的结构方案细化成定量的具体结构，并对具体的结构参数进行比较、计算，最终确定主要尺寸、材料、零件空间布置等。新产品设计是设计过程的核心，既要完成内在的功能结构设计，又要完成外在的总体布置设计。它主要包括编制设计任务书、技术设计和工作图设计三项内容。

（1）编制设计任务书。设计任务书是新产品设计的指导性文件，它的主要内容包括确定新产品的用途、适用范围、使用条件、使用要求，其本质是产品标准、主要技术参数、设计原则、基本结构和特征以及与国内外同类产品的比较分析等。

（2）技术设计。将已批准的设计任务书具体化，用总图、系统图、明细表和说明书等概括形式表现出来，并对新产品进行详细技术经济分析（其中，价值工程分析是重要分析方法）。

1）总体设计。总体设计是指产品的总体布置、人机关系、产品与环境的关系、造型的美观性等方面的设计，是对产品的总体考虑。

2）功能结构设计。方案设计阶段已经初步完成了功能结构草图设计，功能结构设计阶段的主要任务就是将这一草图具体化，以图样的形式表示出完整的技术方案。

3）技术设计评审。在技术设计阶段同样也要进行设计效果的审查和评估。评审的主要依据是设计技术建议书，看技术设计的结果是否满足技术建议书的要求。

（3）工作图设计。绘制出试制和生产用的全套图纸和技术文件，提供有关生产、工艺上所需的全部技术文件，为产品的制造和装配提供准确的依据。

在上述每项工作结束后，都必须经过一定的评审过程，才能进行下一项工作，以确保新产品设计的工作质量。

三、计算机辅助设计

现在计算机辅助设计（Computer Aided Design，CAD）在产品设计中已成为新常态。所谓计算机辅助设计，就是利用计算机及其图形设备帮助设计人员进行设计工作。在产品设计中，计算机可以帮助设计人员担负计算、信息存储和制图等工作。在设计中通常要用计算机对不同方案进行大量的计算、分析和比较，以决定最优方案；各种设计信息，不论是数字的、文字的或图形的，都能存放在计算机的内存或外存里，并能快速地检索；设计人员通常用草图开始设计，将草图变为工作图的繁重工作可以交给计算机完成；利用计算机可以进行与图形的编辑、放大、缩小、平移和旋转等有关的图形数据加工工作。

在计算机辅助设计中，交互技术是必不可少的。交互式 CAD 系统是指用户在使用计算机系统进行设计时，人和机器可以及时地交换信息。采用交互式系统，人们可以边构思、边打样、边修改，随时可从图形终端屏幕上看到每一步操作的显示结果，非常直观。

CAD 系统的组成：通常以具有图形功能的交互计算机系统为基础，主要设备有计算机主机、图形显示终端、图形输入板、绘图仪、扫描仪、打印机、磁带机以及各类软件。

CAD 带来的收益包括：降低了产品开发成本、提高了生产力、提高了产品质量并且加快了新产品上市速度。具体而言，可用 CAD 系统来改善最终产品、子装配以及零部件的可视化，加快了设计过程；CAD 软件可提高产品设计的准确性，减少了错误；CAD 系统可使设计（包括几何与尺寸、物料清单等）文档化变得更容易、更稳定；由 CAD 产生的图形形状数据还可直接生成数控机床数据和用来编制控制机器人的程序。

单元四　生产技术准备

一、生产技术准备概述

1. 生产技术准备的概念

任何产品的生产过程都包含着准备和生产两个阶段，生产技术准备是为企业开发和设计新产品、改造和整顿老产品、采用新技术或改变生产组织创造一切必要条件的准备工作。

生产技术准备工作对于企业具有十分重要的意义。在一个产品个性化、新产品层出不穷的时代，企业必须不断研发、设计出新产品，改造和整顿老产品，采用新技术，才能在激烈的社会竞争中得到成长和发展。坚实的研发能力、优良的新产品设计及工艺技术，使企业生产的产品新颖、优良、可靠、美观大方、经济方便，能有力地吸引顾客，赢得市场。另外，生产技术准备工作又对产品生产过程起着决定性作用。产品的生产效率、材料利用、产品质量以及能否建立良好的生产秩序等都直接取决于产品和工艺技术的开发和设计。

2. 生产技术准备工作的任务

（1）以最快的速度、最低的费用开发出适销对路的产品。

（2）做好企业产品、技术和生产方式新旧交替的准备工作，实现有条不紊的转变。新老产品转产过渡的三种方式为：①停产过渡（老产品全停），如图 4-4 所示；②平行过渡（老产品不停），如图 4-5 所示；③不停产过渡（老产品逐步减少），如图 4-6 所示。

（3）保证产品设计、制造和使用的经济性。

（4）提高企业的生产技术水平和经济效益。

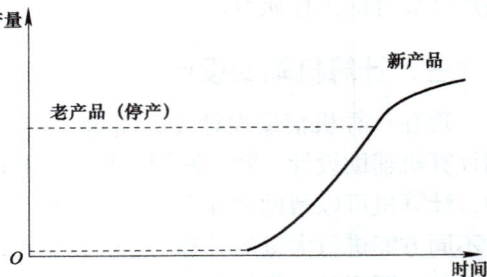

图 4-4　停产过渡

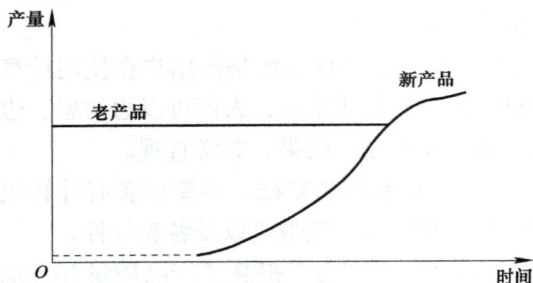

图 4-5　平行过渡

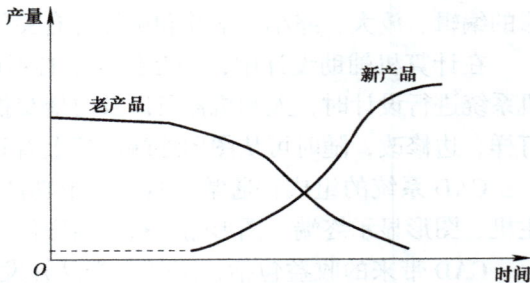

图 4-6　不停产过渡

二、生产工艺准备

新产品设计要解决的问题是生产什么样的产品，至于怎样生产出符合设计要求的产品（如采用什么样的加工顺序和方法、用什么设备加工等），只能依靠工艺准备工作来解决。工艺准备工作，是保证新产品试制和正式生产达到设计要求、保证产品质量、降低生产成本、指导工人操作、提高劳动生产率的重要环节。

工艺准备主要完成以下工作内容：对产品图样进行工艺性分析与审查；制订工艺方案；制订工艺文件；设计、制造和调整工艺装备；确定工时定额和材料、工艺用燃料、动力、工具、消耗定额；设计及采用合理的技术检查方法；设计先进的生产组织及劳动组织形式等。

1. 产品图样的工艺性分析和审查

产品图样的工艺性分析与审查，是根据工艺技术上的要求和企业生产条件以及可利用的外部条件，来评价新产品设计是否合理，加工条件是否具备，企业制造该产品是否能获得良好的经济效益。不但要考虑设计上的先进性和必要性，还要考虑工艺上的可能性和经济性。要在保证产品结构、性能和精度的前提下，努力改善其加工工艺，使所设计的产品尽量符合本企业制造条件，力求获得最好的经济效益。

工艺性分析与审查在新产品设计各阶段进行，新产品设计完成后还应该做一次全面复审。未经工艺审查的图样不得描绘和使用。

2. 制订工艺方案

工艺方案是规定了全部工艺准备工作应遵循的基本原则以及产品试制中的技术关键和解决方法的纲领性文件。工艺方案的主要内容包括：规定设计产品试制及过渡到批量生产或大量生产的质量标准；规定工艺规程的编制原则及形式；制定关键性工艺的解决方案和选定试验研究的课题；规定工艺装备的设计原则和工艺装备系数；确定生产组织形式和工艺路线；分析工艺方案的经济效益；估计工艺准备工作量，规定工艺工作计划。

一个新产品设计，可设计出多种工艺方案，不同的工艺方案，加工过程也不同，产生的经济效益自然不同。因此，必须对各方案进行经济评价，选择最优工艺方案。比较工艺方案优劣，可以先对各工艺方案进行技术经济指标（如劳动消耗量、原材料消耗量、设备构成比、设计的厂房占地面积、工艺装备系数和工艺分散与集中程度等）分析。然后再对各工艺方案的工艺成本进行分析，从综合、整体的角度判断工艺方案的优劣。工艺方案的经济效益分析通常采用工艺成本降低额、投资费用节约额、投资回收期方法进行比较，然后择优选择。

3. 制订工艺文件

工艺文件包括工艺规程、工艺装配图、工时定额、原材料消耗定额等。其中，最主要是工艺规程。它是具体指导工人进行加工制造的操作文件。其主要内容为：产品及其各部分的制造方法和顺序、设备的选择、切削规范的选择、工艺装备的确定、劳动量的确定、设备调整方法、产品装配与零件加工的技术条件等。

工艺规程的主要形式有：

（1）工艺路线卡（工艺过程卡）。它是按产品的每个零件编制的，规定每个零件在整个制造过程中所要经过的各工种的工艺路线，列出每个零件经过的车间、小组、各道工序的名称、使用的设备、工艺装备以及工时定额等。

（2）工艺卡。它是按每个零件的每个工艺阶段（车间）编制的一种路线工艺，规定着加工对象在制造过程中的每一个工艺阶段内所经过的各道工序，以及各道工序的加工方法。

（3）工序卡（操作卡）。它是按产品或零件的每道工序编制的工艺规程，规定着一道工序的详细方法、技术要求和注意事项等。

（4）工艺守则（操作规程）。它规定了操作的要领和基本的注意事项，一般是对重要的和关键的工序制订工艺守则。

4. 工艺装备的设计和制造

工艺装备简称工装，是制造产品所用的各种刀具、量具、模具、夹具、辅助工具的总称。合理选用工艺装备，对保证产品质量、提高劳动效率、改善劳动条件具有重要作用。

工装按其使用范围，可分为标准工装和专用工装两种。前者可以外购，后者需自行设计和制造。

工艺装备设计和制造，工作量大，成本也较高。在机械制造企业中，专用工艺装备的设计制造占整个生产技术准备工作量的50%（成批生产）～80%（大量生产）；工艺装备费用占产品成本的10%～15%。因此，在设计和制造工装时应遵循以下各项要求：

（1）正确规定工艺装备系数。其计算公式为

$$工艺装备系数 = 专用工艺装备 / 专用零件种数$$

（2）提高工艺装备的继承性。

（3）采用规格化工艺装备。工艺装备规格化是指在企业内使工艺装备的结构、形式、尺寸通用化和标准化。

（4）保证质量、缩短周期、节约费用。

三、新产品试制与鉴定

新开发的产品，经过图样设计和工艺准备后，就转入了试制和鉴定阶段。产品试制过程是严格按图样和工艺要求制造实物产品、探索生产的过程。产品鉴定是按照设计要求，分析、判定样品符合设计程度和存在的问题。产品试制与鉴定是对新产品设计和工艺的全面审查鉴定。在此阶段检验新产品设计的正确性和加工工艺的可行性；并通过试制产品的检验，及时发现和解决设计中的问题，进一步改进设计和工艺，避免在正式投产后发生人力、物力、财力和时间的浪费。

新产品的试制和鉴定一般包括两个步骤：样品的试制与鉴定、小批试制与鉴定。

（一）样品试制与鉴定

1. 样品试制

样品试制，即制造出一件或几件产品，来考核新产品设计质量，审查产品结构、性能及主要工艺存在的问题，验证和修正图样等。

样品试制的主要内容包括：

（1）根据产品技术条件对产品进行全面的使用试验。

（2）对产品的重要零部件进行强度、可靠性和寿命试验。

（3）对事先不能用计算方法准确设计的零部件进行试验检查，并使之更为精确。

（4）发现和消除产品结构的缺点、错误和不协调现象，全面检查产品及其各部件的工作精度。

（5）找出产品结构的工艺缺点，提高产品结构的工艺性。

（6）确定复杂零件、部件的最合理制造方法。

2. 样品鉴定

样品先进行性能测试，当性能达到技术要求时，才交付鉴定。

样品鉴定是根据设计任务书、技术设计和工作图设计等图样和技术文件，由专业人员检查和评定产品结构、性能是否达到技术文件所规定的要求，并在鉴定时，编写样品鉴定书载明各种结论，决定是否进行小批试制。

样品鉴定是衡量新产品能否经得起实践考验的重要手段，必须予以重视，严格组织进行。通过试制和鉴定，使新产品样品中存在的问题充分暴露，并及早解决，才能使正式生产时的

产品质量得到保证。

所有鉴定一定要注意保密。样品制作，一般不考虑成本。

样品鉴定的主要内容包括：①检查新产品设计文件的完整性。需要检查的文件有技术任务书、技术设计、现行标准和其他有关文件。②检查样品的精度和外观质量。根据技术标准和有关技术文件的要求，既做一般性精度和外观检查，又做空运转和负荷运转试验后的精度和外观复查。③检查零件、部件的制造和装配质量、磨损程度和材料的选用情况。④检查附件和备件的种类、型号、数量的齐备程度和质量保证程度。⑤检查整个样品的结构、性能、工艺性、可靠性及经济性，并做出较具体的整体评价。⑥编写样品鉴定书。内容是对样品的优缺点进行概括，做出结论，提出建议，并确定能否转入小批量试制阶段。样品鉴定以后，需要对设计进行适当的修改，为小批量试制和鉴定做准备。

（二）小批试制与鉴定

1. 小批试制

按正常生产条件（图样、工装、专用设备、检验工具等），进行小批试制。它是消除样品缺陷，考验工艺准备工作质量的试产阶段，应在全部工艺准备工作结束之后，在将要承担正式生产的车间进行制造，以便工人熟悉新产品的图样、工艺及工装，也便于生产部门了解产品生产要求、工艺过程内容，为正式生产做好准备。

2. 小批鉴定

对小批试制产品除进行必要的性能试验外，着重进行质量可靠性、稳定性和零件互换性检查，然后进行鉴定。最后编写小批鉴定书，载明各种结论，决定是否进行批量生产。另外，为了确保正式生产后能获得成功，应该在小批量试制的基础上，对样品实行破坏性试验评价和用户使用验证评价。这些试验、验证获得通过，才能正式组织生产投放市场。

四、新产品试销

用小批试制的样品，选择较小的市场，做一次或一次以上的试销，以获得第一手消费者反应，并依反应对产品设计或产品性能做出相关修正。

五、成批或大量生产前的调整

对成批或大量生产的新产品，在小批试制鉴定完成后，投入正式生产前，尚须进行调整。这时调整的主要内容有：根据小批试制鉴定的结果，修改和补充产品图纸和工艺技术文件，补充和调整工艺装备，调整生产设备和劳动组织，培训工人熟悉和掌握新产品的生产技术等。

| 复习思考题 |

一、简答题

1. 什么是研究？什么是发展？研发工作按国际最通用的分类方法分为哪几类？
2. 什么是技术创新？什么是二次创新？二次创新的动态模型是怎样的（用图表示）？

3. 什么是新产品？简述新产品开发的程序。

4. 新产品设计的程序和内容是什么？

5. 生产技术准备工作的主要内容是什么？

6. 生产工艺准备的内容有哪些？

7. 简述新产品试制和鉴定的内容。

二、案例分析题

A 新材料公司是由 3 位高校教师组建的，主要从事某新型纤维材料的研发与生产。他们经历了新产品构思——实验室试验——中间试验等过程，立足于用国内原料和国产设备，开发和生产新型纤维材料，并计划进行小批量的生产。公司遇到的第一个问题是资金不足，后来引进了几家当地的企业投资，扩充了资本，改组了公司，建成了厂房，购置并安装了设备，并生产出国内第一批新产品。该新型纤维材料具有可降解的特性，是一种绿色环保型产品，但它的价格高于市场上畅销的传统化纤产品。新产品问世以来，市场反应不够热烈，一是价格高于传统产品，二是它的下游产品或终端产品，如面料的织造、染色等方面存在一些新的问题。实践使他们明白，作为中间产品的新产品研发成功，不一定马上会被市场认可，只有当他们的终端产品被市场认可时，中间产品才具有价值。公司决定与有关企业合作，开始进行整个产品链的新产品开发，但这需要一段较长的时间。由于较长时间没有利润，企业运转困难，股东之间也出现了争议。为了企业的生存，他们压缩规模，精简人员，在继续研发中艰难地前进着。后来，他们也得到了一些国家科创基金的资助，但对于整个企业资金而言，仅是杯水车薪，公司只能艰难地维持生存。好在最终与下游产品和终端产品的联合研发取得了较大的进展。最近，他们正在与一家风险投资公司商谈下一步的合作问题。

请讨论：

1. 该企业在新产品研发中遇到了什么问题？

2. 该案例对读者有什么新的启发？

模块五
工作研究和工作设计

📖 **学习目的**

　　了解工业工程的概念和内容、劳动定额概述。掌握工作研究的内容和步骤（重点在 5W1H 和 ECRS）、程序分析、操作分析、动作分析、工作设计的概念和主要内容。熟练掌握作业测定、工时消耗分类、时间定额。

　　工作研究是工业工程最早出现的一种主要技术，是工业工程的基础方法。它以生产系统为研究对象，以提高生产率为最终目标，是一种不需要投资或者用很少的投资就能增加现有资源产出率的一种工程与管理相结合的技术。工作设计是人力资源开发与管理活动最基本的环节，也是工业工程的基本方法之一。本模块仅对工业工程的概念和内容、特点和发展趋势、工作研究方法、劳动定额和工作设计等内容做简要的阐述。

01
单元一　工业工程概述

工作研究
和工作设计

一、工业工程的概念

（一）工业工程的定义

　　工业工程（Industrial Engineering，IE）源于 20 世纪初的美国，创始人为泰罗、吉尔布雷斯等，是"科学管理"的精髓。但是泰罗的思想当时没有被大多数人所接受，后来泰罗的追随者继续宣传、推广"科学管理"，为了绕过阻力，继续推进生产率的提高，他们将"科学管理"改称为"工业工程"。

　　工业工程的发展迄今已有一个世纪。由于它涉及范围广泛、内容不断充实和深化，在其形成和发展的过程中，不同时期对工业工程的概念曾有不同的阐述，其中，最有权威的解释是美国工业工程师学会（AIIE）于 1955 年提出、1965 年修订的定义，即：工业工程是对由人员、物料、设备、能源和信息所组成的集成系统进行设计、改善和设置的一门学科。它综合运用数学、物理学和社会科学方面的专门知识和技术以及工程分析和设计的原理与方法，对该系统所取得的成果进行鉴定、预测和评价。该定义已于 1982 年被美国国家标准学会（ANSI）用来作为标准术语，收入美国国家标准 Z94，即《工业工程术语》（Industrial Engineering Terminology，ANSI Z94，198z）。日本工业工程协会也基本上采用了这样的定义。这一定义被广泛应用，甚至沿用至今。

　　《美国大百科全书》（1982 年版）对工/业工程的解释是：工业工程是对一个组织中人、物料和设备的使用及费用详细分析研究，这种工作由工业工程师完成，目的是使组织能够提高生产率、利润和效率。

上述各定义是随着时间的推移和科学技术与生产力的发展而变化的，但其本质内容是一致的，这些定义都表明：

（1）工业工程是一门工程类科学技术，且是主要解决管理问题的工程技术。

（2）工业工程所研究的对象是由人、物料、设备、能源、信息等生产要素所构成的各种生产及经营管理系统，且不局限于工业生产领域。

（3）工业工程所采用和依托的理论与方法是来自于数学、自然科学、社会科学中的专门知识和工程学中的分析、规划、设计等理论与技术，特别是与系统工程的理论与方法和计算机系统技术具有日益密切的关系。

（4）工业工程的任务和目标是研究如何将人、物料、设备、能源、信息等要素进行有效、合理的组合与配置，并不断改善，实现更有效的运行，为管理活动提供技术上的支持与保证，其目的是达到系统效益与生产率的实现与提高。

（二）工业工程的目标和观念

1. 工业工程的目标

任何一门工程学科都有其特定的对象和目标，机械工程的目标是研究设计各种优质、高效的机器和车辆等机械性质的系统；电气工程的目标是设计电气装置等；化学工程的目标是研究开发新型化工产品（如塑料）和流程；建筑工程设计各种建筑物（如房屋和桥梁）……那么，工业工程的目标是什么呢？

著名的工业工程专家希克斯（P. E. Hicks）博士曾指出：工业工程的目标就是设计一个生产系统及该系统的控制方法，使其以最低的成本生产具有特定质量水平的某种或几种产品，并且这种生产必须是在保证工人和最终用户的健康与安全的条件下进行的。

上述定义和解释表明，工业工程的目标就是使生产系统投入的要素得到有效利用，降低成本，保证质量和安全、提高生产率，获得最佳效益。具体地讲，就是通过研究、分析和评估，对人机系统的每个组成部分都进行设计（包括再设计，即改善），再将各个组成部分恰当地综合起来，设计出系统整体，以实现生产要素合理配置，优化运行，保证以低成本、低消耗，安全、优质、准时、高效地完成生产任务（如机器制造、桥梁建设、化工生产等）。

2. 工业工程的观念

（1）"眼睛向内"，挖掘潜力提高生产率。

（2）凡事都要找一种"最好"的工作方法，而且坚信"最好"的方法永远是下一个更好的方法。

（3）从全局的利益出发，追求系统的最大利益。

（4）倡导全面协作精神，取得全体员工、各层人员的理解和支持。

二、工业工程的内容

尽管现代工业工程应用极其广泛，但制造业仍然是最主要和有代表性的一个领域。制造工业具有这样的特点，即其生产活动的全部内容包括技术和管理两个方面：①围绕材料加工（或通常说的制造技术）研究工艺与设备，这是制造的硬件部分；②关于制造系统，即由人、材料和设备等组成的集成系统的控制和管理，这是制造的软件部分。工业工程正是将两者有机结合起来的原理和技术，根据这一特点和要求，常用的知识和技术如下。

1. 工作研究

工作研究是工业工程体系中最重要的基础技术，以提高生产率和整体效益为目的。利用方法研究和作业测定（工作衡量）两大技术，分析影响工作效率的各种因素，帮助企业挖潜、革新，消除人力、物力、财力和时间方面的浪费，减轻劳动强度，合理安排作业，用新的工作方法来代替现行的方法，并制定该项工作所需的标准时间，从而提高劳动生产率和经济效益。它是一项现代化的科学管理技术。

2. 设施规划与设计

设施规划与设计是对系统（如工厂、学校、医院、商店等）进行具体的规划和设计，包括厂址选择、工厂平面布置、物流分析和物料搬运方法与设备选择等，使其生产要素和各子系统（设计、生产、制造、供应、后勤服务、销售等部门）按照工业工程要求得到合理的配置，组成更富有生产力的集成系统。它是工业工程实现系统整体优化、提高整体效益的关键环节。因此，它还涉及系统工程、运筹学、工作研究、成组技术、管理信息系统、工效学、工程经济学、计算机模拟等许多专业知识的综合运用，以解决系统优化设计的问题。

3. 生产计划与控制

生产计划与控制主要研究生产过程和资源的组织、计划、调度和控制，是保证整个生产系统有效运行的核心。其内容包括生产过程的时间和空间组织、生产和作业计划、生产线平衡、库存控制等，分析研究生产作业和库存控制的理想方案，通过对人、财、物、信息的合理组织调度，加快物流、信息流和资金周转率，从而达到高效率和高效益的统一。

常用的方法有：网络计划（计划评审技术 PERT、关键路线法 CPM），经济订货批量（EOQ）、经济生产批量（EPQ）和现代生产与库存管理方法——物料需求计划（MRP）、生产资源计划（MRP Ⅱ）、企业资源计划（ERP）和准时制（JIT）等。

4. 工程经济

工程经济是关于工业工程必须应用的经济知识，即投资效益分析与评价的原理和方法。主要是通过对整个生产系统的经济性研究、多种技术方案的成本与利润计算、投资风险分析评价与比较等，为选择技术先进、效益最高或费用最低的方案提供决策依据。

内容主要包括：工程经济原理、资金的时间价值、工程项目可行性研究、技术改造与设备更新的经济分析，以及常用的年费用法、现值法、投资回报率（ROI）法、内部收益率（IRR）法、回收期法等。

5. 价值工程

价值工程亦称价值分析，也是工业工程师为寻求高效益、低成本方案常用的一种方法。它主要用于新产品、新技术开发等过程中，为了有效地改善价值而进行有组织的活动。就是对产品技术或服务进行"功能"与"成本"对比研究，以寻求完成"必要功能"而"成本最低"的方案。根据分析结果对设计、材料选择及工艺方法等进行改进，从而有效地提高生产率。

6. 质量管理与可靠性技术

质量管理是指为保证产品或工作质量所进行的质量调查、计划、组织、协调与控制等各项工作，其中最主要的是为达到规定的质量标准，利用科学方法对生产进行严格检查和控制，预防不合格品产生，即实行质量控制。

内容包括：传统的质量控制方法，现代质量管理——质量保证、生产保证、全面质量控制（TQC）和全面质量管理（TQM）。

可靠性技术是维持系统有效运行的原理和方法，包括可靠性概念、故障及诊断分析、使用可靠性、系统可靠性、可靠性设计与管理等。

7. 工效学

工效学亦称人类工程学（Human Engineering）或人类因素（Human Factors）、人机工程学等，是综合运用生理学、心理学、卫生学、人体测量学、社会学和工程技术等知识，研究生产系统中人、机器和环境之间的相互作用的一门边缘科学，是工业工程的一个重要分支。通过对作业中人体机能、能量消耗、疲劳测定、环境与效率的关系等的研究，在系统设计中，科学地进行工作职务设计、设施与工具设计、工作场地布置，确定合理的操作方法等，使作业人员获得安全、健康、舒适、可靠的作业环境，从而提高工作效率和效果。

8. 组织行为学

组织行为学涉及对组织及人的行为进行系统研究的学问，包括组织的产生、成长和发展，个人、群体在组织中的作用及相互关系，组织与外界的相互作用，工作激励，组织管理与领导的有效性等，为工业工程进行组织管理系统设计提供必需的基础知识和原理。

9. 管理信息系统

管理信息系统是为一个企业的经营、管理和决策提供信息支持的系统——计算机综合系统，包括应用计算机硬件和软件、操作程序、分析模型和数据库等。其主要内容有计算机基础管理信息系统的组成、数据库技术、信息系统设计与开发等。

10. 现代制造系统

现代制造系统也是现代工业工程的基础和组成部分。其主要内容包括数控技术（NC、CNC）、成组技术（GT）、计算机辅助设计与制造（CAD/CAM）、计算机辅助工艺设计（CAPP）、柔性制造单元与系统（FMC、FMS）以及计算机集成制造（CIM）。

现代工业工程的主要特征之一是应用计算机和发展集成生产，因此，掌握和应用先进制造技术方面的知识是工业工程师在现代生产条件下获得市场竞争优势的主要途径。

工业工程与现代生产管理的关系：工业工程强调的是提高效率；而现代生产管理强调的是生产系统的应变能力，即效力的提高。

02 单元二 工作研究

一、工作研究概述

（一）工作研究的概念

狭义的工业工程以工作研究为主体。工作研究是企业管理理论和方法中的一个重要的方面，是企业管理人员的必备基本功，也是管理咨询中一种常用的方法。

工作研究是在既定的条件下，运用系统分析的方法研究资源的更加合理利用，把作业中不合理、不经济、混乱的因素排除，寻求一种更佳、更经济的工作方法以提高系统的生产率。

（二）工作研究的基本内容

工作研究是方法研究和作业测定的总称，其基本内容可用图 5-1 来表示。

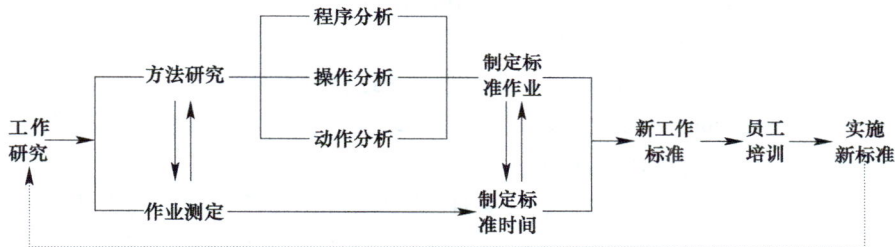

图 5-1　工作研究的基本内容

（三）工作研究的实施步骤

（1）选择研究项目。管理者应考虑到"凡事有一更好的方法"，在具体选择项目时，可考虑三个方面的因素：经济因素、技术因素、人的因素。

（2）确定研究目标。尽管工作研究的目标是提高劳动生产率，但每个项目要考虑具体的研究目标：①减少作业所需时间；②节约生产中的物料消耗、降低成本；③提高质量的稳定性；④增强员工的工作安全性，改善工作环境和条件；⑤改善员工的操作，减少劳动疲劳；⑥加强员工对劳动的兴趣，提高劳动积极性。

（3）选择具体的作业过程。具体的作业过程可以是项目的全部，更多是某一局部，如生产线中的某一工序，甚至是某些操作者的某些动作等。

（4）记录现行的方法。可借助于各类专用的表格或图表，还可借助于录像带和电影胶片，详细地记录现行的操作方法或工作步骤。工作研究之所以能够进行有效的研究分析并得以广泛运用，得益于它建立了一套规范性很强的专用图表工具。

（5）分析所记录的事实。分析记录事实的前提是：敢于怀疑，批判现行的方法。工作研究一般规定在分析考查每一工序时，应从六个方面不断提出问题，这便是"5W1H"或称"六何"分析法。5W1H 为：原因（Why）、对象（What）、地点（Where）、时间（When）、人员（Who）、方法（How）。它们之间的关系见表 5-1。

表 5-1　5W1H 分析表

逐级提问　"六何"	第一轮提问 现状	第二轮提问 为什么	第三轮提问 能否改善	结论 新方案
原因	为何做	理由是否充分	有无新的理由	新的理由
对象	做什么	是否必要	有无更合适的工作	应该做什么
地点	何地做	为何在此处做	有无更合适的地点	应在哪里做
时间	何时做	为何在此时做	有无更合适的时间	应在何时做
人员	何人做	为何由此人做	有无更合适的人选	应由何人做
方法	怎样做	为何这样做	有无更合适的方法	应如何做

（6）制定改进方案。工作研究的核心包括建立新方法和评价新方法。在构思新方案时，可运用"取消、合并、改变、简化"四种技巧（ECRS）。

①取消/删除（Elimination）。对任何工作首先要问：为什么要干？能否不干？如对于制造企业的零部件，首先要判断自制还是外协。自制的工作内容为设计、采购、工艺准备、制造、检验、贮存等；外协的工作内容为选择外协单位、收货检验。后者内容明显少于前者。

②合并（Combination）。如果工作不能取消，则考虑能否与其他工作合并。例如：两种工具能否合并？两道工序能否合并？

③改变（重排）（Rearragement）。对工作顺序进行重新排列。

④简化（Simplification）。经过取消、合并、改变后，再对该工作深入分析研究，使方法和动作尽量简化，使新的工作方法效率更高。

ECRS与5W1H结合运用会更有效。5W1H法和ECRS技巧相结合的方法最开始是应用于工作研究中，现已引入整个企业管理领域，这对产生新的方案有很大帮助。

（7）实施新的方法。①将实施方案具体化、标准化。②说服、培训工作。

二、程序分析

程序分析是对现行作业方法予以有系统的记录，它采取的是一种简明的符号为基础所绘制的程序图。程序分析若用于制造企业，称为生产程序分析；若用于服务企业，则可称为作业程序分析。

1. 程序分析符号

程序分析符号一般有五种（见表5-2）。

表5-2 程序分析符号

作业种类	符 号	内 容
操作	◯	材料、零件或产品的加工过程中发生了外形、规格、性质的变化，或为下一工序进行准备的状态
搬运	⇨	材料零件或产品在一定状态下维持不变，同时转移位置状态
检验	□	对材料、零件或产品的品质和数量进行测定，并进行判断的工序，但作业中同时伴有准备与整理的内容
等待暂存	◗	加工过程中意外产生的停顿而造成的暂存或等待
贮存	▽	受控制的贮存

2. 程序分析图表技术

生产程序分析是针对产品/服务的生产过程进行系统分析，有许多种方法，如产品工序分析、零件加工分析（工艺流程分析）、流程分析（平面流程分析）、人–机联合分析（联合作业分析）等。

三、操作分析

人机关系的内容之一，即研究如何使工人的操作以及工人和机器的相互配合达到最经济、最有效的程度。

操作分析是研究一道工序、一个工作地点的工人（一人或多人）使用机器或不使用机器的各个操纵活动。它与程序分析的区别在于：程序分析是研究整个生产的运行过程，分析到工序为止；而操作分析则是研究一道工序的运行过程，分析到操作为止。

操作分析常用的工具为人机操作、联合操作和双手操作程序图。这些图线详细地记录了操作者在工作地点的活动以及操作者与机器之间在同一时间、同一地点的协同工作状况。通过操作分析，寻找进一步发挥人和机器的作用、缩短操作周期、提高工作效率的途径。

1. 操作分析的基本要求

（1）通过删减、合并、简化，使操作总数减至最低、工序排列最佳，并使每一操作简单易行。

（2）合理利用人体肌肉群，防止人体某些肌肉群由于动作过于频繁而产生劳损。发挥两手作用，平衡两手负荷，避免用手长时间握持物件，尽量使用工具。

（3）要求机器设备完成更多的工作，例如自动进刀、退刀、停车等。大量生产应设计自动上料落件装置。改进零件箱或零件放置方法。

（4）减少作业循环和频率，减少物料的运输和转移次数，缩短运输和移动距离，使运输和移动方便易行。

（5）改进设备、工具、材料规格或工艺性，采用经济的切削用量。

（6）工作地点应有足够的空间，使操作者有充足的回旋余地。

（7）消除不合理的空闲时间，尽量实现人机同步工作，使某些准备工作、布置工作地点的工作、辅助性工作放在机动时间进行。

综上所述，通过操作分析，应达到使作业的机构更合理、操作者的劳动强度减轻、作业的时间消耗减少的目的。

2. 人机操作程序图

人机操作程序图是记录在同一时间坐标上、反映操作者与机器的协调与配合关系的一种图表。它可以清楚地显示人的工作周期与机器的工作周期在时间上的配合关系，因此，通过对人机操作程序图的分析，可获得减少人机空闲时间、提高人机效率的新方法。

人机操作程序图一般由上、下两部分构成。上部左边用于填写工作部门、产品名称、作业名称、表号、操作者等；上部右边用于填写人、机工作周期以及时间利用率等，下部按统一的同步时间标尺，分别记录操作者和机器的活动状况。其绘制步骤如下：

（1）填写左上方各栏。

（2）在图中的时间栏中间画出等距离间距的刻度代表时间比例单位。刻度大小，可根据操作周期的长短和图样幅面确定。

（3）按照活动发生的顺序和时间，在人、机栏内分别记录操作者和机器的活动情况。

（4）观察结束后，将人、机的工作时间、空闲时间汇总填入右上方各栏中。

3. 联合操作程序图

联合操作程序图又称多种动作程序图，是记录在同一时间坐标上，一组工人共同操作一台机器或不同工种的工人共同完成一项工作时，他们之间相互配合关系的图表。其绘制方法如下：

（1）在图样的正中画出等距离的水平间隔刻度线，表示时间单位，并标出刻度数值。

（2）在左边现行方法栏中，按作业活动发生的先后顺序，记录每一工人或不同工种的工人活动的内容及消耗的时间。

（3）经过现行方法考查后，将改进的方法画入右边栏内，并填写节省时间的百分率。

图 5-2 为检查裂化器中催化剂状态时，拆装裂化器有关零件的联合操作程序图。左边为记录的现行方法，右边为对现行方法考查后，提出的改进方法。由图可知，在检修中，将加热器与顶盖的拆装，由不在同一时间进行改进为同一时间进行，即可使检测时间节省 32%。

作业名称				检查裂化器中的催化剂				
现行方法				时间 (h)	改进方法			
电工	装配工	起重工	检验工		电工	装配工	起重工	检验工

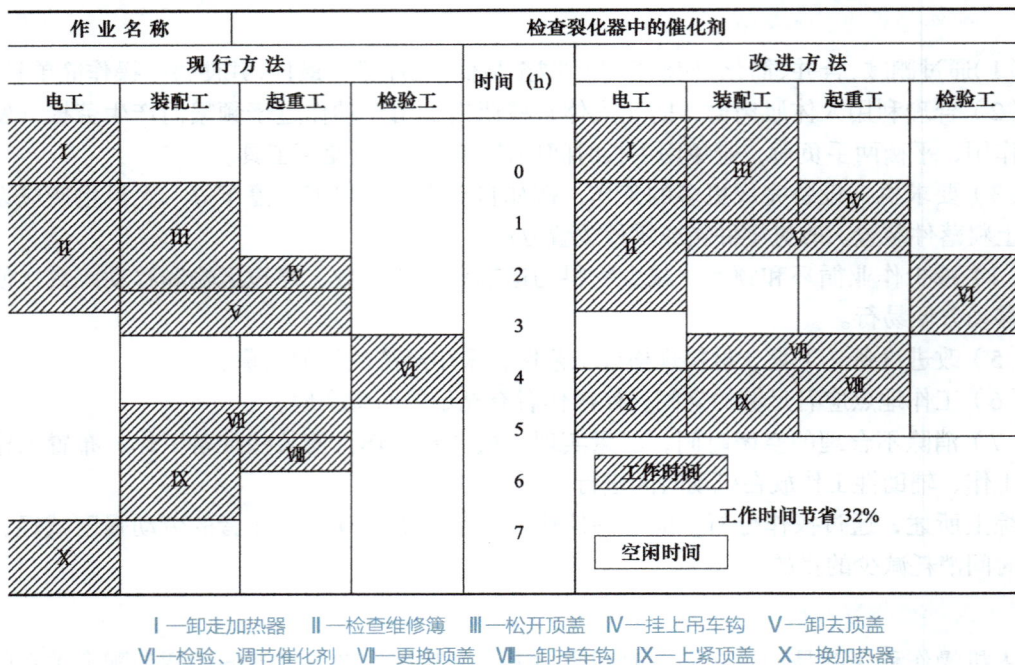

Ⅰ—卸走加热器　Ⅱ—检查维修簿　Ⅲ—松开顶盖　Ⅳ—挂上吊车钩　Ⅴ—卸去顶盖
Ⅵ—检验、调节催化剂　Ⅶ—更换顶盖　Ⅷ—卸掉车钩　Ⅸ—上紧顶盖　Ⅹ—换加热器

图 5-2　联合操作程序图

4. 双手操作程序图

双手操作程序图是按操作者双手动作的相互关系记录其（或上、下肢）动作的图表。分析研究双手操作程序图的目的，在于平衡左右手的负荷，减少无效动作，减轻工人疲劳，缩短作业时间，使操作过程合理化，并据此拟定操作规程。

双手操作程序图一般用来表示一个完整工作循环时的重复操作。它和人机操作程序图的区别在于：前者是记录操作者左右手的动作状况，着眼于工作地点布置的合理性和零件摆放位置的方便性；而后者则是分析人、机的相互协调配合关系，着眼于如何充分利用人的机动时间来做其他工作或增加其看管机器的台数，以提高人力、机器的利用率。

四、动作分析

动作分析是程序分析的进一步深入，是研究人体劳动中的动作方法。它通过研究动作的反复效能、作业姿势、工作地布置和工具摆放等，寻找操作的高效率和省力化。动作分析是对人的动作进行细微的分析，省去不合理的和无用的动作，制定最有效的动作序列的一种技术。

动作分析很容易被人们所忽视，但在大量重复作业中，特别在一些手工操作很多的工序中，显得十分重要，即使是微小的变化，也会带来很大的效益。

动作分析创始人吉尔布雷斯（F. B. Gilbreth）分析了砌砖的动作。他把原来砌砖的 18 个动作，减为 5 个，使每个工人的工作效率由原来的 120 块 / 小时增加到 350 块 / 小时，工效提高近 3 倍。

还有一个实例是，美国某电子（装配）企业的每件产品有 260 个零件，每装一个零件，要发生伸手、取回两个动作。他们试验把所有零件向装配台移近 150mm，使一次手的动作时间平均节约 0.02 分钟（0.12 秒），按日产 8 000 台计，每年可节约时间 34 000 小时（4250 工作日），节省的距离相当于沿赤道绕地球 4 圈。

（一）动作分析方法及动素

1. 动作分析方法

（1）目视动作分析法。该方法是用肉眼，方法简单，但不精确。

（2）影片、录像分析法。该方法精确有效，但成本较高。目前广泛使用数码产品后，可使成本大幅度下降。

（3）动素分析法（有预定动作分析法、PTS 法等）。该方法精确，但需专业人员操作。

2. 动素及符号

动作可分解为动素（动作的基本要素）。动作分析是由吉尔布雷斯夫妇首创的，1912 年他们把人体的基本动作分解为 17 个动素，后由美国机械工程师协会增补一个"发现"，现为 18 个动素。

动素符号又称为萨布里克符号，即为吉尔布雷斯英文字母的倒排（Gilbreth—Therblig）。动素总共有 18 个符号，可分为三大类，见表 5-3。

表 5-3 动素符号表

编　号	名　称	字 母 符 号	象 形 符 号
1	寻找 Search	Sh	
2	发现 Find Out	F	
3	选择 Select	St	
4	握取 Grasp	G	
5	实运 Transport Loaded	TL	
6	对准 Position	P	
7	装配 Assemble	A	
8	应用 Use	U	
9	拆卸 Disassemble	DA	
10	检验 Inspect	I	
11	预对 Pre-position	Pp	
12	放手 Release Load	RL	
13	运空 Transport Empty	TE	
14	休息 Rest for Overfatigue	R	
15	迟延 Unavoidable Delay	UD	
16	故延 Avoidable Delay	AD	
17	计划 Plan	Pn	
18	持住 Hold	H	

进行工作要素 8 个：握取、实运、对准、装配、应用、拆卸、预对、放手。

阻碍工作要素 6 个：寻找、发现、选择、检验、运空、计划。

对工作无益要素 4 个：休息、迟延、故延、持住。

可用萨布里克符号进行动作分析。

（二）动作的经济原则

要完成一项操作（作业）可以由许多不同动作组合，但其工作效率和身体疲劳程度大不一样。这证明有些动作是有效的，有些是无效的。

动作经济原则（动作节约原则）是：减少无效动作，保持有效动作，提高劳动效率。动作经济原则由吉尔布雷斯首创，后经美国加州大学教授巴恩斯（Barnes）完善，现有三大类，共 22 条。

1. 关于身体使用的原则

（1）排除不必要动作。

（2）动作应以最短距离进行。

（3）动作应使用最低位次的身体部位进行。人手动作分五个等级，最低为手指，依次上升是手腕、小臂、大臂、肩。尽可能用手指而不用手腕。

（4）尽可能利用物理力（惯性、重力等）。

（5）取消急剧转向动作，尽量使动作成为连续的曲线运动。

（6）建立作业节奏。

（7）双手动作尽可能同时开始、同时完成。双手除在休息时外，不应同时闲置。

（8）两腕运动不应在同一方向，而应为相反对称同时进行。

2. 关于作业区布置的原则

（1）工具和材料应放在固定位置。

（2）工具和材料应就近放置，且应按作业顺序排列。

（3）作业面与操作者有相适应的高度。

（4）作业面要有适当照明。

（5）材料的供应与搬运应利用重力。

（6）传送装置应尽可能靠近装配或使用的地方。

（7）尽可能使用吊车传送。

（8）为工人提供能保持其良好姿势的某种类型和高度的椅子。

3. 关于工具、设备的设计原则

（1）采取除了手之外，尽量使用身体其他部位进行操作的方式。

（2）尽可能把两个以上的工具结合起来。

（3）材料和工具应尽可能放在预定地方，不轻易变动。

（4）充分设计器材和工具手柄部所需要的功能。

（5）机器操作部件的位置应能使操作者极少变动其地点和姿势。

（6）手指操作时，应按其能力分配使用（如计算机键盘设计应合理）。

五、作业测定

作业测定（又称工作测量）是以时间为尺度，对作业系统进行评价、设计和运用，并把作业分解成适当的作业要素，测定作业要素所需时间的方法。

作业测定的方法主要有秒表时间法和既定时间法。

1. 秒表时间法

秒表时间法即是用秒表在现场对生产作业直接进行观察、记录和分析研究的方法。其中包括：

（1）工作日写实。它是由专职写实人员利用秒表或其他时间记录器，对工人整个工作日的时间利用情况，按时间消耗的顺序，进行实地观察、记录和分析的一种方法。一般采取"一对一"方法，效率较低。

（2）工时抽样法（瞬间观察法）。它是通过对现场的操作者或机器设备进行随机的瞬间观察，调查各种作业事项的发生率进行工时研究的一种方法。其理论依据是，随机抽样的样本和总体分布状态是相同的。工时抽样法不但可用于生产现场，还可用于测定办公室的工作效率。

（3）测时。它是以工序为对象，按操作顺序实现观察和测量工时消耗的一种方法。一般用秒表或其他计时工具来测定作业时间（基本时间和辅助时间），比较精确。测量后还需对实测的结果进行评定和宽放。计算公式如下：

$$正常作业时间 = 实测作业时间 \times 评定系数$$

其中，确定评定系数较麻烦，有许多方法，例如速度评定法（标准正常速度：一定条件下，平地步行 4 800m/ 小时，80.5m/ 分钟等）。

$$标准时间 = 正常作业时间 + 宽放时间 = 正常作业时间 \times 宽放系数$$

2. 既定时间法（预定动作时间标准法 PTS）

既定时间法是利用现成的动素时间标准，制定作业时间标准的方法。

该方法近年来发展很快，有许多分支，如方法时间测量法（MTM）、工作因素分析法（WF）、模特排时法（MODAPTS）等。一般是把一项作业分解成若干标准动作，查各种既定表格，再经过简单计算来确定所需的时间（此时间属正常作业时间）。

例：（WF 法）

（1）用手指敲门，移动 10cm，动作 8 次。

查表：每次 2RU（RU 是 WF 法的时间单位，1RU=0.06 秒）。该动作既定时间 =2×8×0.06=0.96（秒）。

（2）将孔径为 8.5mm 的螺母装配到直径为 8mm 的螺栓上，螺母回转 5 圈。

查表：总计 37RU。既定时间 =37×0.06=2.22（秒）。

例：（MOD 法）

（1）手指移动 2.5cm 时间为 1MOD（MOD 是 MOD 法的时间单位，1MOD=0.129 秒）。

（2）用手将螺丝刀插入螺丝槽内，把这项作业分解成四个标准动作：M2、G1、M2、P5。MOD=2+1+2+5=10，作业时间 =10×0.129=1.29 秒。

单元三　劳动定额

一、劳动定额概述

（一）劳动定额的定义

劳动定额是在一定的生产技术组织条件下，生产一定产量的产品所规定消耗的时间，或在一定时间内所规定生产的合格产品的数量。

（二）劳动定额的表现形式

劳动定额的一般表现形式有：

1. 产量定额

产量定额常用于大量生产类型的部门，如煤炭、冶金、水泥、水电等部门和单位。表现如：吨/小时。

2. 工时定额

工时定额成批、单件生产类型的部门，如机械、造船等部门和单位。表现如：分/件（只）。

3. 看管定额

看管定额指一个或一组工人同时能看管设备的台数。表现如：台/人。

4. 服务定额

服务定额指所规定的一名服务人员的服务工作量。表现如：医院护士，床/人；餐馆服务员，桌/人。

（三）劳动定额的作用

（1）劳动定额是提高劳动效率的重要手段。

（2）劳动定额是实现计划管理的基础。

（3）劳动定额是企业科学组织生产和劳动的依据。

（4）劳动定额是贯彻按劳分配的重要依据。

二、工时消耗分类

（一）工时消耗分类概述

工时消耗分类是指对工人在整个工作班内所消耗的各项时间进行分类，确定哪些是必要的，哪些是不必要的浪费，只有消除工时上的浪费，才能提高劳动效率。工时消耗分类始终是劳动定额的主要内容。国家标准 GB/T 14163— 2009《工时消耗分类、代号和标准时间构成》的范围中规定"本标准适用于工业和建筑施工企业工作班内各项工时消耗的分类，确定作业的标准工时，制定修订劳动定员定额标准，进行工时消耗的统计分析。"

工作班作业时间构成如图 5-3 所示，其中定额时间构成如图 5-4 所示。

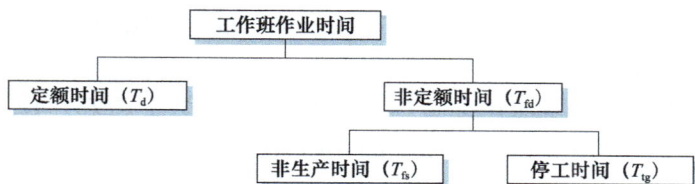

图 5-3　工作班作业时间构成

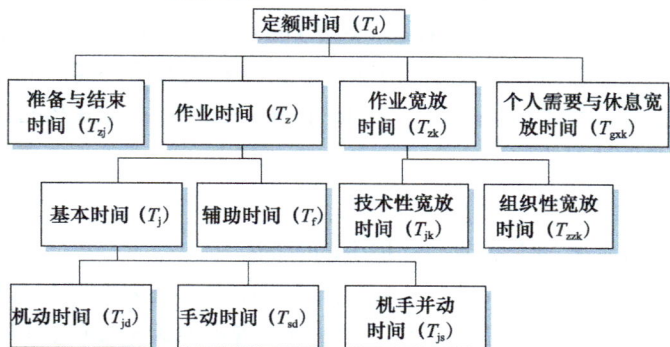

图 5-4　定额时间构成

（二）工时消耗分类术语解释

1．定额时间（Quota Time）

员工为完成预定的生产或工作任务，直接和间接的全部工时消耗，包括准备与结束时间、作业时间、作业宽放时间和个人需要与休息宽放时间等。

（1）准备与结束时间（Time for Preparation and End）：为加工一批产品、执行一项特定的工作任务事前准备和事后结束工作所消耗的时间。

（2）作业时间（Operation Time）：直接用于产品加工、完成生产或工作任务所消耗的时间。

1）基本时间（Basic Time）：直接用于改变加工对象的几何形状、尺寸、性能，使其发生物理或化学变化，以及为工作对象提供某种直接服务所消耗的时间。

①机动时间（Machine Time）：在员工的看管下，由设备自行完成基本工艺过程加工或特定工作任务所消耗的时间。

②手动时间（Band Time）：由员工手工或借助简单工具完成基本工艺过程或特定的工作任务所消耗的时间。

③机手并动时间（Overlap Time of Machine and Hand）：由员工直接操纵设备实现基本工艺过程或特定的工作任务所消耗的时间。

2）辅助时间（Auxiliary Time）：为执行基本作业而进行的各项辅助性作业操作，以及为特定的工作对象提供某种间接性服务所消耗的时间。

（3）作业宽放时间（Allowanced Time for Operation）：员工在进行零件加工、作业操作或完成特定工作活动的过程中，因工作现场组织管理和技术工艺装备等方面的需要所发生的间接工时消耗，它包括组织性宽放和技术性宽放两部分时间。

1）作业宽放率（Allowance Rate for Operation）：作业宽放时间占作业时间的比率。

2）组织性宽放时间（Allowanced Time for Organization）：因满足工作现场组织管理的需要所发生的间接工时消耗。

3）组织性宽放率（Allowance Rate for Organization）：组织性宽放时间占作业时间的比率。

4）技术性宽放时间（Allowanced Time for Technology）：因技术工艺装备的需要所发生的间接工时消耗。

5）技术性宽放率（Allowance Rate for Technology）：技术性宽放时间占作业时间的比率。

（4）个人需要与休息宽放时间（Allowanced Time for Individual Needs and Relaxation）：工作班内满足员工个人生理需要，以及为消除过分紧张和疲劳所必需的间歇时间。

个人需要与休息宽放率（Allowance Rate for Individual Needs and Relaxation）：个人需要与休息宽放时间占作业时间的比率。

2. 非定额时间（Non-Quota Time）

员工在工作班内所发生的无效劳动和损失的时间。

（1）非生产时间（Non-Production Time）：员工在工作班内做了非本职或不必要的工作所消耗的时间。按其产生的原因可区分为：企业组织管理原因造成的，以及员工个人原因引起的非生产时间。

（2）停工时间（Break Down Time）：工作班内因企业组织管理不善或员工个人原因所损耗的时间。

三、定额时间的计算

（一）单件定额时间（T_d）

单件定额时间是由工序的作业时间以及应该分摊的作业宽放时间和个人需要与休息宽放时间组成。计算公式如下：

$$T_d = T_z + T_{zk} + T_{gxk}$$

$$T_z = T_j + T_f \qquad T_{zk} = T_z \cdot K_{zk} \qquad T_{gxk} = T_z \cdot K_{gxk}$$

其中，K_{zk} 表示作业宽放时间同作业时间的百分比，K_{gxk} 表示个人需要与休息宽放时间同作业时间的百分比。

（二）工序单件核算定额时间（T_{dh}）

此定额时间实际上是等于单件时间定额加上准备和结束时间在单件产品上的分摊，即 $T_{dh} = T_d + T_{zj}/N_p$（$N_p$ 表示批量）。在三种生产类型下，其工序单件核算定额时间 T_{dh} 是不同的。下面是三种生产类型下的计算公式。

1. 大量生产类型（相当于 N_p 无穷大）

$$T_{dh} = T_d = T_z + T_{zk} + T_{gxk}$$

2. 成批生产类型

$$T_{dh} = T_d + T_{zj}/N_p = T_z + T_{zk} + T_{gxk} + T_{zj}/N_p$$

3. 单件生产类型（$N_p = 1$）

$$T_{dh} = T_d + T_{zj} = T_z + T_{zk} + T_{gxk} + T_{zj}$$

04 单元四　工作设计

一、工作设计的主要内容

工作设计为有效组织生产劳动过程，通过确定一个组织内的个人或小组的工作内容，来实现工作的协调和确保任务的完成。工作设计的主要内容包括：①明确生产任务的作业过程；②通过分工确定工作内容；③明确每个操作者的工作责任；④以组织形式规定分工后的协调，保证任务的完成。

工作设计是根据组织需要并兼顾个人需要，规定某个工作岗位的任务、责任、权利以及在组织中与其他工作岗位关系的过程。其结果通常也体现在工作说明书上。从企业的整个生产经营过程来看，工作设计应当满足：企业劳动分工与协作的需要；企业不断提高生产效率、增加产出的需要；劳动者在健康、安全、舒适的条件下从事劳动过程中生理和心理的需要。

二、工作设计中的社会技术理论

20 世纪 40 年代末期，英国在煤矿中推行新技术迫使工人实行更为严格的专业分工，导致工人强烈抱怨，并捣毁新设备，引发工潮。这使管理学者认识到技术应用问题，不能视为一个单纯的技术问题，并提出了"社会技术系统"的概念。

工作设计中的社会技术理论是由英国管理学家埃里克·特瑞斯特（Eric Trist）及其研究小组首先提出。该理论认为，在工作设计中应该把技术因素与人的行为、心理因素结合起来考虑，任何一个生产运作系统都包含两个子系统：技术子系统、社会子系统。最佳的社会技术设计应该在这个交叉部分，如图 5-5 所示。

社会技术理论的价值在于它强调技术因素与社会变化对工作设计的影响，除了考虑技术因素外，还将人的行为因素考虑进来，如把调动工作、缺勤、厌倦等与技术选择联系起来。

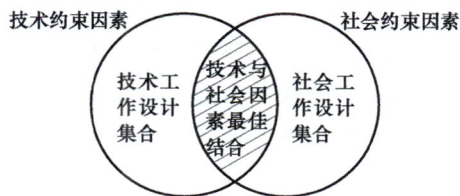

图 5-5　社会技术设计

随着新技术革命和信息时代的到来，以柔性自动化为主的生产模式正成为主流。但如果它没有在工作设计思想和方法上的深刻变革，是不可能取得成功的。在工作设计时应注重促进人的个性发展，注重激发人的积极性和劳动效率。

三、工作设计中的行为理论

行为理论的主要内容是研究人的工作动机，这一理论对于工作设计也有直接的参考作用。在工作设计中必须要考虑到人的精神因素。如在专业化程度高、重复性很强的工作中往往会产生单调感，这会导致人对工作淡漠，从而影响工作的结果。因此需要在工作设计中考虑一些方法来解决这些问题。

（一）工作扩大化

工作扩大化是指工作的横向扩大，即增加每个人工作任务的种类，从而使他们能够完成一项完整工作（例如，一个产品或提供给顾客的一项服务）的大部分程序，这样他们可以看到自己的工作对顾客的意义，从而提高工作积极性。

工作扩大化通常需要员工有较多的技能和技艺，这对提高员工钻研业务的积极性，使其从中获得一种精神上的满足也是有极大帮助的。

（二）工作职务轮换

工作职务轮换是指允许员工定期轮换所做的工作，这种定期可以是小时、天、周或月。这种方法可给员工提供更丰富、更多样化的工作内容。当不同工作任务的单调性和乏味性不同时，采用这种定期轮换方式很有效。采用这种方式需要员工掌握多种技能，可以通过"在岗培训"来实现。这种方法还增加了工作任务分配的灵活性。

此外，由于员工互相交换工作岗位，可以体会到每一岗位工作的难易，这样比较容易使员工理解他人的不易之处，互相体谅，结果使整个生产运作系统得到改善。

在很多国家的企业中都会使用工作职务轮换的方法，但各企业的具体实施方法和实施内容则多种多样。

（三）工作丰富化

在美国行为科学家赫茨伯格的双因素理论中，成就感、责任感、工作本身是激励因素，赫氏理论提出了依靠"工作丰富化"来达到激励员工的目的。工作丰富化是指工作的纵向扩大，即给予员工更多的责任，更多参与决策和管理的机会。例如，一个生产第一线的工人，可以使他负责若干台机器的操作，检验产品，决定机器何时进行保养，或自己进行保养。

工作丰富化可以给人带来成就感、责任心和得到认可（得到表彰等）的满足感。根据这个框架，个人与工作成果是由下列关键心理状态决定的：

（1）对工作意义的感受。

（2）对工作责任心的感受。

（3）对工作实际结果的认知。

这三种方法的实施有时是通过"团队"来进行的，这样会使成员之间得到更好的沟通，从而取得更大的工作成就。

工作丰富化与工作扩大化有本质的区别：工作扩大化，指工人在原来的管理和作业层面上增加工作的内容，防止因劳动分工过细而产生的枯燥感，是横向扩充；工作丰富化，是工作纵向扩展，具有激励作用。

20世纪70年代出现了沃尔沃汽车公司的高度自治性工作小组，实行自我管理和作业，自行决定分配等。后来的实践得出结论：工作丰富化既有成功的也有失败的，关键在于对人性的基本假设。不同地区、不同背景或不同时间，人的需求特性存在着很大的差异，双因素理论并不是针对全人类都有效，工作丰富化也不是提高生产率的万能钥匙。

四、团队工作方式

（一）团队工作方式概述

团队工作方式（Team Work），与以往每个人只负责一项完整工作的一部分不同，是指由数人组成一个小组，共同负责并完成一项工作。在小组内，每个成员的工作任务、工作方法以及产出速度等都可以自行决定，在有些情况下，小组成员的收入直接与小组的产出挂钩。

团队工作方式的基本思想是全员参与，从而调动每个人的积极性和创造性，使工作效果尽可能好。这里的工作效果是指效率、质量、成本等的综合结果。

团队工作方式包括两个重要概念：

（1）员工授权。即把决策的权力和责任一层层下放，直至每一个普通员工。如上所述，以往任务分配方式、工作进度计划、人员雇佣计划等是由不同层次、不同部门的管理人员来决定的，现在则将这些权力交给每一个团队成员，与此同时，相应的责任也由他们承担。

（2）组织重构。这种组织重构实际上是权力交给每一个员工的必然结果。采取这种工作方式后，原先的班组长、工段长、部门负责人（科室主任、部门经理等）等中间管理层几乎就没有必要存在了，他们的角色由团队成员自行担当，因此整个企业组织的层次变少，变得"扁平"。

（二）团队工作方式的常见类型

1. 解决问题式团队

这种团队实际上是一种非正式组织，它通常包括七八名或十来名自愿成员，他们可以来自一个部门内的不同班组。这种团队的最大特点是：他们只提出建议和方案，但没有权力决定是否实施。这种团队在 20 世纪 70 年代，以日本的 QC 小组为典型，获得了极大的成功。

2. 特定目标式团队

这种团队是为了解决某个具体问题，达到一个具体目标而建立的，其成员既有普通职工，又有与问题相关的经营管理人员。团队中的经营管理人员拥有决策权，也可以直接向最高决策层报告。他们的工作结果、建议或方案可以得到实施，或者他们本身就是在实施一个方案，即进行一项实际的工作。

这种团队不是一个常设组织，也不是为了进行日常工作，而通常只是为了一项一次性的工作，实际上类似于一个项目组。这种团队的特点是，容易使一般员工与经营管理层沟通，使一般员工的意见直接反馈到决策层。

3. 自我管理式团队

这种方式是最具完整意义的团队工作方式。在自我管理式团队中，由数人（几人至十几人）组成一个小组，共同完成一项相对完整的工作，小组成员自己决定任务分配方式或任务轮换，自己承担管理责任。

> **小提示**
>
> 团队建设要做到四个方面：凝聚力强、合作第一、组织大众、统一目标。
>
> （1）凝聚力强。能将千百万人的心连在一起，这是十分独特的能力。
>
> （2）合作第一。大海是由无数的水滴组成的，每个人都是团队中的水滴。21 世纪，个人敌不过团队。个人的成功是暂时的，而团队的成功才是持久的。
>
> （3）组织大众。对于团队的事业，集体中个人的力量是有限的。成功靠整个团队的共同推进，每个成员一定要明白，团队利益、团队的目标重于个人的利益和目标。
>
> （4）统一目标。目标是团队的前提，没有目标就称不上团队，因为先有了目标才会有团队。

小故事

换位思考是团队建设的一个重要因素。下面讲一个换位思考的小故事：

小羊请小狗吃饭，它准备了一桌鲜嫩的青草，结果小狗勉强吃了两口就再也吃不下去了。过了几天，小狗请小羊吃饭，小狗想：我不能像小羊那样，我一定要用最丰盛的宴席来招待它。于是小狗准备了一桌上好的排骨，结果小羊却一口也吃不下。

观点：有时候，己之所欲，也勿施于人。凡事不要把自己的想法强加给同事，遇到问题的时候多换位思考一下，站在对方的角度上想想，这样，你会更好地理解同事或员工。

复习思考题

一、简答题

1. 工业工程的观念是什么？
2. 工业工程活动主要包括哪些内容？
3. 简述工作研究实施的步骤。
4. 工作研究的内容有哪些？
5. 既定时间法是怎样一种方法？模特排时法的单位是什么？
6. 简述工作班作业时间的工时消耗分类（用图表示）。
7. 据下列资料计算三种生产类型的单件产品的定额时间和核算定额时间。

$$T_j=10 \text{ 分} \quad T_f=6 \text{ 分} \quad K_{zk}=9\% \quad K_{gk}=5\% \quad K_{xk}=12\%$$

$$\text{批量生产时：} T_{zj}=30 \text{ 分} \quad N_p=50 \text{ 件}$$

$$\text{单件生产时：} T_{zj}=8 \text{ 分}$$

8. 什么是劳动定额？它有哪些表现形式？
9. 什么是工作设计？工作设计主要内容是什么？
10. 简述团队工作方式的常见类型。

二、案例分析

某管理咨询组应 A 企业的聘请，对该企业进行管理咨询。A 企业是以布面胶鞋为主导产品，其中 90% 以上为外销，其生产主要根据外商订单来组织。此时该企业刚刚兴起，虽然开始时发展速度较快，但在生产条件和生产管理上还存在较多的问题，例如部门职责不清、生产无计划、生产秩序混乱、生产效率低下、工人工作时间过长等。经咨询组调查分析，决定以生产效率低下和生产计划两大方面为抓手，来开展生产管理咨询工作。（本例主要是关于生产效率低下的问题，关于生产计划的问题在模块六讨论。）

1. 概况

企业是以布面胶鞋为主导产品，产品尽管有许多规格和品种，但产品结构和工艺相对稳定，每个订单都有足够大的产量。该企业下设两个生产车间，车间下设大组，有些大组下再分生产班组。由于没有进行科学的劳动组织，咨询组决定对生产班组分别采用"工作日写实"和"测时"两种方法进行作业测定,前者用于对某岗位的整个工作班的工时消耗进行测定,后者是对各个工序作业时间进行测定。"工作日写实"法的特点是简单易行,但效率相对较低。根据工作日写实的结果,证明该企业劳动生产率是较低的,停工时间占全部工作时间达31.6%,其中非工人造成的停工时间占29.5%。具体见表5-4。

表5-4 工作日写实表

工时类别		代号	写实汇总				
			第1次(秒)	第2次(秒)	第3次(秒)	平均值	占全部(%)
定额时间	作业时间	T_z	297	277	315	296.3	58.0
	作业宽放时间	T_{zk}	0	6	4	3.4	0.6
	个人需要和休息宽放时间	T_{gxk}	18	0	4	7.3	1.4
	准备和结束时间	T_{zj}	27	36	32	31.7	6.2
	小 计	—	—	—	—	—	66.2
非定额时间	非生产时间	T_{fs}	0	22	12	11.3	2.2
	停工时间	T_{tg}	168	184	133	161.7	31.6
	小 计	—	—	—	—	—	33.8
合 计		—	—	—	—	—	100

胶鞋车间的成型大组有工人50人,约占全厂工人1/4,是个重要班组。企业成立之初,资金比较缺乏,而劳动力比较丰富,故其生产组织形式是手工传动的流水线。该企业的生产类型属"单批"生产,但由于胶鞋批次的差别在于布面料质和花式,各种胶鞋的制作工序基本相同,如成型大组承担划大底等12道工序,因此采用手工传动的流水线是合适的。但由于没有进行流水线的平衡计算,咨询人员以测时为手段,测定了完成一道工序的最长总时间为6秒,并确定其为流水线节拍,有5道工序的时间利用率在50%以下。其测时汇总见表5-5。

表5-5 成型大组测时汇总表　　　　　　　　×× 年 × 月 × 日

项 目＼工序	划大底	压海绵	套帮	刷浆	贴海绵	滚大底	贴包头	上大底	贴外沿条	贴内沿条	压头跟	压齿	合计
各工序人数(人)	4	2	4	8	4	4	4	4	4	4	4	4	50
工序内全部人员完成一双鞋所需时间(秒)	3	2.8	3	4.5	3	3.5	5.5	4.6	6	4.9	3	4	
流水线节拍(秒)	6	6	6	6	6	6	6	6	6	6	6	6	
时间利用率(%)	50	44	50	75	50	59	92	71	100	82	50	67	

2.主要整改建议及成效

经过咨询人员的工作日写实和测时,确定"贴外沿条"等3个工序为"卡脖子"工序。为解决流水线劳动力不平衡,采取了两个办法:经过技术培训等办法提高"卡脖子"工序操作技术水平,缩短工序作业时间;适当增加"卡脖子"工序的工人人数,缩短流水线的节拍。

后经过培训并在三个"卡脖子"工序增加了 5 个工人，节拍缩短为 4 秒，所有工序的时间利用率均达 70% 以上，见表 5-6。

表 5-6　改进后的劳动定员、时间利用率表

项目　　　工序	划大底	压海绵	套帮	刷浆	贴海绵	滚大底	贴包头	上大底	贴外沿条	贴内沿条	压头跟	压齿	合计
各工序人数（人）	4	2	4	8	4	4	6	4	6	5	4	4	55
工序内全部人员完成一双鞋所需时间（秒）	3	2.8	3	4	3	3.7	4	4	3.9	3	3	3	
流水线节拍（秒）	4	4	4	4	4	4	4	4	4	4	4	4	
时间利用率（%）	75	70	75	100	75	82	100	100	98	75	75	75	

其整改的成效是显著的，工人只增加 10%，劳动生产率却提高 36.5%，每天增产鞋子 2 400 双，日产量可达 7 200 双。

请讨论：

1. 作业测定一般有哪些方法？本案例中运用了哪些方法？各有什么特点？
2. 根据案例中工时消耗分类的数据，分析改进措施实施前的工厂生产效率。
3. 根据本案例分析组织流水线生产的条件。
4. 根据本案例分析组织流水线生产中节拍和工序同期化的作用。

模块六
生产计划管理

📖 **学习目的**

了解生产能力核定、企业生产与运作计划的种类、生产与运作作业控制和生产与运作成本控制。掌握市场经济体制下的企业生产与运作计划的特点、单件生产类型的生产计划编制步骤和简单产品单件生产类型的生产计划、成批轮番生产类型的生产计划特点。熟练掌握大量生产类型（存货生产方式）的生产计划的特点、提前期法的运用。

01

单元一 现代企业的生产计划概述

尽管制造业的生产计划管理比较复杂，但由于制造业历史悠久，其生产计划管理的理论和实践都比较成熟。本模块的内容均指制造业的生产计划管理工作。

一、现代企业生产计划的特点

1. 计划的基础

现代企业的生产计划是建立在对市场需求预测和销售计划的基础上，以满足市场需求为目标的。

2. 计划的注重点

现代企业注重于对生产计划变更和调整方法的研究。在市场经济体制下，市场销售量的波动性和生产过程要求的均衡性这对矛盾始终存在，计划变更和调整的方法是个难点，必须加强对其的研究工作。有研究者提出用两种战略来解决这个困难：一是"均衡战略"，即用调节库存量来适应销售量的波动，而使生产处于均衡状态；二是"追赶战略"，即使生产量随销售量的波动而波动，不断变更生产计划。企业选择何种战略的依据就是分析和比较两种费用，即库存费用和变更计划费用的大小。关于库存费用将在后面有关模块中阐述。变更计划费用，即在一定的条件下增加或减少生产量时所发生的费用。这些费用包括临时雇工费或解雇时的失业津贴、工人加班费、取消合同的赔偿费、紧急采购费用、浪费与返工费用等。

另外，近细远粗、不断滚动的"滚动计划方法"，也是企业经常采用的生产计划变更和调整的方法。

3. 计划工作的重心

现代企业生产计划工作的重心也从原先的计划平衡转变为多方案的优化和决策。市场经济下的现代企业的生产计划工作，由于市场需求的不确定性和企业拥有最大的生产经营自主权，使其计划工作重点转变为多方案的优化和决策。

4. 计划工作的范围

现代企业扩大了生产计划工作的范围，如增加了生产能力计划（Capacity Planning）等。现代企业扩大生产能力的方法有很多，如依靠自身的力量进行固定资产的投资，租赁固定资产，对生产任务进行外协，甚至可以进行外包或转包。另外，由于实行了现代劳动人事制度，使企业在处理员工数量方面也有了较大的余地。因此，企业有可能，也有必要根据市场的需求来制订企业的生产能力计划。

二、生产能力及生产能力计划

（一）企业生产能力的概念

企业的生产能力在人们头脑中的一般概念是某家企业在一定时期内的产品出产数量。但在对其深入研究后，就会发现它隐含着一些复杂因素：一是被计量的对象，有些以产出物为计量对象，有些以投入物为对象，如医院的能力一般以病床数为对象。二是计量的单位也比较复杂，如重量单位吨（钢铁厂）、个数（医院的床位数）、人数（学校）等。表 6-1 是生产能力的计量。三是与产品的品种数有关。如单一品种的企业，若到一家水泥厂或钢铁厂，人们就会告诉你，工厂的生产能力为多少万吨。在多品种的机械厂，一般也以出产产品的重量计，但这没有太大的意义，因为大小产品的价值、生产时间、难度基本没有很大的关联。四是有些企业的生产能力可以不断地被调整和变化。特别是一些小型的订货型生产企业，接受订单是企业的生命线，而其生产能力可以被较快地调整，如外包或马上购置生产设备（如缝纫机）等。

表 6-1 生产能力的计量

单 位	计量对象	计量单位
汽车制造厂	产出量	辆（汽车）
罐头厂	产出量	吨（食品）
钢厂	产出量	吨（钢）
电力公司	产出量	千瓦时
电站锅炉公司	产出量	吨（产品重量）
航空公司	投入量	飞机的座位数
医院	投入量	病床数量
大学	投入量	学生或教师人数
矿山企业	投入量	吨（矿石处理量）
仓库	投入量	平方米（仓库面积）或立方米（仓库体积）

美国人 E. E. 小亚当在《生产与经营管理》一书中指出："生产能力是一个公司把资源转变为产品和服务的最大生产率或转化能力。"

我们的定义为：企业生产能力是指企业把资源转变为产品和服务的最大转化能力。

企业内部影响生产能力的因素有生产性固定资产、劳动对象、劳动力、资金等。其中生产性固定资产包括机器设备、厂房、场地等。对于大多数行业而言，采用机器设备是现代企业的主要标志。一般意义上的生产能力核定是指设备生产能力的核定。

（二）企业生产能力的核定

1. 设备生产能力的核定

在单一品种的条件下，设备生产能力的计算公式为

$$M=STE$$

式中　M——设备生产能力；

　　　S——设备数量，指在计划期内能用于生产的全部设备数量；

　　　T——设备有效工作时间；

　　　E——单位设备的单位时间产量定额。

例6-1　某机械制造企业的机械加工车间，其产品顺序通过车、铣、磨加工而成。该车间的车工组、铣工组、磨工组，分别拥有机床台数、加工该产品的产量定额、有效台时数及据此计算出来的生产能力见表6-2。

表6-2　加工车间生产能力核算表

设备组名称①	设备台数②	工作班数③	计划检修时数④	全年有效台时⑤=②×306×15.5-④	单位时间产量定额⑥	设备组生产能力⑦=⑤×⑥
车工组	15	2	1 145	70 000	1.5	105 000
铣工组	17	2	1 381	79 250	2	158 500
磨工组	9	2	687	42 000	1	42 000

注：全年工作日数为306天，每天2班，按15.5小时计。

当一种设备生产多种规格产品时，必须选择代表产品来计算生产能力，将其他规格换算成同一代表产品的产量来计算。换算系数计算公式为

换算系数＝某种产品台时定额 / 代表产品台时定额

例6-2　某厂车床组有车床10台，每台车床全年有效工作时间为4 648小时，在车床上加工A、B、C三种产品，其计划产量和单位产品台时定额分别见表6-3。试用代表产品法求车床组生产能力。

首先确定B产品为代表产品。换算系数及总生产能力计算见表6-3。

表6-3　换算系数及总生产能力

产品名称	计划产量（台）	单位产品台时定额（小时/台）	换算系数	换算为代表产品的产量(台)	各种产品占全部产品的比重（%）
A	280	45	0.9	252	28.19
B	400	50	1.0	400	44.74
C	220	55	1.1	242	27.07
合　计	900	—	—	894	100

2．全企业生产能力的核定

全企业生产能力的核定，是在核定设备台组、班组、工段、车间等各环节的生产能力基础上，通过综合平衡，最后才核定的。"综合平衡"包括各基本车间之间生产能力的平衡，以及基本车间与辅助车间之间生产能力的平衡。

当基本生产车间（基本生产环节）之间生产能力不一致时，整个基本生产部门的生产能力通常按主导生产环节来确定。主导生产环节是指主要工艺环节，一般是建设时间长、投资大的环节。如在水泥企业，其基本生产车间为熟料煅烧和水泥粉磨车间。熟料煅烧为热工设备，需要连续作业，否则损失极大（钢铁厂也是如此），而且投资巨大，故它是主导生产环节。粉磨设备投资额相对较小，另外，为了便于电力的调度，其生产能力一般会大于熟料煅烧能力，这样在电力供应紧张时，可以实行所谓的"停磨保窑"，保证其最大生产能力的实现。

基本生产部门与辅助部门之间生产能力不一致时，一般按基本生产部门的能力来确定。

对联合企业的生产能力，一般按不同产品、不同生产阶段来计算。冶金联合企业可分别计算采矿能力、选矿能力、冶炼能力等。

（三）企业生产能力计划

企业生产能力计划是指决定需要多少人力、设备和物资（能源）来完成生产任务的过程，即企业根据生产任务（预测或已有订货）来主动调整自身生产能力的过程。现代企业的生产能力变更方案必须在分析成本、利益、风险的基础上才能实行，一般以自身效益的最大化为总目标。企业生产能力计划一般可分为长期生产能力计划、中期生产能力计划和短期生产能力计划。

1．长期生产能力计划

长期生产能力计划是决定工厂生产能力的基本计划阶段，跨度一般在2～3年。它是根据长期需求预测、企业的新产品计划及现存的工厂生产能力确定的。它以固定资产（厂房、设备）为中心。至于人员方面，则要对工时估计和工人录用方针加以研究。

2．中期生产能力计划

中期生产能力计划以达到工厂的最优开工率为目标，跨度一般为半年至一年。它的主体是以长期生产能力计划中准备的设备为前提的人员计划，具体决定人员定期调动及录用计划。这也是部分修改设备计划、研究订购物资的方针。

3．短期生产能力计划

短期生产能力计划跨度一般为1～3个月。它主要是为了有效地利用潜在能力对生产进行各种具体部署，人员和物资可与日程计划配套，对设备仅做工序上的改善。

02

单元二　企业生产计划种类

目前，许多国家和地区对于生产计划的含义和名称没有统一，广义的生产计划是指一整个生产计划体系，内容包括本单元所列的各种计划；狭义的生产计划则是对产品出产进度的安排。除非特指，本单元中均采用后者的含义。

一、产品出产进度计划（生产计划）

产品出产进度计划，简称生产计划，是指在开始生产前，将所欲生产的产品的品种、数量、价格、生产方式、期限等，编制成一套最经济、最合理的预定计划。它建立在企业利润计划和销售计划的基础之上，主要内容是产品出产进度的安排。生产计划一般有年度生产计划、月度生产计划，部分企业还有旬生产计划或周生产计划。由于生产的不确定性，有些企业还会做出"临时生产计划"。

1．年度生产计划

它是为了完成年度的利润计划，以年度销售计划、长期生产能力计划为基础，考虑到产品的库存标准、新产品更换计划和每月开工均衡等，并与销售部门、技术部门和生产车间协调之后，再正式决定年度生产计划。在所需生产能力变动不大，但从利润计划来看又有问题时，可调整销售计划，并在充分考虑能力和负荷的平衡之后，重新制订生产计划。对于流程式生产企业（存货生产方式），其年度和月度生产计划可制订得详细（精确）；对于加工装配式生产企业（订货生产方式），由于其严格按订单进行生产，年度生产计划只能制订得较粗（不太精确）。

2．月度生产计划

将月度订货与月末库存量和中期生产能力计划加以对比，可以大致确定月度生产计划。在接受订货数量和生产能力有差异时，可采取两种方法进行调整，即或把生产任务推迟到下个月，也可用加班方法；或临时增加库存。

3．临时生产计划

临时生产计划因来自临时发生和生产任务的需要，一般由如下情况造成：已经完成的生产合格产品因顾客临时要求有变更需要；突发和一般事故导致生产临时中断，如停电、自然灾害等；人力资源突发变故；生产设备的突发故障；因材料不齐备而事后追加；临时制作样品；生产成品经检验机构确定为不合格，需要返工等。

临时生产计划一经确定，必须认真实施，它是对周、日生产计划的有效延伸，并在一定程度上补充了它们的不足。

二、日程计划

日程计划是为了保证产品的交货期，按照产品加工顺序，以日（少数以小时）为时间单位，妥善安排各生产阶段各工序的开始和结束日期的计划。它是生产计划的具体执行计划，类似于以前的生产作业计划。日程计划包括物资采购、外协加工和各工序作业的日程计划。它一般可以根据标准生产周期，逆工艺顺序推算，求出各生产阶段或工序的开工和完工日期，即可编制出产品制造过程的日程计划。日程计划一般用甘特图或网络图来表示。日程计划一般可分为大日程计划、中日程计划、小日程计划。

三、生产能力计划（见前文）

日本学者松村林太郎做出产品出产进度计划（生产计划）和生产能力计划的关系图（如图 6-1 所示）。

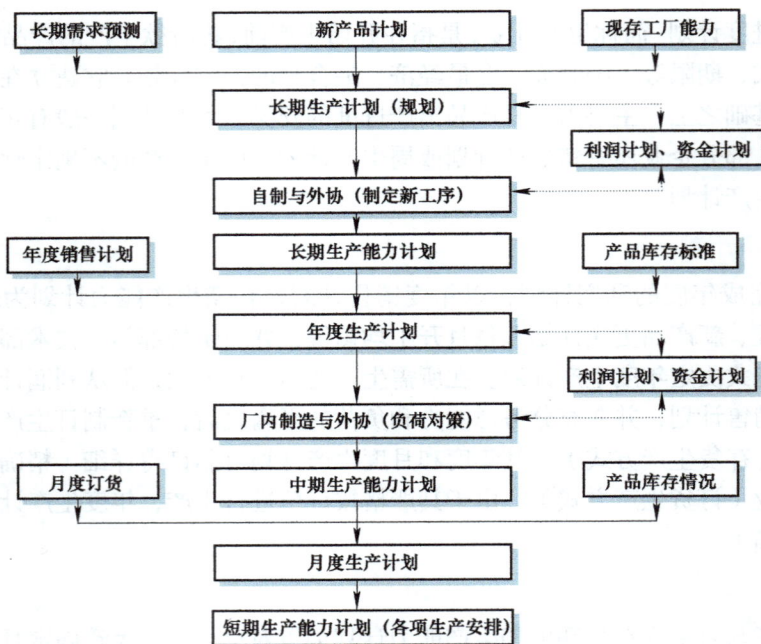

图 6-1　生产计划和生产能力计划的关系图

四、人员计划

人员计划主要包括各部门、各车间各种人员的配置计划，现有人员的调整和知识更新计划，新工种人员的招工培训计划。它是从人员数量和质量两个方面，为适应生产规模变化和技术进步而制订的计划，是为了与生产计划配套而制订的计划。

五、材料供应和库存计划

一般把生产过程所耗用的原料、零部件统称为材料，机电行业在生产过程中所需零部件较多，可通过自制、外部协作（外协）、外购得到。材料供应计划一般由原料采购和零件外协两部分组成，该计划是以最低费用成本，按生产进度要求为作业现场提供合格外部协作材料和原材料计划。从另一角度来说，生产过程所消耗的原材料、辅助材料、零部件、在制品、半成品，以及成品都属于存货（或称物料），各种生产类型对存货的库存量要求不同，库存计划就是通过确定合理的库存量，以实现最低库存费用，保证产品生产计划和销售计划顺利地完成。这也是生产计划的配套计划。关于物料需求和合理库存量是生产与运作管理中的重要问题，将在后续模块中详细阐述。

六、作业顺序计划（途程计划）

所谓作业顺序计划，是为了经济地将产品或零件生产出来，预先确定作业顺序，即确定从原材料投入到制成产品的加工顺序及制造路线。它也是生产计划的配套计划。

作业顺序计划的编制与生产类型有关。大量和大批生产类型，其作业顺序计划是在建厂时就已确定，并在以后生产活动中逐步改进和完善。一般情况下，其变动不会太大。单件生产类型，由于产品各不相同，因此必须在产品设计时将作业顺序计划的内容同时确定下来。

作业顺序计划的内容一般有：

（1）加工作业顺序和组装作业顺序。

（2）各工序所需的设备和作业人数。

（3）各工序的作业标准时间。

（4）各道工序必要的工夹具及加工技术条件。

（5）所需的材料数量和来源。

（6）明确材料的准备方法（外协或采购）。

（7）明确作业场所。

（8）明确作业的缓急顺序。

各个企业由于生产类型不同，对各种形式的生产计划各有侧重，不是每个企业都必须具有上述六类计划。

03 单元三 生产类型与生产计划体系

不同的生产类型决定其生产计划体系有着显著的不同。

一、大量生产类型（存货生产方式）

大量生产类型的生产计划体系，是从市场预测开始，按照产品销售计划、生产计划、日程计划的顺序逐步展开。它的年度、月度生产计划都比较简单，基本上根据计划销售量或企业目标规定的产量，按季、按月、按日平均分摊，必要时根据设备检修和市场变化（剧烈变化）做调整。

例6-3 某年生产能力78万吨的水泥厂，按一般规律，南方的建筑企业一般四季度为施工旺季，一季度由于天气及节日原因为施工淡季，水泥厂一般在一季度安排设备大修理。该厂计划在第四季度满负荷生产，每月安排产量为6.5万吨，2月份安排设备大修理，安排产量为4万吨，其他月份按平均分摊为每月产量6万吨，日产量2 000吨，全年产量为

72 万吨。该水泥厂月度生产计划见表 6-4。

表 6-4 某水泥厂月度生产计划

月 份	1	2	3	4	5	6	7	8	9	10	11	12	合 计
产量（万吨）	6.0	4.0	6.0	6.0	6.0	6.0	6.0	6.0	6.5	6.5	6.5	6.5	72

月度生产计划也可以根据月销售计划量和产品库存量来确定，其计算公式如下：

月生产计划量 = 月销售计划量 +（标准库存量 − 实际库存量）

某企业 5 月份生产计划见表 6-5。

表 6-5 某企业 5 月份生产计划

产 品 名 称	标准库存量（件）	实际库存量（件）	实际与标准库存量对比（件）	销售计划（件）	生产计划（件）	备 注
A	10 000	6 800	−3 200	90 000	93 200	
B	3 400	3 900	500	34 000	33 500	
C	8 000	8 000	0	20 000	20 000	

流程式生产企业一般无日程计划，其计划的重点是各种配套计划要完善，特别是原料的保证供应，以保持生产过程的连续性。加工装配式生产企业编制日程计划不是为了确保交货期，而是为了调整产品的出产速度和使零件库存量保持适当的水平。对于流水线生产通常是根据节拍来安排产品出产进度，一般情况采用均衡战略来确定。

大量生产类型，一般不按照用户的订单数量来组织生产，而是由用户在生产企业仓库的存货中提货，故企业的合理存货库存量显得比较重要。其作业顺序计划一经确定就很少变动。

二、单件生产类型（订货生产方式）

（一）单件生产类型生产计划编制步骤

订货生产方式是指企业按照用户订货合同来组织产品生产。单件订货生产方式的生产计划编制步骤包括决定交货期与编制销售计划、产品设计和编制日程计划等。

1. 决定交货期与编制销售计划

单件（包括前面所说的单批）订单的产品，一般对其交货期要求十分严格。参加订货商谈的人员除了应具有一般销售人员的素质外，还应懂得产品的设计、制造工艺，掌握本企业的生产能力及生产负荷情况等，能够根据用户的要求和本企业的生产技术能力决定产品的交货期。运用制造资源计划（MRP Ⅱ）的计算机软件，就能很好地解决上述难题。需要强调的是，在模块二生产类型中讲过的"单批"问题，无论订单中的数量多大，其性质都应属于"单件"生产类型。

2. 产品设计

这里主要是强调设计的时间问题。因为单件生产时，只有在产品设计完成后才能进行其他生产准备工作和生产作业，因此，如期完成设计工作十分重要。为了减少设计工作量，缩短设计周期，应尽量采用标准件和企业内通用零部件，并做好设计的标准化和设计资料管理工作。

单件生产类型的年度生产计划可以很粗，一般只有一个目标数，因为企业不可能在年底制订下年度计划时已有下年度的全部订单。计划工作重点在于根据已接到的订单制订日程计划。其日程计划可分为大、中、小三种。

3. 编制日程计划

对于单件生产类型的日程计划，采用网络计划技术往往能获得较好的效果。

单件生产类型由于产品复杂多变，其顺序计划显得尤为重要，不但要规定作业顺序，还要对每道工序的加工方法做出规定，一般以作业指导书形式下达，指导工人操作。单件生产一般无产品库存，必要时对常用标准零件可保持一定的库存量。

（二）单件生产类型生产计划的种类

单件订货生产类型的生产计划还与其生产产品的复杂程度有关。简单产品如出口的轻工产品（鞋帽、服装等）；复杂产品如重型机器、船舶、大型电站设备等结构复杂的大型产品，通常其行业分布面较窄，企业数量较少。

1. 简单产品单件订货生产类型的生产计划

简单产品的生产计划一般较为灵活，可按如下方法来制订日程计划。

（1）大日程计划。又称厂级日程计划，以订货合同规定的交货日期，确定与该产品生产有关各部门活动的日程，如规定设计、作业计划管理、物资采购、产品制造、发运等部门的活动内容和起止日期，如图 6-2 所示。大中型企业一般由厂级生产部门制订大日程计划，相关部门和车间则根据大日程计划制订各自的中日程计划和小日程计划。

设计 → 采购 → 制造 → 发货 → 用户

图 6-2　大日程计划

厂级日程计划的编制有时也称为提前期法。所谓的提前期是各工序投入比交货期要提前的天数，一般是按各部门的生产周期，逆工艺顺序推算（此原则是制订生产计划的主要原则，不仅在此用到，甚至在 MRP 时也会用到）。部门之间可以设置保险期也可以不设。对于不设置保险期的，其后部门的投入日期 = 前部门的出产日期。在计算出各出产日期后，可根据交货日期推算出该部门产品的投入产出日期。

例 6-4　某企业各部门生产（工作）周期见表 6-6。

表 6-6　某企业各部门生产（工作）周期

部门生产周期	设计	采购	制造	发货	运输到用户
天　数	3	2	10	1	1

运输部门提前期 1 天，发货部门提前期 2 天，制造部门提前期 12 天，采购部门提前期 14 天，设计部门提前期 17 天。

按逆工艺顺序推算原则，编制生产日程计划见表 6-7。

表6-7　生产日程计划

××厂生产日程计划表																	
订单编号：	产品名称：			数量：			交货日期：20××年4月20日								

计划时间　计划项目	计划日历时间：4月4日～4月20日																
	1	2	3	4	5	6	7	8	9	10	11	12	13	14	15	16	17
设计部门	—	—	—														
采购部门				—	—												
制造部门						—	—	—	—	—	—	—	—	—	—		
发货部门																—	
运输到用户																	—
投产期每日数量：						编制日期：　年　月　日						编制者：				

注：不计双休日

（2）中日程计划。也可称为分厂、车间（或部门）计划。它是根据厂级日程计划中对产品生产具体要求，确定物资采购、外协件加工、工艺装备生产、工序作业等内容及日期的计划。

在编制产品生产的中日程计划时，应统筹兼顾，合理安排各种产品的加工顺序，做好生产能力与负荷的平衡工作，保证企业销售计划的完成和生产效率的提高。

（3）小日程计划。它是将作业分解之后分配到工作地和作业者，并指明作业开始和完工时间的计划。各项作业只有严格遵守规定的作业日程，才能保证各工序的时间衔接，否则生产秩序就会混乱。

2. 复杂产品单件订货生产类型的生产计划

复杂产品单件订货生产类型的产品，一般为结构复杂的大型产品，生产周期长，产品价值很高，生产数量少，一般为一台或几台。用户的订单陆续随机到达，企业要针对每一份订单编制生产计划，而且要在接到订单后和合同执行的不同阶段，由粗到细多次制订和修改计划。其生产计划一般分三个阶段编制：

（1）合同谈判阶段。企业在接到用户的询价和订货意向之后，要做好与用户进行合同谈判的准备。谈判的主要内容是确定产品方案的技术参数和技术经济指标，以及产品的价格和交货日期。企业为了提出自己可能提供的产品交货期，计划部门要对合同产品做一次粗略的进度试排。

计划部门一般通过会商的方式，会同设计、制造、供应、销售、财务等部门共同分析合同产品的技术性能、结构特征、产品类别、新颖程度、复杂程度、特殊材料和外配件的构成情况等，并根据过去生产的同类产品，估算合同产品的设计工作量、加工工作量及原材料、配件的供应难度及采购周期，从而粗略地确定产品的设计周期、制造周期和材料准备周期。通过试编产品生产计划，得到企业可能提供的合同交货期。所以，在合同谈判阶段编制产品生产计划，主要是为合同谈判服务，分析能否满足用户要求的合同交货期，为能否接受该项订货提供决策依据。这是企业接到订单后编制的第一个产品进度计划，可称之为产品单件订货生产类型的生产计划Ⅰ，简称产品生产计划Ⅰ。

（2）合同执行开始阶段。合同正式签订后，产品的交货期已定。企业要根据合同的要求，编制正式的产品生产进度计划。这是第二个产品进度计划，可称之为产品生产计划Ⅱ。

产品生产计划Ⅱ要从合同签订后，从产品设计、加工、装配到发运，编制一项全过程的网络计划。以合同交货期为基准，根据各阶段工作的提前期，逆工艺顺序倒排，确定产品设计、工艺准备、材料采购、毛坯制造、机械加工、装配、发运等各阶段大致的完工日期和开工日期。

在网络计划的基础上，进一步按产品结构的复杂程度、产品重量等因素估算产品设计、工艺准备、材料采购、加工装配等各项工作的工作量。在产品设计、毛坯制造、机械加工、装配等各阶段内，按工作负荷的分布规律，细化各时段的工作负荷，编制负荷计划。

然后在企业编制计划时得出的剩余能力的基础上，采用有限能力计划法，编制产品生产进度计划（包括产品设计、工艺准备和材料采购在内）。在编制时既要考虑网络计划中规定的各阶段的出产日期，又要考虑人力和设备负荷的可能，最后全面调整计划进度，使负荷计划与网络计划保持一致，并把计划进度确定下来。

（3）产品制造阶段（产品设计基本完成、制造开始时的阶段）。前面两个阶段编制产品生产计划的主要依据都是过去同类产品的历史资料。这些历史资料与合同产品的实际情况总有出入，不能准确反映合同产品的实际情况。所以，在产品设计完成后，可以根据产品图样和零件明细表来重新计算合同产品的设计重量和结构的复杂度，并以此修正加工、装配等各阶段的工作量，重新编制产品进度计划。这是第三个产品进度计划，可称它为产品生产计划Ⅲ。

产品生产计划Ⅲ是根据合同产品的设计资料、工艺制订的，更符合合同产品的实际情况。它是产品制造阶段的正式计划，是编制零件生产进度计划的主要依据，产品生产计划Ⅲ在执行过程中需要动态地不断进行调整。一般每月根据计划实际完成情况调整下个月的计划。还有，当接到新的订单或者有合同被撤销或交货期有变化时，计划需要做较大的调整。这部分工作计划是按常规的滚动计划编制方法编制的。

最后是合同总结。对于单件订货生产，积累生产过程记录的各种资料，对企业的生产计划工作有十分重要的作用。所以，在每一份合同的执行过程中，应详细记录计划的实际执行情况，在合同完成以后要进行总结。把产品的报价重量、设计重量和实际重量，产品设计、工艺准备的计划工作量和实际耗费的工作量，加工、装配的计划工时和实际工时及各生产阶段的计划周期与实际周期等，一一进行对比分析，通过分析对其中的某些现行计划定额数据进行适当调整，并为下一次的合同谈判提供决策依据。

三、成批生产类型（订货或存货生产方式）

成批生产类型与前两种生产类型相比，其包含的范围更宽，情况也更为复杂。同属成批生产类型，有些产品需求稳定，而且均衡；有些需求量变化大，而且规律性差。如有些是成批轮番生产（也称批量间歇生产），也有所谓"单批"生产（按前文所述是属单件生产类型）。故一般所指的成批生产是指前者。

（一）成批轮番生产类型生产计划的特点

成批轮番生产类型的生产计划主要任务，是要在计划期内做好各产品在生产进度上的合理搭配和做好生产负荷与生产能力的平衡。

1. 品种的合理搭配

品种合理搭配的原则有：

（1）首先安排企业的主导产品。由于这类产品的产量较大，尽可能采用"细水长流"的方针，使这部分产品能相对稳定地保持均衡生产。

（2）同一系列或同一类型的产品尽可能安排在同一时段内集中生产，以减少同时生产的品种数，扩大通用件的生产批量，简化管理工作。

（3）精度要求高、技术难度大的复杂产品和一般普通产品及大型产品和中小型产品应合理搭配，以保证各类人员和各种设备有均衡负荷。不要在某一时段只生产大型复杂产品，而另一时段又只生产中小型结构简单产品。这样会引起某些设备和人员有时紧张，有时空闲，造成生产能力的浪费。

（4）新产品的投产要与生产技术准备工作、物资供应工作等衔接，不能造成各项工作的脱节。

（5）一般情况下，要保证生产过程的均衡性，以提高生产效率。

2. 做好生产负荷和生产能力的平衡

根据企业的年度计划（或生产大纲）和已到手的用户订单编制成批生产类型的生产计划，确定各产品在计划期内各时段的产量和投入、出产日期。计划初排出来后，要计算生产负荷，编制粗能力需求计划。通过粗能力需求计划与计划期企业实有生产能力相对照，调整负荷分布，以期实现负荷与能力的平衡。

（二）成批生产类型生产计划编制方法

由于成批生产类型情况较为复杂，各企业在产品品种和结构上也有很大差异，这就要求我们编制日程计划时，要用不同的方法，一般有"初级追赶战略"法、制造资源计划法（MRP Ⅱ）、企业资源计划（ERP）等。

下面介绍一种面向市场的，比较简单、实用的计划编制方法。

当企业面向市场时，产品的需求是变化的，而企业的产能一定条件下是不变的，企业编制计划的目的就是要实现两者之间一定的平衡。下面介绍一种可称为"初级追赶战略"的编制方法。

例6-5 AS 公司是一家为国内生产高质量架子的小型制造企业，2020 年度的需求预测量及 1 年的基本产能见表 6-8。

表 6-8　需求预测量和基本产能　　　　　　　　　　　（单位：件）

月　份	需求预测量	基本产能
1	20 000	30 000
2	30 000	35 000
3	45 000	35 000
4	55 000	35 000
5	60 000	35 000
6	30 000	35 000
7	30 000	35 000
8	30 000	35 000
9	30 000	35 000
10	25 000	35 000
11	25 000	35 000
12	20 000	30 000
总计	400 000	400 000

虽然在全年内供给与需求是平衡的，但并不是说每个月都是如此，公司必须注意这种失衡的影响。公司的生产计划（一）见表 6-9。

表 6-9　生产计划（一）　　　　　　　　　　　　　（单位：件）

月份	预测需求①	累计需求②	基本产能③	总产量④	累计产量⑤	期初库存⑥	期末库存⑦
1	20 000	20 000	30 000	30 000	30 000	10 000	20 000
2	30 000	50 000	35 000	35 000	65 000	20 000	25 000
3	45 000	95 000	35 000	35 000	100 000	25 000	15 000
4	55 000	150 000	35 000	35 000	135 000	15 000	−5 000
5	60 000	210 000	35 000	35 000	170 000	−5 000	−30 000
6	30 000	240 000	35 000	35 000	205 000	−30 000	−25 000
7	30 000	270 000	35 000	35 000	240 000	−25 000	−20 000
8	30 000	300 000	25 000	35 000	265 000	−20 000	−25 000
9	30 000	330 000	35 000	35 000	300 000	−25 000	−20 000
10	25 000	355 000	35 000	35 000	335 000	−20 000	−10 000
11	25 000	380 000	35 000	35 000	370 000	−10 000	0
12	20 000	400 000	30 000	30 000	400 000	0	10 000

总产量在没有外加因素时与基本产能是相等的，在有外加因素（如加班等）时二者就不相等了。公司 1 月份的期初库存是上年 12 月份末的库存，期末库存⑦＝④－①＋⑥或⑦＝⑤－②＋10 000（第一期期初库存），是真正反映当月末的实际库存。

生产计划（一）存在很大的问题，年中时间有 7 个月不能按期交货，特别是 5 月份交货期几乎要延期近一个月，这是用户很难接受的，必须要改进。这份计划的主要问题是年中几个月需求远远大于产能。

一些可能的解决方案如下：

（1）可以利用加班或分包来扩大产能。

（2）对顾客承诺一个交货期，若延期交货也在顾客能接受的范围内。

（3）把全年作为一个整体来扩大产能，并在产能过多时扩大销售。

分析所有方案，然后选择一个合适的方案。

选择方案（1），在 2、3、4、5 月通过加班多生产 5 000 件，并在 4 月通过外包增加 10 000 件，经过修改后的生产计划（二）见表 6-10。

表 6-10　生产计划（二）　　　　　　　　　　（单位：件）

月份	预测需求①	累计需求②	基本产能③	计划加班和分包	总产量	累计产量	期初库存	期末库存
1	20 000	20 000	30 000		30 000	30 000	10 000	20 000
2	30 000	50 000	35 000	5 000	40 000	70 000	20 000	30 000
3	45 000	95 000	35 000	5 000	40 000	110 000	30 000	25 000
4	55 000	150 000	35 000	15 000	50 000	160 000	25 000	20 000
5	60 000	210 000	35 000	5 000	40 000	200 000	20 000	0
6	30 000	240 000	35 000		35 000	235 000	0	5 000
7	30 000	270 000	35 000		35 000	270 000	5 000	10 000
8	30 000	300 000	35 000		25 000	295 000	10 000	5 000
9	30 000	330 000	35 000		35 000	330 000	5 000	10 000
10	25 000	355 000	35 000		35 000	365 000	10 000	20 000
11	25 000	380 000	35 000		35 000	400 000	20 000	30 000
12	20 000	400 000	30 000		30 000	430 000	30 000	40 000

生产计划（二）虽然能保证每月都按期交货，但也存在问题，主要是库存增加太多，到年底库存增加接近 1 个月的产量，积压了较多的资金。

有人认为，由于需求波动在前几个月较大，要使计划有更大的柔性，可以从年初开始通过裁员来减少产能，并在中间几个月利用加班或外包来增加产能，从而制订了生产计划（三），见表 6-11。

表 6-11　生产计划（三）　　　　　　　　（单位：件）

月份	计划加班和分包	裁员	总产量	累计产量	期初库存	期末库存
1		−10 000	20 000	20 000	10 000	10 000
2		−10 000	25 000	45 000	10 000	5 000
3	15 000	−10 000	40 000	85 000	5 000	0
4	50 000	−10 000	53 000	140 000	0	0
5	35 000	−10 000	60 000	200 000	0	0
6	5 000	−10 000	30 000	230 000	0	0
7	5 000	−10 000	30 000	260 000	0	0
8	15 000	−10 000	30 000	290 000	0	0
9	5 000	−10 000	30 000	320 000	0	0
10		−10 000	25 000	345 000	0	0
11		−10 000	25 000	370 000	0	0
12		−10 000	20 000	390 000	0	0

　　生产计划（三）无论从按时交货还是减少库存方面而言都是最佳的，但从年初开始就裁员在增加员工凝聚力和对企业的归属感方面存在较大的缺陷。当然，这里仅是比较粗浅地进行了计划产量的平衡，还没有详细计算产能变化而引起费用改变的情况。

　　本方法适用于简单产品或与大企业配套的零配件生产企业。

　　在实际生产中，各个企业的情况千差万别，不可能与上述模式完全一样，因此，还应根据企业具体情况进行分析，建立适合本企业特点的生产计划体系。

04 单元四　生产控制

　　生产控制主要包括生产作业控制和生产成本控制。

一、生产作业控制

（一）生产作业控制的含义

　　生产作业控制是在生产计划和生产作业计划的执行过程中，对生产活动进行的一系列监督检查及纠正偏差等工作，在生产作业计划执行过程中必然会遇到一些预想不到的情况和矛盾，造成新的不平衡现象，影响计划的完成。因此，需要监督和检查，及时采取措施，以保证计划的实现，这就是生产作业控制工作。

　　生产作业控制过程是一项综合的反复进行的过程，大体分为三个步骤：

　　（1）制定控制标准。根据上期标准执行情况的分析和计划期内生产过程各要素和有关生产条件，拟订出具体的计划、目标、各种定额和标准，如生产计划规定的品种、数量、质量、出产期、成本、期量标准、物资（包括原材料、能源等）消耗定额、费用限额等。

（2）对计划执行情况进行检查和比较。根据生产作业统计的各种凭证、报表（各种原始单据、生产记录、生产日期、月报及台报）和现场观察检测的数据等与标准进行比较，找出偏差。

（3）针对偏差及时采取措施。组织力量，分析查明产生偏差的原因，采取有效措施加以解决，保证生产活动的正常进行。

（二）生产作业控制的基本内容

（1）确定工艺流程是生产控制的起点和基础。根据产品的技术要求，结合企业实际的生产技术条件，选择最好的、能够保证产品质量，并能取得最大经济效果的工艺方法和流程。

（2）执行生产计划是生产控制的前提和依据。按照确定的生产周期、批量和交货期限的要求，在生产能力平衡和资源落实的基础上，确定每种产品的投入与产出日程和每道工序完成的目标日期，并把计划具体地落实到每一机台、工作地和每个操作者。

（3）下达生产指令是生产控制的重要手段。在企业生产运作中，根据产品进度计划规定的投入日程，提前下达生产准备指令，及时地把设备调整好，把工艺资料、工装、材料、毛坯成套地送到工作地，然后下达生产指令和检验指令。

（4）生产进度控制是生产控制的关键。制造企业生产活动，从生产准备到每一道工序的完成以及产品入库的全部过程，对产品实行追踪检查，及时掌握产品周转以及储存的动态和静态方面的信息，发现问题，采取措施消除计划与实际的偏差，保证计划按进度完成。

（三）生产作业控制的基本方法

1. 生产调度

生产调度工作的任务就是要及时地、全面地了解生产过程，按照实际情况组织生产活动，及时采取有效措施，处理生产中出现的各种矛盾和不平衡现象，克服薄弱环节，使生产过程的各个环节能够协调地进行，保证生产作业计划的全面完成。

生产调度工作的内容一般包括以下几个方面：

（1）按照生产计划规定的产品品种、数量和期限来指挥日常生产活动，检查车间之间和车间内部部件、零件、毛坯、材料和交付期限及在制品储备量，及时发现计划执行过程中的问题，并积极采取措施予以解决。

（2）检查生产准备工作进行情况，督促和协助有关部门做好这方面工作。

（3）生产需要与有关部门密切配合，合理调配劳动力，以保证各个生产环节、各道工序能够协调地工作。

（4）检查生产设备的运行和利用情况，协助和督促各生产单位合理地利用生产设备，做好生产设备的维护、保养工作，检查和督促机修部门严格执行设备修理计划，如果发生设备事故，要迅速地组织力量抢修。

（5）同运输部门密切配合，根据生产需要，对运输工作进行日常的调度，使厂内外运输畅通，保证生产顺利进行。

（6）进行轮班、昼夜、周或旬计划完成情况的检查、记录、统计分析工作，及时向上级调度部门和有关领导人汇报生产进度和问题。

（7）组织好厂级和车间的生产调度会议，协调车间之间、车间内部各单位之间的生产进度，研究制定克服生产中薄弱环节的措施，检查上次调度会议决议事项的执行情况，并组织有关部门限期解决。

（8）对于能源消耗大的企业，组织能源供应，调度各车间设备开停情况，达到全厂能源平衡。

2. 生产进度控制

生产进度控制是生产作业控制的核心，是指对从投产准备到成品入库为止的全生产过程所进行的（时间、数量）控制，一般包括以下三方面内容：

（1）投入进度控制。它是指对产品（或零部件）的投入日期、数量，以及对原材料、毛坯、零部件投入提前期的控制。没有投入就没有产出，进度计划完不成常常与投入进度失控有关，投入进度是进度控制的第一环节。

（2）出产进度控制。它是指对产品（或零部件）的出产日期、出产提前期、出产量、出产均衡性和成套性的控制。做好出产进度控制，可以有效地保证按时、按量、成套、均衡地完成生产计划任务。

（3）工序进度控制。它主要是指对产品（零部件）在生产过程中经过的每道工序的进度所进行的控制。

生产进度控制要根据各项原始记录及生产作业统计报表进行作业分析，确定每天生产进度，并查明计划与实际进度出现偏离的原因。在大量生产条件下，主要控制生产节拍，以及平均日产量和在制品、库存半成品的变化趋势；在成批生产条件下，控制的主要对象是投入、产出的提前期与库存零件成套水平及生产均衡程度；在单件生产条件下，控制的主要目标是产品的标准生产周期与实际进度的差异及主要零件的工序进度。无论哪一种生产类型，都要严格控制设备负荷率和生产能力的变化。

3. 生产作业统计

生产作业统计是生产统计的主要内容，是实行生产作业控制的基础，也是企业重要的管理基础工作之一。

（1）生产作业统计的内容。生产作业统计是对生产过程各阶段产品、零部件投入、流转、出产以及作业完工情况等生产活动的动态数据进行收集、整理、汇总和分析。它的内容主要包括：

1）生产进度统计。它是指对产品、零部件生产过程各工序的投入期、投入数量、出产日期、出产数量以及发生的废品数、返修品数的统计及分析。

2）库存在制品统计。它是指对在制品、半成品出入库和库存量以及在制品资金占用量的统计和分析。

3）生产作业计划完成情况统计。它是指对产品和零部件的完工统计，以及各单位和个人完成计划任务和完成工作量的统计。

对生产作业统计工作的要求是：数据准确、资料完整、分析正确、上报及时。

（2）生产作业统计的原始凭证。生产作业统计的原始凭证是在一定形式的单、卡或票据上用数字和文字对生产活动所做的最初的直接记录。全部的生产作业统计工作都基于原始凭证所提供的数据。对于应用计算机辅助管理的企业，原始凭证又是计算机原始输入的依据，所以，对于原始凭证的填写要求应十分严格，必须做到准确、清晰、完整、及时。

每种凭证的表格形式、项目内容、填写份数和传递路线要根据企业生产管理的特点，力求数出一源，避免凭证过多、各行一套、重复统计，要保证统计的口径一致，全厂的数据统一。

不同生产类型所用的原始凭证在形式和内容上是不同的。成批生产和单件小批生产企业常用的原始凭证有加工路线单、单工序工票、废品通知单、返修品通知单、停工记录单等。

我国一些企业实施 MRP Ⅱ 或 ERP 失败，究其原因，有许多是由于生产作业统计的原始凭证不全和统计数据不准造成的。

（3）生产作业统计台账和报表。生产作业统计台账和报表是以一定的格式，对生产作业原始记录的整理和汇总。台账的特点是通过逐日登账，连日汇总，将每日发生的生产作业活动情况系统地、完整地汇录在账本上。这对掌握生产进度、控制在制品流转、核算作业计划的完成情况十分有用。

企业的生产管理部门，包括仓库，根据管理工作需要，常设置各种不同的台账，常见的有零件统计台账、零件工序统计台账、库存零件收发台账等。

统计台账也可以采用图表的形式，看起来更直观方便。如企业采用计算机辅助管理，建立了企业的管理信息系统，如 MRP Ⅱ 或 ERP 系统，这些台账都建在计算机内部，查阅起来更加方便。由于计算机的数据处理能力强，存储容量大，使分析工作和资料的积累更为方便。

生产作业统计报表是企业内生产管理部门间互通情报、传递信息的重要手段。常见的统计报表有生产日报，生产旬报，生产月报，产品配套缺件情况表，毛坯、在制品库存情况表等。需要哪些统计报表，以及报表的内容、格式、填表日期等应根据管理工作的要求进行设计。报表内指标内容的解释、填写的方法等要做明确的规定，以确保统计口径一致。

4．生产作业计划完成情况考核

考核是生产作业控制的重要环节，也是整个生产与运作计划管理的重要环节。考核的对象包括生产作业计划的各级执行者，即分厂、车间、工段和生产者个人。考核工作与精神鼓励和物质鼓励结合进行。正确设定考核指标可以引导各生产单位明确各项工作的主次关系，按计划规定的目标去努力，有利于生产计划的全面完成。有的企业各车间都超额完成计划指标，而企业却出不了产品，完不成计划任务。这里的问题就出在规定的考核指标不当，有片面性。例如，对车间只抓工时产值的考核，忽视了品种和成套性的考核，就会出现上述这类情况。

目前生产中常用的考核指标有产量、质量、品种、成套率、均衡率等。各项考核指标的计算方法如下：

（1）产量指标。它从总体上反映一个生产单位在计划期内的生产成果。生产计划中的产量指标主要是指实物量指标，但在多品种生产时，为了便于考核，通常采用劳动量（工时）、重量（吨）或价值量指标。产量指标是绝对数，但考核时要计算相对数，即计算产量指标完成率，其计算公式如下：

$$K_{产量}=（N_{实}/N_{计}）\times100\%$$

式中　$K_{产量}$——产量指标完成率；

　　　　$N_{实}$——考核期内实际完成的产量（工时、重量或产值）；

　　　　$N_{计}$——考核期内的计划产量（工时、重量或产值）。

（2）品种指标。对品种计划完成情况的考核指标是品种完成率，其计算公式如下：

$$K_{品种}=（n_{实}/n_{计}）\times100\%$$

式中　$K_{品种}$——某品种计划完成率；

　　　　$n_{实}$——完成计划产量的品种数；

　　　　$n_{计}$——计划规定应完成的品种数。

（3）成套率指标。考核成套率是为了防止盲目追求产量，随意扩大某些零件的生产产量，生产的零部件不配套，就会造成已生产的零部件无法投入装配，大量在制品积压。成套率的计算公式如下：

$$K_{成套}=（S_{实}/S_{计}）\times100\%$$

式中　$K_{成套}$——某品种成套率指标；

　　　　$S_{实}$——按最短线零件计算的实际成套数；

　　　　$S_{计}$——计划规定的成套数。

二、生产成本控制

生产与运作成本控制包括生产过程前的控制和生产过程中的控制。生产过程前的成本控制，主要是在产品的研制和设计过程中，对产品的设计、工艺、工艺装备、材料选用等进行技术经济分析和价值分析，以求用最低的成本使产品达到设计质量的要求。产品的生产过程是产品成本形成的主要阶段，做好生产过程中的成本控制，就是要按质按量而又低成本地完成生产计划。因此，生产过程中的成本控制也是进行生产控制的重要内容。

1. 生产成本控制的基本程序和方法

生产过程中的成本控制，就是在产品的制造过程中，对成本形成的各项因素，按照事先拟定的标准严格加以监督，发现偏差，及时采取措施加以纠正，从而使生产过程中各项资源的消耗和费用开支限制在标准规定的范围之内。生产部门在进行成本控制时，可以按照以下程序操作：

（1）制定成本标准。成本标准是成本控制的准绳。成本标准包括成本计划中规定的各项指标。但成本计划中的一些指标都比较综合，还不能满足具体控制的要求，这就要求生产部门必须制定一系列具体的标准。制定这些标准的方法基本上有3种。

1）计划指标分解法。计划指标分解法即将大指标分解为小指标。分解时，可以按单位、部门分解，也可以按不同产品和各种产品的工艺阶段或零部件进行分解，若更细致一点，还可以按工序进行分解。

2）预算法。预算法是指用制定预算的办法来制定控制标准。可以根据季度的生产销售计划来制定较短期的（如月份的）费用开支预算，并把它作为成本控制的标准。采用这种方法特别要注意从实际出发来制定预算，并自下而上地层层制定。

3）定额法。定额法是指建立起定额和费用开支限额，并将这些定额和限额作为控制标准来进行控制。一般来讲，在生产过程中，凡是能建立定额的地方，都应把定额建立起来，如材料消耗定额、工时定额等。实行定额控制的办法有利于控制的具体化和经常化。

在采用上述方法确定成本控制标准时，一定要进行充分的研究和科学计算，同时还要正确运用成本指标与其他技术指标的关系（如和质量、生产效率等的关系），从完成企业整体目标出发，经过综合平衡，防止片面性。必要时还应多方案择优选用。

（2）监督成本的形成。监督成本的形成是指根据控制标准，对成本形成的各个项目经常组织检查、评比和进行监督。不仅要检查指标本身的执行情况，而且要检查和监督影响指标的各项条件，如设备、工具、工人技术水平、工作环境等。所以，成本的日常控制要与生产作业计划与控制等结合起来进行。成本日常控制的主要方面有：

1）直接费用的日常控制。企业应根据自身的情况，如规模、产品复杂性等，在车间设置必要的管理人员，为了达到精干简练的原则，可采用一人多岗的形式。他们首先要监督操作工人按图样、工艺、工装要求进行操作，实行首件检查，防止成批报废；并要按工艺规程规定的要求，监督设备维修和使用情况，不符合要求不能开工生产。生产直接费用主要是材料消耗费用和工资支出费用。对于材料消耗费用的日常控制，一般由材料核算员负责，他要经常收集资料，分析对比，追踪原因并向有关部门和人员提出改进措施。供应部门供料人员要按规定品种、规格、材料实行限额发料，监督领料、补料、退料等制度的执行。生产调度人员要控制生产批量，合理下料，合理投料，监督期量标准的执行。

工资费用的日常控制主要是指车间劳资员对生产现场的工时定额、出勤率、工时利用率、劳动组织的调整，以及奖金、津贴的监督和控制。此外，生产调度人员要监督车间内部作业计划的合理安排，要合理投产、合理派工，控制窝工、停工、加班加点等情况。车间劳资员（或定额员）对上述有关指标负责控制和核算，分析偏差，寻找原因。

2）间接费用的日常控制。车间管理费的项目很多，发生的情况各异。有定额的按定额控制，没有定额的按各项费用预算进行控制，也可采用费用开支手册、厂内费用券（又叫本票、厂内流通券）等形式来实行控制。各个部门、车间、班组分别指派有关人员负责控制和监督，并提出改进意见。

上述各生产费用的日常控制，应委派专人负责控制和监督。此外，为使费用发生的执行者实行自我控制，还应当在责任制中加以规定，这样才能调动全体员工的积极性，使成本的日常控制有群众基础。

（3）及时纠正偏差。针对成本差异发生的原因，要查明责任者，分别情况，分别轻重缓急，提出改进措施，加以贯彻执行。对于重大差异项目的纠正，一般采用下列程序：

1）提出课题。从各种成本超支的原因中提出降低成本的课题。这些课题首先应当是那些成本降低潜力大、各方关心、可能实行的项目。提出课题的要求，包括课题的目的、内容、理由、根据和预期达到的经济效益。

2）讨论和决策。课题选定以后，应发动有关部门和人员进行广泛的研究和讨论。对重大课题，可能要提出多种解决方案，然后进行各种方案的对比分析，从中选出最优方案。

3）确定方案实施的方法、步骤及负责执行的具体部门和人员。

4）贯彻执行确定的方案。在执行过程中也要及时加以监督检查。方案实现以后，还要检查方案实现后的经济效益，衡量是否达到了预期目的。

最后，还应根据课题完成的好坏程度，给予必要的奖励，提高各类人员降低成本的积极性。

2. 成本控制的关键性工作

加强成本控制，生产部门必须建立健全有关的基础性工作，以便企业的财务人员对成本进行控制，并实施更为先进的作业成本管理、目标成本管理。成本控制的关键性工作主要有以下几个方面：

（1）建立分级控制和归口控制的责任制度。企业成本几乎涉及每个角落和每个员工，大至采取必要的技术措施来降低成本，小至检查全厂每个电灯开关和每个水龙头是否漏水。企业要持续不断地降低成本，必须开展全员成本管理。为了调动全体员工对成本控制的积极性，首先明确和协调各级组织（厂部、车间、班组等）和各归口的职能管理部门（如财会、生产、技术、销售、物资、设备等）在成本控制方面的权限与责任，建立健全成本控制的责任制度。因此，要将成本计划所规定的各项经济指标，按其性质和内容进行层层分解，逐级落实到各个车间、班组和各个职能科室，实行分组归口控制。各个归口职能部门既要完成其他部门分配下达给本部门的各项费用指标，也要负责完成厂部下达的归口指标，并进一步把归口管理的指标分解下达到（通过厂部）有关执行单位和部门，从而形成一个上下左右、纵横交错、人人负责的企业成本控制体系。

根据权、责、利结合的原则，在建立成本控制责任制的同时，必须赋予责任单位和部门一定的经济权限和利益，使其有搞好本单位责任成本的相对自主权。这些自主权一般有：压缩流动资金定额的权限，以减少利息支出；上交多余劳动力的权限，以减少工资支出；本单位奖金分配的权限，以调动员工的积极性。

（2）建立严格的费用审批制度。一切费用预算在开支以前都要经过申请、批准手续后才能支付，即使是原来计划规定的，也要经过申请和批准。这样做有利于在将要发生费用支付前，再进行一次深入的研究，根据变化了的新情况，再一次确定费用的合理性，以保证一切费用的使用效果。

（3）加强和完善成本实际发生情况的收集、记录、传递、汇总和整理工作。成本控制要把费用和消耗发生的情况与成本控制标准进行对比分析。这就需要有反映成本发生情况的数据，因此要进行收集、记录、传递、汇总和整理工作。数据的收集和记录必须是经常、准确、齐全的，需要有科学合理的收集方法和记录方式，符合监督程序的需要；数据的传递要有正确路线，迅速及时；汇总和整理工作要有科学合理的统一规定。以上成本控制数据的收集和汇总整理，通常是通过企业中的业务核算、统计核算和会计核算来实现的。

（4）加强员工成本意识。组织发动广大员工开展各种降低成本的活动，树立成本意识，如"小指标竞赛"、降低成本的技术攻关活动等，这是成本控制中的基础性工作。只有注重开展这方面的活动，成本控制才有坚实、广泛的员工基础。

复习思考题

一、简答题

1. 简述在社会主义市场经济体制下企业生产计划的特点。

2. 什么是企业的生产能力？如何核定企业生产能力？

3. 企业生产计划一般有哪几种？

4. 简述成批生产类型（存货生产方式）的生产与运作计划的特点。

5. 产品单件订货生产类型的日程计划应如何编制？

6. 复杂产品单件订货生产类型的生产与运作计划一般分哪几个阶段编制？

7. 简述成批生产类型品种搭配原则。

8. 接例 6-5，AS 公司经与有关用户协商，允许个别月份延期交货，但月末库存不得低于 10 000 件，问在哪几个月利用加班和外包增加多少件，能满足上述库存要求，并使年底库存量比较低？

9. 生产作业控制的基本方法有哪几种？

10. 生产成本控制的关键性工作主要有哪几个方面？

二、案例分析题

（接模块五案例分析）经咨询组调查分析，该企业存在的问题大多是与生产计划不周有关。当时的企业没有生产计划的概念，其生产安排完全是凭经验进行。咨询组与企业管理人员协商制订了日程计划的工作程序（如图 6-3 所示），这样为将来实施计划管理奠定了基础。在制定工作程序时，主要考虑到该厂管理工作刚起步，因此，工作程序必须是简单易行的，在不改变原有组织机构的条件下，主要处理好经营科、生产技术科、鞋帮厂（外协）、胶鞋车间四个单位之间的关系。然后，企业又制订了生产日程计划（见表 6-12）。其主要内容是在保证客商交货期的原则下，在严格规定产品设计、样品确认、原辅材料备齐的时间期限和鞋帮厂（外协）生产时间的基础上，并考虑到充分发挥工厂生产能力和不使生产过程中断情况下，规定工厂每天生产胶鞋的数量。

与此同时，咨询组向企业强调了生产日程计划的制订仅是生产计划工作的良好起点，还必须组织强有力的领导班子去实施和控制。企业的生产过程是变化多端的，在强调执行计划的严肃性时，也可由于某些特殊原因对计划进行调整和修改，但这都是以牺牲企业经济效益为代价的。

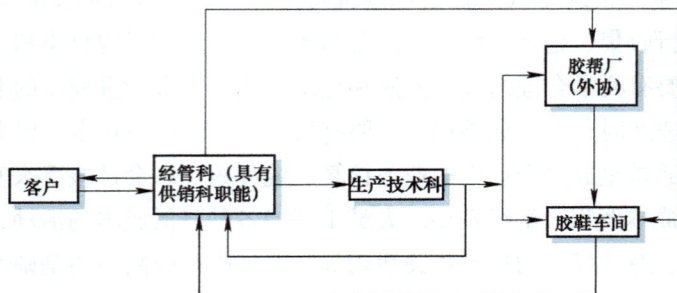

图 6-3 日程计划工作程序

表 6-12 生产日程计划

×× 厂生产日程计划表																		
订单编号：		产品名称：			数量：					交货日期：				年	月		日	
计划时间 计划项目	计划日历时间：　　月　　日～　　月　　日																
	1	2	3	4	5	6	7	8	9	10	11	12	13	14	15	16	17
设计时间																	
确认样时间																	
备料时间																	
做帮时间																	
胶鞋生产时间																	
投产期每日数量：						编制日期：　　年　　月　　日						编制者：					

请讨论：

1. 该企业属于什么生产类型？需要选择什么样的生产计划？

2. 咨询组为企业考虑的生产计划有什么特点？

3. 对于管理工作刚起步的企业，制订生产计划后还应注意哪些问题？

模块七
从 MRP 到 ERP

📖 学习目的

　　了解从 MRP 到 ERP 的发展过程，MRP 的计算机工作逻辑，ERP 的概念及发展，工业互联网概念。掌握 MRP 的基本思想及系统结构，MRP Ⅱ 的基本结构和功能，DRP 的概念及计算，ERP 软件的功能模块，工业互联网本质和核心，工业互联网的内容。熟练掌握 MRP 的编制过程，MRP 的计算，MRP Ⅱ 如何统一企业的经营活动。

01 单元一　物料需求计划（MRP）

从 MRP 到 ERP

一、MRP 的概念

　　物料需求计划（Material Requirements Planning，MRP）是 20 世纪 60 年代发展起来的一种计划物料需求量和需求时间的系统。1965 年，美国 J. A. 奥列基博士（Dr. Joseph A. Orlicky）提出了独立需求和相关需求的概念，物料需求计划就起步于此。这里的"物料"泛指所有的材料、在制品、半成品、外购件和产成品。开始时，它只计算需求量，是开环的，而且没有考虑生产能力的约束，其作用也很小。后来，从原料供应厂商和生产现场取得了信息反馈，形成了闭环的 MRP，这才开始成为一种生产方式。

　　20 世纪 80 年代发展起来的制造资源计划（Manufacturing Resource Planning，MRP Ⅱ），不仅涉及物料，而且涉及生产能力和一切制造资源，是一种广泛的资源协调系统。它代表了一种新的生产管理思想，又是一种新的组织生产方式。MRP 应包括在 MRP Ⅱ 中。

　　MRP 和 MRP Ⅱ 具有广泛的适用性，且它们的主要优点能在多品种、小批量生产类型的加工装配企业得到最有效的发挥。

二、MRP 的基本思想

　　MRP 的基本思想是围绕物料转化组织制造资源，实现按需要准时生产。对于加工装配式企业，如果确定了产品出产数量和出产时间，就可按产品结构确定所有零件和部件的数量，并可按各种零件和部件的生产周期，反推出它们的出产时间和投入时间。物料在转化过程中需要不同的制造资源（机器、设备、场地、工具、工艺装备、人力和资金），有了各种物料的投入出产时间和数量，就可以确定对这些制造资源需要的数量和时间，这样就可围绕物料的转化过程，组织制造资源，实现按需要准时生产。

　　MRP 是以零件为对象的生产计划，但它并不是孤立地去安排各种零件的生产进度，而是以产品结构为依据，保持各零件在产品结构中的层次关系，以此来编排各零件的生产进度。它是通过物料清单（Bill of Material，BOM）文件来描述各零件在产品中的层次关系和数量。它的重要功能之一，是根据产品设计文件、工艺文件、物料文件和生产提前期等资料自动生成 BOM 表。BOM 的内容包含了一项产品所有物料，不仅包含产品本身的所有零部件和原材料，还包含产品包装箱、包装材料和产品的附件、附带工具等。BOM 要反映各种零部件在产品中的层次关系和数量关系，还要表明它们的出产和投入提前期，以及它们的制造性质，是自制还是外购。BOM 文件中包含十分丰富的信息，是企业各主要业务部门都需要使用的基本而又重要的管理文件。

MRP 按逆工艺顺序来确定零部件、毛坯到原材料的需要数量和需要时间，并不是什么新的思想，人们早就已经想到并已开始运用。但由于现代工业产品的结构极其复杂，一台产品常常由成千上万种零件和部件构成，用手工方法不能在短期内确定如此众多的零部件及相应制造资源的需要数量和时间。另外，由于市场的变化，计划的变更也是常事，变更和制订计划一样费事。据报道，在使用电子计算机以前，美国有些公司用手工计算各种零部件的需要数量和时间，一般需要 6～13 周的时间。电子计算机的出现使原来的不可能成为可能，MRP 的实现是电子计算机应用于生产管理的结果。

以物料为中心来组织生产，还是以设备为中心来组织生产，这是生产组织中的两种不同指导思想。前者体现了以销定产的原则，适应市场经济体制的需要；而后者体现以产定销的原则，很难适应市场经济体制的需要。另外，以物料为中心也可达到准时生产，而准时生产是符合经济原则的。

三、MRP 系统

MRP 系统的结构如图 7-1 所示。

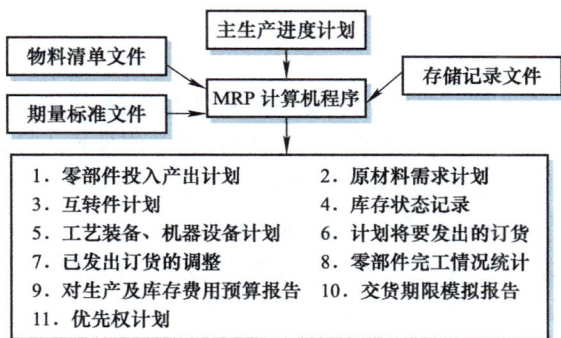

图 7-1　MRP 系统结构

四、MRP 的输入与输出

1．MRP 的输入

MRP 有四种主要输入：

（1）产品出产计划（主生产进度计划）。这是 MRP 运行的驱动力量，它所列的是最终产品项。它可以是一台完整的产品，也可以是一个部件，甚至是零件，一般情况为一个订单。总之，它是企业向外界提供的东西。

产品出产计划中规定的出产数量可以是总需求量，也可以是净需求量。如果是总需求量，则要扣除现有库存量。一般来说，顾客订单或预测的总需求量不能直接列入产品出产计划，而要扣除现有库存量，算出净需求量。

（2）物料清单。它不只是所有零部件的清单，还反映了产品项目的结构层次以及制成最终产品各个阶段的先后顺序，一般用树形图来表示，如图 7-2 所示。

（3）期量标准。MRP 运算所需的期量标准主要包括生产周期、保险储备定额、废品率、订货方针、交货批量和生产间隔期等。

（4）存储记录文件。存储记录文件随时统计、记录着每项物料的实际存储状况，以及一系列有关存储的信息资料，如计划到货量、需求计划、订货计划、存储控制信息等。

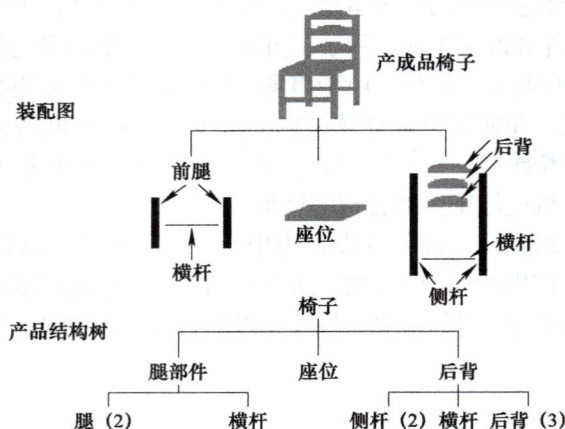

图 7-2　椅子装配图与产品结构树

2. MRP 的输出

MRP 的输出有多项：

（1）零部件投入出产计划。它规定了每一个零件和部件的投入数量及时间、出产数量及时间等。如果一个零件要经过几个车间加工，则要将零部件投入产出计划分解成"分车间零部件投入产出计划"。分车间零部件投入产出计划规定了每个车间一定时间内投入零件的种类、数量和时间，出产零件的种类、数量和时间。

（2）原材料需求计划。它规定了每个零件所需的原材料种类、数量、时间，并按原材料的品种、型号、规格汇总，以便供应部门组织供料。

（3）互转件计划。它规定了互转零件的种类、数量、转出车间和转出时间、转入车间和转入时间。

（4）库存状态记录。它提供了各种零部件、外购件及原材料的库存状态数据，随时供查询。

（5）工艺装备、机器设备需求计划。它提供每种零件不同工序所需的工艺装备和机器设备的编号、种类、数量，以及所需要的时间。

（6）发货计划。即计划将要发出的订货。

（7）已发出订货的调整。它包括改变交货期、取消和暂停某些订货等。

（8）零部件完工情况统计、外购件及原材料的到货情况统计。

（9）对生产及库存费用进行预算的报告。

（10）交货期限模拟报告。

（11）优先权计划。

五、MRP 编制的一般方法步骤

（1）根据产品的结构层次，将产品逐层展开为零件和部件，生成物料清单。

（2）根据规定的期量标准（提前期）由产品的出产日期逆工序顺序倒排，编制零件的生产计划，并根据产品的计划产量计算零件的毛需求量。

（3）根据毛需求量和该零件的待分配库存量计算净需求量，再根据选择批量的原则和零件的具体情况，确定该零件的实际投产批量和投产日期。

$$净需求量 = 毛需求量 - 待分配库存量$$

选择批量的原则有多种，如：配套批量订货，配套批量等于净需求；经济订购批量（即固定订购一定的批量）等。

（4）对于外购的原材料和零部件，先根据 BOM 表按品种规格进行汇总，再根据它们的采购提前期确定订购的日期和数量。

六、对 BOM 的讨论

对于任何一件产品都可以绘制出 BOM 图，如产品 N，它是由 1 个部件 B、2 个部件 C 和 2 个部件 D 组成，其中部件 B 是由 2 个部件 C 和 3 个部件 E 组成……0 层次为产成品，任何上一层次（有时称为父项）的产品都是由下一层次（有时称子项）的产品组成的。如图 7-3 表示。

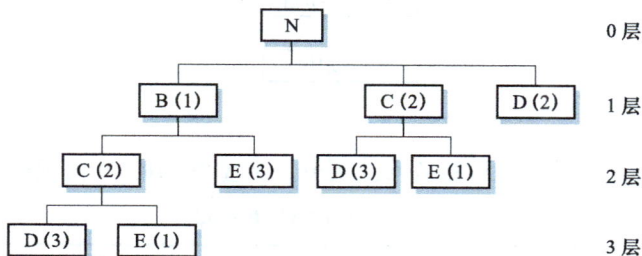

图 7-3　产品 N 的 BOM 图

在图中我们发现，相同的部件出现在不同层次上。如部件 C 既出现在 1 层，又出现在 2 层。这样给将来的计算机处理带来了困难。为了将来处理简单，凡遇到同一部件出现在不同层次上，则取其最低层次号作为该元件的低层码。调整后如图 7-4 所示。

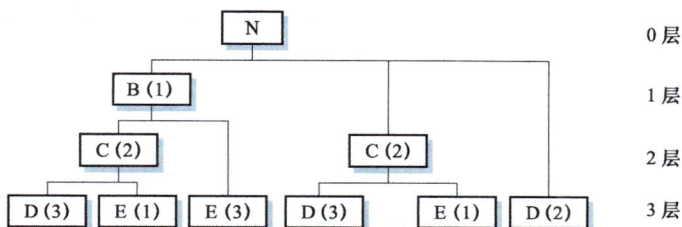

图 7-4　调整后的 BOM 图

七、MRP 的计算机工作逻辑

MRP 的计算机工作逻辑如图 7-5 所示。

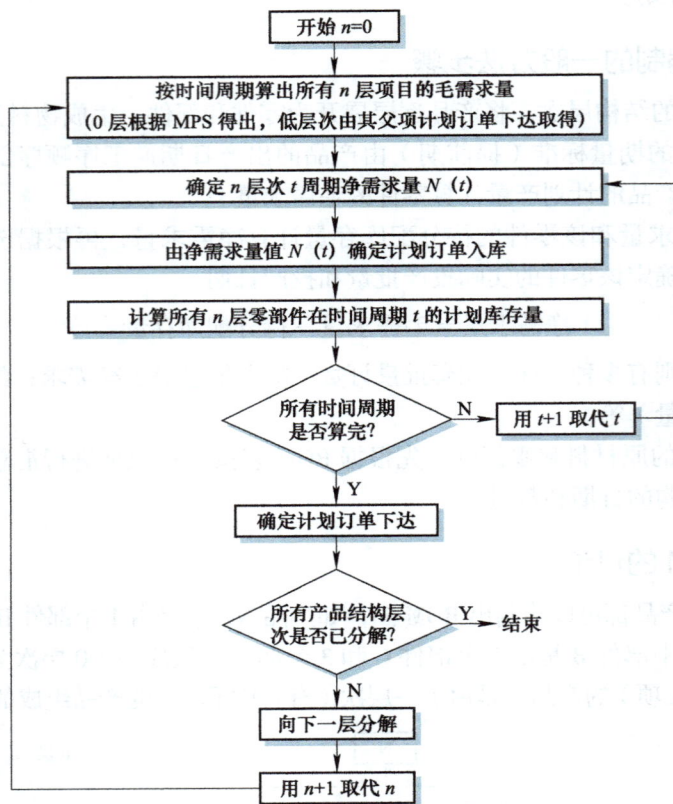

图 7-5　MRP 的计算机工作逻辑

在计算机中，MRP 的计算是以矩阵形式展开，典型的 MRP 矩阵见表 7-1。

表 7-1　典型的 MRP 矩阵

件　号	低 层 代 码
N	0
B	1
C	2
D	3
E	3

八、MRP 的计算

MRP 的计算有两种：

1. 确定零部件数量及投产日期

编制 MRP 计划是一件较为耗时的事情，可以直接根据 BOM 和生产周期，得出零部件数量及投产日期。

例 7-1 产品 A 的 BOM 图如图 7-6 所示，产品 A 和各零部件的生产周期和库存量见表 7-2。

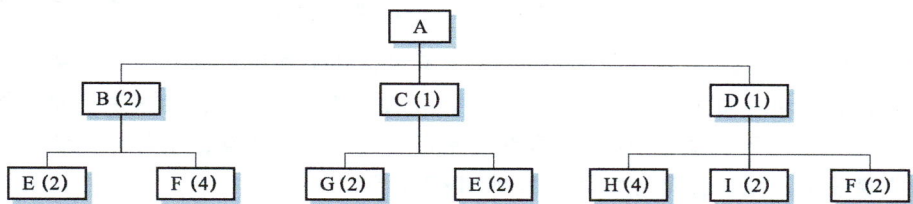

图 7-6 产品 A 的 BOM 图

表 7-2 产品 A 和各零部件的生产周期和库存量

代 号	A	B	C	D	E	F	G	H	I
生产周期（周）	1	2	3	3	1	2	1	2	3
库存量（件）	0	5	10	10	15	12	25	10	0

求：

（1）若组装 10 件产品 A，还需多少件 E（除库存外）？

（2）根据进度安排，在第 8 周有一份产品 A 的订单要交货，请问该订单必须在哪一周开始生产，才能按时交货？

解：

（1）组装 10 件 A 必须生产 20 件 B，因 B 库存有 5 件，故只需生产（20-5）件 =15 件。同理，也必须生产 10 件 C 和 D，因库存正好有 10 件 C 和 D，故不需要再生产 C 和 D 了。这样，要组装 10 件 A，只要生产 15 件 B 就行了。要生产 15 件 B，需要 30 件 E，因库存有 15 件，则还需再安排生产 15 件 E[（30-15）件 =15 件]。

（2）这里需要把 BOM 与生产周期结合起来，按提前期法进行倒排，如图 7-7 所示。

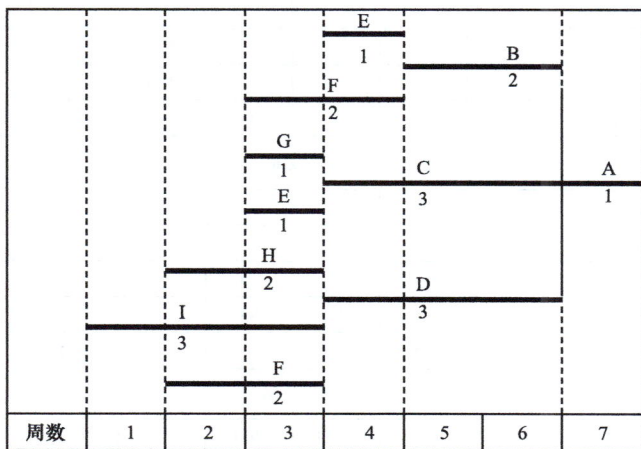

图 7-7 BOM 与生产周期相结合

图 7-7 中可清楚看出，零部件 I 的提前期最长，生产组装一件 A 需要 7 周时间。现第 8 周订单要交货，即第 1 周 [（8-7）周 =1 周] 要安排零部件 I 的生产才行。

2．编制 MRP 计划

编制 MRP 计划是我们必备的基本功之一，下面进行练习。

例7-2　　某木制百叶窗工厂收到两份订单，第一份要订 100 个，4 周末交货；第二份订 150 个，8 周末交货，见表 7-3。每个百叶窗包括 4 个木制板条和 2 个框架，木制板条由工厂自制，制作周期为 1 周；框架需要订购，订货提前期为 2 周。组装百叶窗需要 1 周。第 1 周时，木制板条已有库存 70 套，框架无库存。为保证交货期，求计划交货、生产数量和时间。（要求用"配套批量订货"来编制 MRP 计划。）

解：

表 7-3　百叶窗交货计划

周数	1	2	3	4	5	6	7	8
数量（件）	0	0	0	100	0	0	0	150

制作百叶窗的产品结构树（BOM），如图 7-8 所示。

图 7-8　百叶窗的 BOM 图

编制百叶窗生产的 MRP 计划，见表 7-4。

表 7-4　百叶窗生产的 MRP 计划　　　　（单位：件）

项　目 数　量	周次	1	2	3	4	5	6	7	8
百叶窗 TL=1 周	毛需求量				100				150
	待分配库存量								
	净需求量				100				150
	计划收到订货				100				150
	计划发出订货			100				150	
				2倍↓				2倍↓	
框架 TL=2 周	毛需求量			200				300	
	待分配库存量								
	净需求量			200				300	
	计划收到订货			200				300	
	计划发出订货	200				300			
				4倍↓				4倍↓	
木制板条 TL=1 周	毛需求量			400				600	
	待分配库存量	70	70	70					
	净需求量			330				600	
	计划收到订货			330				600	
	计划发出订货		330				600		

其中：

（1）待分配库存量：库存实际存量，含在途订货量。

（2）计划收到订货（包括自己加工的）：各期初始显示的期望接受量，在配套批量订货条件下，等于净需求。

（3）计划发出订货（包括生产指令）：各期计划订货量，等于抵消生产提前期影响后的计划收到订货。

（4）TL：生产或采购周期。

例7-3 某订单中含有 X、Y 两种产品，X、Y 的 BOM 图如图 7-9 所示。订单要求在第 8 周交货 10 台 X 和 15 台 Y，第 11 周交货 15 台 Y，第 12 周交货 12 台 X。产品 X、Y 的装配，均系手工装配，可不考虑批量的要求，其他零部件都按规定的批量投产。产品和各零部件的生产周期及生产批量见表 7-5。X、Y 起始库存量为 0。要求用固定（经济）批量订货来编制 MRP 计划。

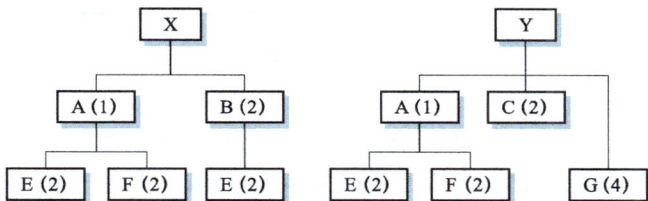

图 7-9 X、Y 的 BOM 图

表 7-5 产品和各零部件的生产周期及生产批量

代　号	X	Y	A	B	C	E	F	G
生产周期（周）	2	1	2	1	1	2	1	3
生产批量（台或件）	—	—	20	10	15	30	40	40

解： MRP 若用一个表，显得太大，现在用 3 个表来表示。产品 X、Y 的 MRP 计划见表 7-6；部件 A、B、C 的 MRP 计划见表 7-7；零件 E、F、G 的 MRP 计划见表 7-8。

表 7-6 产品 X、Y 的 MRP 计划 （单位：件）

项目	周期	批量	数量＼周次	1	2	3	4	5	6	7	8	9	10	11	12
X	2	—	毛需求量								10				12
			待分配库存量								0				0
			净需求量								10				12
			订货量						10				12		
Y	1	—	毛需求量								15			15	
			待分配库存量								0			0	
			净需求量								15			15	
			订货量							15			15		

表 7-7　部件 A、B、C 的 MRP 计划　　　　　　（单位：件）

项目	周期	批量	数量＼周次	1	2	3	4	5	6	7	8	9	10	11	12
A	2	20	毛需求量						10	15			27		
			待分配库存量	10	10	10	10	10		0	5	5		18	
			净需求量						0	15			22		
			订货量				0	20			40				
B	1	10	毛需求量						20				24		
			待分配库存量	0	0	0	0	0		0	0	0		6	
			净需求量						20				24		
			订货量					20				30			
C	1	15	毛需求量							30			30		
			待分配库存量	15	15	15	15	15	15		0	0			
			净需求量							15			30		
			订货量						15			30			

这里需要注意两点：这里的订货量即为表 7-4 中的计划发出订货，而计划收到订货在这里为了简化已被删去。

第 5 周要开始生产 20 个 A 和 20 个 B，此时必须完成 80 个 E；第 8 周开始生产 40 个 A，必须完成 80 个 E；第 9 周开始生产 30 个 B，必须完成 60 个 E。

表 7-8　零件 E、F、G 的 MRP 计划　　　　　　（单位：件）

项目	周期	批量	数量＼周次	1	2	3	4	5	6	7	8	9	10	11	12
E	2	30	毛需求量					80			80	60			
			待分配库存量	20	20	20	20		0	0		10	10		
			净需求量					60			80	50			
			订货量			60			90	60					
F	1	40	毛需求量					40			80				
			待分配库存量	0	0	0	0		0	0					
			净需求量					40			80				
			订货量				40			80					
G	3	40	毛需求量							60			60		
			待分配库存量	20	20	20	20	20	20		0	0		20	
			净需求量							40			60		
			订货量				40			80					

02　单元二　制造资源计划（MRP Ⅱ）

一、从 MRP 到 MRP Ⅱ

MRP 是指将产品出产计划转化为自制件投入产出计划和外购件需求计划，但如果这些不与企业生产能力相联系，计划也会落空。因为 MRP 首先是发展成为闭环 MRP，"闭环"的双重意义为：它不仅考虑到物料的需求，同时还考虑到企业自身的生产能力等，这样从企业外部到企业内部形成闭环；在计划制订、实施、修改、控制方面实行信息反馈，需要形成闭环。

由于闭环 MRP 能准确计算出零部件投入产出数量的时间，也能精确地计算和记录所有库存量，若把这些数量转化为货币单位，就可以把生产活动和财务活动联系起来，这就形成了一种新的生产方式，即 MRP Ⅱ。它包括了整个企业系统，如销售、生产、库存、成本等。1977 年 9 月，美国著名生产管理专家奥列弗·怀特（Oliver W. Wight）倡议给功能扩大后的 MRP 系统一个新名称—— 制造资源计划（Manufacturing Resource Planning）。为了表明它是 MRP 的延续和发展，采用了同样以 MRP 为首的三个英文字母，同时又为了与第一代 MRP 区别，取名 MRP Ⅱ，以示它是第二代的 MRP。

二、MRP Ⅱ系统的基本结构和功能

MRP Ⅱ系统一般由十几个最基本的功能模块组成，MRP Ⅱ的基本模块结构如图 7-10 所示。

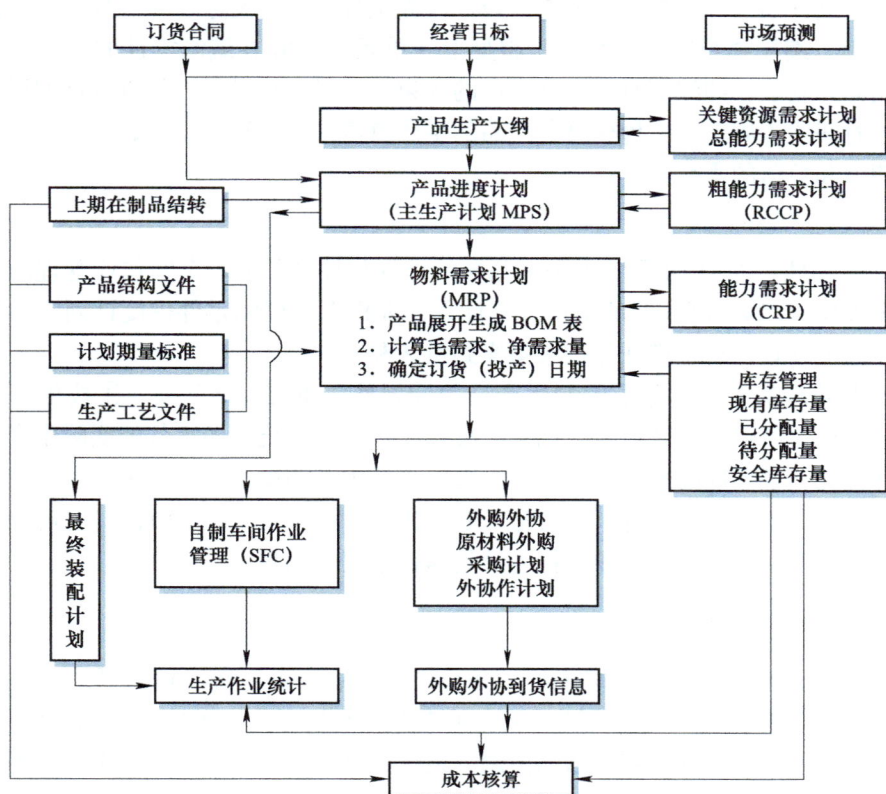

图 7-10　MRP Ⅱ基本模块结构

1. 产品生产大纲

通过产品生产大纲编制规定企业在计划年度内应生产的产品品种规格、质量、数量和

交货期限。它是企业年度经营计划的重要组成部分，反映企业计划年度内生产发展方向和水平。在符合市场需求和考虑企业生产能力、销售能力、物资供应、资金周转等约束条件下，优化产品组合，制订一个最佳的产品生产大纲，对实现企业的经营目标有直接决定作用。

2．主生产计划（MPS）和粗能力需求计划（RCCP）

主生产计划编制的目的是要把产品生产大纲中规定的任务在全年中合理搭配，并做好生产进度上的安排。通过编制 MPS 要求尽可能实现均衡出产，以保证企业生产能力的合理利用和资金的有效运转。主生产计划的计划期一般是一年，它初步排出后可以核算计划期内的生产负荷，编制粗能力需求计划。由于主生产计划的计划单位是产品，核算生产负荷时只能用汇总的产品工时定额。而汇总的产品工时定额只有总量的概念，缺乏负荷量在时间上的分布。所以编出的能力需求计划是粗略的，称为粗能力需求计划。如前所述，主生产计划是 MRP 运行的驱动力量，它所列的是最终产品项。它可以是一台完整的产品，也可以是一个部件，甚至是零件，一般情况为一个订单。总之，它是企业向外界提供的东西。

3．物料需求计划（MRP）和能力需求计划（CRP）

编制物料需求计划的目的是要把主生产计划细化为零部件生产进度计划和原材料、外购件的采购进度计划，确定自制的零部件投产和完工日期，以及原材料、外购件的订货、采购和入库日期。编制物料需求计划的步骤见上一单元。MPR 在编制零件的生产进度计划时采用无限能力计划法，即编制时不考虑生产的约束。所以，在排好零件进度计划后，要根据进度计划的时间段（周）分工种核算各产品的生产负荷，并进行汇总，编制能力需求计划，以便进行能力和负荷的平衡。

4．车间作业管理（SFC）

车间作业管理在 MRP Ⅱ 系统中是最基层的计划与控制环节。车间作业管理的主要任务之一是根据 MRP 计划编制车间的生产日程计划，即根据分周的零件进度计划进一步编制周内零件工序进度计划，把生产任务按天落实到机床和工人。

车间作业管理的任务，除了编制生产日程计划外，还有以下几项：①按生产日程计划打印工票，下达生产任务。②随时查询生产准备工作进行情况，各零件的实际生产进度、在制品的库存情况，各零件配套情况和缺件情况，进行生产调度工作。③进行生产作业统计，包括产品零部件的生产进度统计，个人完成工时统计，车间、工段完成计划任务情况统计等，定期打印统计报表，及时向各级领导报告计划执行情况等信息。

三、统一企业的生产经营活动

以往，一个企业内往往有很多系统，如生产系统、财务系统、销售系统、供应系统、技术系统，它们各自为政，缺乏协调，相互关系并不密切。由于 MRP Ⅱ 能提供一个完整而详尽的计划，可使企业内部各部门活动协调一致，共享数据，消除了重复工作和不一致，提高了整体的效率。

1．营销部门

通过产品出产计划，营销部门与生产部门建立了密切的联系。根据市场预测和顾客的订货情况制订产品出产计划更符合市场的要求。同时，有了产品出产计划，可以使签订销售合同时的依据更可靠，并可大大提高按期交货率。由于 MRP Ⅱ 有适应变化能力，可以弥补预测不准的弱点。

2. 生产部门

过去由于企业内外条件的不断变化，生产难以按预订的生产作业计划进行。这使得第一线的生产管理人员不太相信生产作业计划，往往是只凭自己的经验和手中的"缺件表"去办事。事实上，他们不是不喜欢计划，而是不喜欢那些流于形式、不能指挥生产的计划。MRP Ⅱ 使计划的完整性、周密性和适应性大大加强，使调度工作大为简化，工作质量得到提高。采用电子计算机可以实现日生产作业计划的编制，充分考虑了内外条件的变化，这就使得人们从经验管理走向科学管理。

3. 采购部门

采购人员往往面临两方面的困难：一方面是要求提早订货，另一方面是本企业不能提早确定物资的数量和交货期。MRP Ⅱ 使采购部门有可能做到按时、按量供应各种物资。而且 MRP Ⅱ 的计划期可以长达 1～2 年，使得采购部门能尽早、准确地得到各种所需物资"期"和"量"方面的有关信息，避免了盲目多订和早订，节约了资金，又减少了原材料短缺的情况。

4. 财务部门

实行 MRP Ⅱ 可使不同部门使用共同的数据，在生产报告的基础上，是很容易做出财务报告的。当生产计划发生变更时，马上就可以反映到经营计划上，可以使决策者迅速了解到这种变更在财务上造成的影响。

5. 技术部门

以往技术部门似乎可以超脱于生产活动以外，但 MRP Ⅱ 要求技术部门提供的信息却是该系统赖以运行的基本数据。这要求产品结构清单必须正确，加工路线也必须准确无误，不能有含糊之处。修改设计和工艺文件也要经过严格的手续，否则会造成混乱。按照用户的经验，产品结构清单的准确度必须达到 98% 以上，加工路线准确度必须达到 95%～98%，库存记录的准确度达到 95% 才能运行得比较好。

四、MRP Ⅱ 应用实例

在整个 MRP Ⅱ 实施的过程中，如何有效利用计算机技术，采用何种 MRP Ⅱ 管理软件来推行 MRP Ⅱ 的应用，我国一汽散热器总公司和一汽大连柴油机厂曾对此进行了深入的调查研究，并最终选用了美国 SSA 公司研制的 BPCS 系统，并在此基础上成功地进行了涉及公司管理、生产等多方面的二次开发，终于使先进的管理软件和我国企业的管理实际紧密地结合起来，同时也给企业带来了根本的变化：

（1）在公司财务方面，MRP Ⅱ 系统优化了企业旧的财务管理模式，使财务人员由 20 余人，减少到 10 余人，财务工作从以往的事务性算账型向企业管理型过渡。在企业的账户进出方面，利用 MRP Ⅱ 加强了有效的调控，有力地保障了企业发展的流动资金使用，同时避免了手工出具发票的差错，使产品出库、销售、财务账目三者的误差率降到千分之一以下。

（2）技术变革引发了机构变革。散热器总公司建厂时就存在的毛坯车间，在实施

MRP II 后被取消了，分别划入物资供应部门和冲压车间，这使得原有的管理人员、送料工、领料工成为富余人员，但是，由此产生的结果是：相应的车间经费、在制品库存减少了，生产成本降低了，工序之间的车间界线取消了，管理环节减少了，物流通顺了，效率提高了，进而降低了整个企业产品的成本，增加了企业赢利的可能。

（3）BPCS 软件实施后，公司领导可以及时了解销售、库存情况。在以前的管理模式下只能定出月度生产计划，现在可以更准确地定出周计划。以往发货信息的不及时和人为的工作误差，使得企业生产往往陷入被动，在 MRP II 实施以后，正常情况下，销售发货准确率达到了百分之百，系统还可根据各地返还货款的情况定出发货警戒线，对还款不好的客户企业不下订单。

（4）新的管理方式的实施和计算机在企业管理中的大量使用，对员工素质提出了较高的要求。它要求企业员工必须懂得计算机知识、了解 MRP II 理论、会使用 BPCS 软件，并能够独立上机操作，这就要求员工要具有相当的知识技能，也就是说，要提高企业员工的素质，员工素质提高了，企业的市场竞争力也就大大增强了。

总之，MRP II 确实给企业带来了一场深刻的管理革命。先进的 MRP II 管理软件与国内企业结合的过程，是现有的管理体制、无序的管理现状、无法适应市场经济需求和企业现代化需要的管理方式相结合的过程；采用 MRP II 这种管理技术、管理方式，超越了技术更新的含义，冲击着传统的生产方式和企业观念，最终成为涉及企业多方面的变革手段。

美国 SSA 公司历经 3 年，耗资 2.8 亿美元研制出的新一代 BPCS 客户机/服务器系统由三大部分组成：可配置的企业财务管理（CEF）、供销链管理（SCM）、多模式生产管理（MMM）。该系统的主要模块如表 7-9 所示。

表 7-9　BPCS 的客户机/服务器系统

客户机 Windows 用户环境								
可配置的企业财务管理（CEF）			供销链管理（SCM）			多模式生产管理（MMM）		
可配置的总账	应收账管理 ACR	高级汇款管理 ARP	促销、经销与价格	可配置订单管理	下达管理	计划员辅助	主生产计划 MPS	准时生产 JIT
企业结构与合并	信用与扣除管理	汇票管理	销售绩效管理 SPM	发票与销售分析	出货后勤管理 OLM	制造数据管理 MDM	物料需求管理 MRP	生产能力计划 CAP
可配置的货币转换	高级预算与分析	应付账管理 ACP	采购管理 PUR	库存管理 INV	销售预测管理 FOR	选配置管理 CFG	高等工业流程 ADT	车间作业管理 SFC
多币制管理 MLT	固定资产管理 FXA	成本管理和控制	绩效评估 PRF	仓库管理 WHM	分销资源计划 DRP	配方辅助管理	质量与实验室管理	设备维护管理

五、配送需求计划

MRP 的逻辑和形式可以应用到服务领域，这种典型例子就是配送需求计划（Distribution Requirements Planning，DRP）。从供应链关系上可清楚地看出，制造企业的产品发送到批发商、零售商再送到用户手中的整个过程存在着许多复杂的环节。流通企业（包括自行销售的制造企业）一般都有分层次的销售网点。批发商和零售商也都有分层次的销售网点，下层零售点由上一层供货，最上层直接向制造企业订货，最低层零售点直接将物品卖给顾客。这些供应网点形成了一个多级分配网络。

1. DRP 的概念

配送需求计划是一种适用于流通企业进行库存控制的方式。在这种方式下，企业可以根据用户的需求制订订货计划，从而确定恰当的库存水平，有效地进行库存控制。配送需求计划的实际应用表明，流通企业能够改进客户服务（减少缺货现象的发生、加快响应客户需求的速度等），降低产品的总体库存水平，减少运输成本，改善物流中心的运作状况。由于以上的好处，配送需求计划受到了越来越多的流通企业的重视。

整个 DRP 系统（如图 7-11 所示），有三个输入文件：一是社会需求文件，由订货单、提货单和市场需求预测等数据整理而成；二是供应商货源文件，提供有关供应商的供应批量、备货期等有关信息；三是库存文件（包括在途货物信息），提供本企业仓库中现有各种商品的库存数量信息，以及此前向供应商发出订单订购且目前已在运输途中的商品数量、到货时间等信息。根据这三个文件，DRP 系统根据事先确定的逻辑及参数，给出两个输出文件。一是订货进货计划，根据用户需求、库存、供应商供货情况以及物流优化原则，确定向供应商发出订单的时间以及订购数量。二是送货计划，按照用户需求的品种、数量、时间和送货提前期以及物流优化原则，确定送货时间和送货数量。

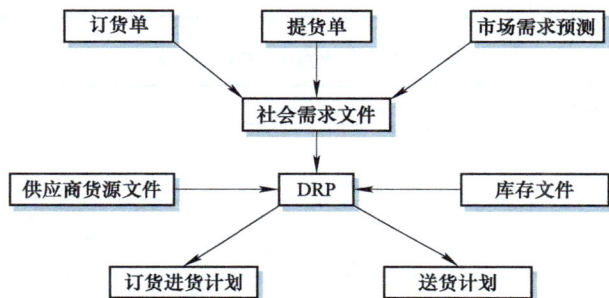

图 7-11 DRP 系统结构

2. DRP 的处理逻辑

最低层网点的需求属于独立需求，但它们之间的需求关系也可以用类似 MRP 的逻辑处理。多级分配网络的每一个网点的每一种物品的需求和库存情况都可以用一个表来表示。表中有四项：预计总需求量、计划收货、现有数和计划发出订货量。最低层网点的预计总需求量由各网点根据以往的销售情况预测确定，其余网点的预计总需求量可按下级网点的计划发出订货量计算。与 MRP 不同，DRP 中库存现有数包括预计到货量，它可按下式计算：

下期现有数 = 上期现有数 − 预计需求量 + 预计到货量

每个服务网点对每项库存物品都设置了安全库存量。发出订货的条件是，预计的现有数到达规定的安全库存量以下。计划发出订货量可以按实际需要多少就提出多少，也可按确定的最佳订货批量或最小订货批量订货。订货需要按提前期提早一段时间发出。上一层网点的预计需求量是根据下一层网点的计划发出订货量确定的，并在时段上保持一致。

为了形象地说明 DRP 是如何运作的，我们举一个实际的例子。某城市设有 1 个批发部，在该城市的不同地区设有 3 个零售点。零售点 A 的货物的安全库存量为 50 个、提前期为 2 周、订货批量为 500 个。也就是说，在库存量将要下降到 50 个以下的那周必须要补充一批货物。因此，此前两周必须发出订单，每次向批发部订购 500 个。一共对 8 周的需求进行预测。A 零售点当前的库存量是 352 个，库存不断地被消耗，预计到第 5 周的时候将只有 42 个（即，第 4 周的库存余额 112 个减去第 5 周的需求 80 个），此时会出现低于安全库存量的现象（42<50）。为了防止出现上述结果，必须在第 3 周（第 5 周减去前置期 2 周）就启动订货程序。正如预测的那样，在第 5 周的时候将收到一批补货，其数量是 500 个，该周周末库存余额将变成 542 个。零售点 B 和零售点 C 类似。

对于批发部而言，来自零售点 A、B、C 的订单就是它所面临的需求。由此，其相应的 DRP 表就产生了，这是该批发部据以向生产商订货的基础，见表 7-10～表 7-13。

表 7-10　零售点 A 的 DRP 表　　　　　（单位：件）

提前期 2 周，安全库存量 50 件，订货批量 500 件	当前库存量	周　　次							
		1	2	3	4	5	6	7	8
预计总需求量		50	50	60	70	80	70	60	50
计划收货						500			
现有数	352	302	252	192	122	542	472	416	362
计划发出订货量				500					

表 7-11　零售点 B 的 DRP 表　　　　　（单位：件）

提前期 2 周，安全库存量 50 件，订货批量 150 件	当前库存量	周　　次							
		1	2	3	4	5	6	7	8
预计总需求量		20	25	15	20	30	25	15	30
计划收货						150			
现有数	140	120	95	80	60	180	155	140	110
计划发出订货量				150					

表 7-12　零售点 C 的 DRP 表　　　　　（单位：件）

提前期 2 周，安全库存量 115 件，订货批量 800 件	当前库存量	周　　次							
		1	2	3	4	5	6	7	8
预计总需求量		115	115	120	120	125	125	125	120
计划收货		800							800
现有数	220	905	790	670	550	425	300	175	855
计划发出订货量							800		

表 7-13　批发部的 DRP 表　　　　　（单位：件）

提前期 3 周，安全库存量 400 件，订货批量 2 200 件	当前库存量	周　　次							
		1	2	3	4	5	6	7	8
预测总需求量		0	0	650	0	0	800	0	0
计划收货							2 200		
现有数	1 250	1 250	1 250	600	600	600	2 000	2 000	2 000
计划发出订货量				2 200					

与 MRP 一样，DRP 的应用也有其局限性。首先，DRP 的成功实施不但要求对每一个物

流中心的每一库存部门都要有精确的预测，而且要有充足的前置期来保障产品的平衡运输。其次，DRP 要求配送设施之间的运输具有稳定而可靠的完成周期。尽管可以通过各种可靠的前置期抵消或是调整完成周期的不确定性，但仍旧无法彻底消除其对库存控制计划系统运作的负面影响。最后，由于生产故障或运输的延迟，综合计划常易受到系统紧张或是频繁更改时间表的影响，由此产生生产能力的波动、配送方面的混乱以及因更改时间表而产生额外费用等问题。除此以外，配送的作业环境复杂多变、补给运输完成周期以及供应商配送的不确定性，也会进一步加剧 DRP 系统运作的紧张程度。

DRP 的原理是更精确地预测需求和揭示该信息以用于制订生产计划。公司运用 MRP 并与总体生产结合，可以减少原材料存货。产品存货则是通过使用 DRP 来减少的，大部分的 DRP 模型比标准的 MRP 模型更为综合，它也计划运输。

DRP 在与 MRP 结合后是一个可提高客户服务水平和降低总的物流与制造成本的有力工具。

还有人提出了配送资源计划（Distribution Resource Planning，DRP Ⅱ）的概念，所谓配送资源计划，即为"一种企业内物品配送计划体系管理模式，是在 DRP 的基础上提高各环节的物流能力，达到系统优化运行的目的"。

03 单元三 企业资源计划（ERP）

一、ERP 的概念

企业资源计划（Enterprise Resource Planning，ERP）是由美国计算机技术咨询和评估集团 Gartner Group 于 1990 年提出的一种面向供应链管理的现代企业管理思想。ERP 是在 MRP Ⅱ 基础上的拓展及升级，将客户、销售、计划、采购等信息集成和业务流程重组等功能集为一体的系统。

ERP 是一种主要面向制造行业进行物质资源、资金资源和信息资源集成一体化管理的企业信息管理系统，ERP 系统支持离散型、流程型等混合制造环境，应用范围从制造业扩展到了零售业、服务业、银行业、电信业、政府机关和学校等事业部门，通过融合数据库技术、图形用户界面、第四代查询语言、客户服务器结构、计算机辅助开发工具、可移植的开放系统等对企业资源进行了有效的集成。ERP 是一个以管理会计为核心可以提供跨地区、跨部门，甚至跨公司整合实时信息的企业管理软件。

二、ERP 的功能模块

ERP 是将企业所有资源进行整合集成管理，是针对物资资源管理（物流）、人力资源管理（人流）、财务资源管理（财流）、信息资源管理（信息流）集成一体化的企业管理软件。它的功能模块以不同于以往的 MRP 或 MRP Ⅱ 的模块划分，它不仅适用于生产企业的管理，而且许多其他类型的企业，包括非生产、公益事业的企业，也可导入 ERP 系统进行资源计划和管理。ERP 系统如图 7-12 所示。

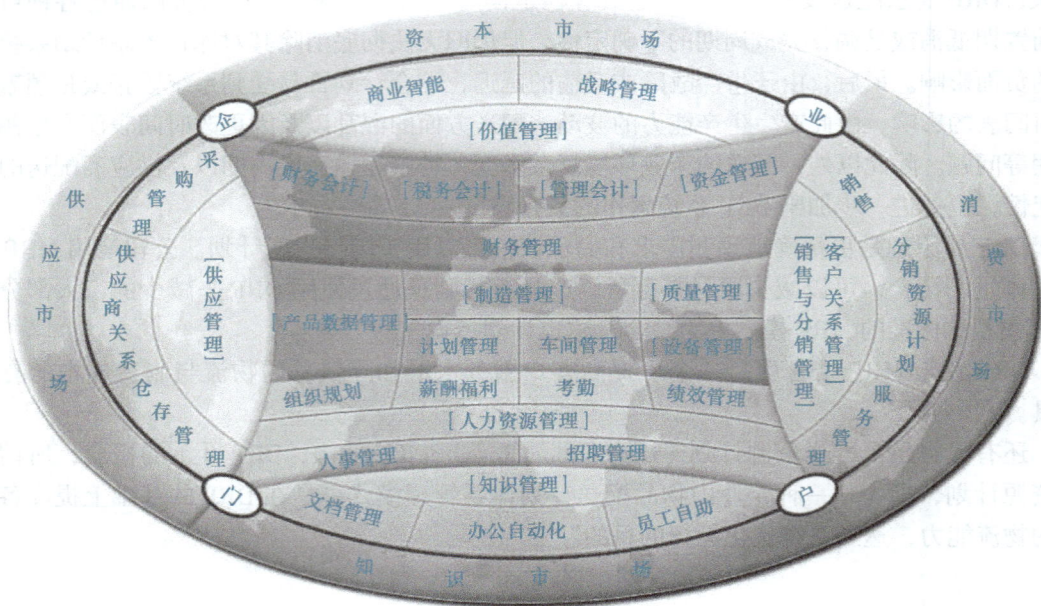

图 7-12　ERP 系统

ERP 系统包括以下主要功能：供应链管理、财务管理、生产控制管理、物流管理、采购管理、分销管理、库存控制、人力资源管理等。此外，还包括金融投资管理、质量管理、运输管理、项目管理、客户关系管理、法规与标准和过程控制等补充功能。ERP 主要功能模块如图 7-13 所示。

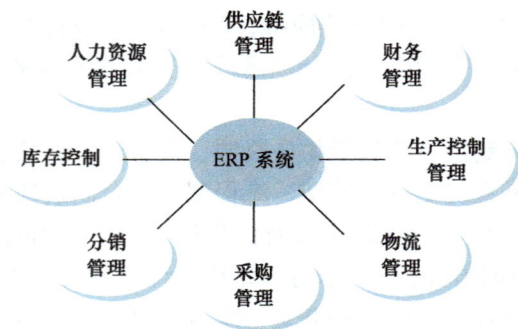

图 7-13　ERP 主要功能模块

三、ERP 的核心思想

ERP 的真正价值在于它解决了企业内部不同角色之间的信息不对称问题。通过信息的掌握，不同角色就能够把握机会，做出决策，从而提高业务链的整体运作效率，降低运作成本。总体来讲，ERP 系统的核心思想可以总结为三个方面，如图 7-14 所示。

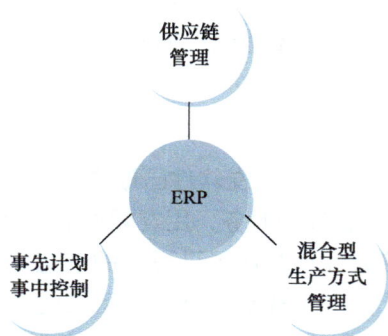

图 7-14　ERP 核心思想

（1）ERP 的核心管理思想是对整个供需链的有效管理。供需链按英文原文 Supply Chain 直译是"供应链"，但实质上链上的每一个环节都含有"供"与"需"两方面的双重含义。供需链是指围绕核心企业，通过信息手段，对供应各个环节中的各种物料、资金、信息等资源进行计划、调度、调配、控制与利用，形成用户、零售商、分销商、制造商、采购供应商的全部供应过程的功能整体。在知识经济时代，仅靠自己企业的资源不可能有效地参与市场竞争，还必须把经营过程中的各有关方（如供货商、制造工厂、分销网络、客户等）纳入一个紧密的供应链中，才能有效地安排企业的产、供、销活动，满足企业利用全社会一切市场资源快速高效地进行生产经营的需求，以期进一步提高效率和在市场上获得竞争优势。

（2）ERP 支持对混合型生产方式的管理。其管理思想表现在精益生产（Lean Production）和敏捷制造（Agile Manufacturing）两个方面。前者的核心思想是企业按大批量生产方式组织生产时，把客户、销售代理商、供货商、协作单位纳入生产体系，成为利益共享的合作伙伴关系，以保持和扩大市场份额，并保证产品的质量和技术含量。后者的核心思想是当企业遇有特定的市场和产品需求但企业的基本合作伙伴不一定能满足新产品开发、生产的要求时，企业会组织一个由特定的供货商和销售渠道组成的短期或一次性供应链，形成"虚拟工厂"（或称"动态联盟"），把供应和协作单位（包括产品研究开发）看成是企业的一个组成部分，运用"同步工程"组织生产，用最短的时间将新产品打入市场，以时刻保持产品的高质量、多样化和灵活性。当前，企业之间的竞争已经发展成为一个企业的供应链与竞争对手的供应链之间的竞争，ERP 系统适应了这种市场竞争的需要，体现了精益生产、同步工程和敏捷制造的思想。

（3）ERP 系统体现了事先计划和事中控制的思想。ERP 系统中的各计划体系计划功能与价值控制功能已完全集成到整个供应链系统中，便于实现事先计划。通过定义事务处理相关的会计核算科目与核算方式，以便在事务处理发生的同时自动生成会计核算分录，保证了资金流与物流的同步记录和数据的一致性。从而实现了根据财务资金现状，可以追溯资金的来龙去脉，并进一步追溯所发生的相关业务活动，改变了资金信息滞后于物料信息的状况，便于实现事中控制和实时做出决策。

四、国内外 ERP 知名厂家及产品比较

目前，国内外的 ERP 系统数量繁多，主要有企业使用的 ERP 软件及教学使用的 ERP 软件。企业使用的 ERP 软件包括国外的 SAP、ORACLE、ROSS、PeopleSoft 等，国内的有用

友、金蝶、新中大、中纺达、深圳天思、神州数码等。对于高校教学使用来说，比较受学校欢迎的以沙盘形式演练的产品为主，整体模拟的有 ERP 沙盘，按照各个模块业务模拟的有精创教育系列沙盘。

1. 企业使用的 ERP 软件

（1）用友 NC、U8、用友通系列。用友软件已形成 NC、U8、用友通三条产品和业务线，分别面向大、中、小型企业提供软件和服务，用友软件的产品已全面覆盖企业从创业、成长到成熟的完整生命周期，能够为各类企业提供适用的信息化解决方案，满足不同规模企业在不同发展阶段的管理需求，并可实现平滑升级。用友的企业应用软件产品线覆盖了企业 ERP（企业资源计划）、SCM（供应链管理）、CRM（客户关系管理）、HRM（人力资源管理）、EAM（企业资产管理）、OA（办公自动化）等业务领域，可以为客户提供完整的企业应用软件产品和解决方案。

（2）金蝶 K3、KIS、EAS、iFly 移动商务系列。金蝶国际软件集团有限公司是中国第一个 Windows 版财务软件及小企业管理软件——金蝶 KIS、第一个纯 JAVA 中间件软件——金蝶 Apusic 和金蝶 BOS、第一个基于互联网平台的三层结构的 ERP 系统——金蝶 K/3 的缔造者，其中金蝶 KIS 和 K/3 是中国中小型企业市场中占有率最高的企业管理软件。金蝶的第三代产品——金蝶 EAS（Kingdee Enterprise Application Suite）面向中大型企业，采用最新的 ERP Ⅱ 管理思想和一体化设计，有超过 50 个应用模块高度集成，涵盖企业内部资源管理、供应链管理、客户关系管理、知识管理、商业智能等，并能实现企业间的商务协作和电子商务的应用集成。

（3）Oracle。Oracle 公司是全球最大的应用软件供应商，成立于 1977 年，总部设在美国加州。Oracle 主打管理软件产品，是目前全面集成的电子商务套件之一，能够使企业经营的各个方面全面自动化。Oracle 凭借"世界领先的数据库供应商"这一优势地位，建立起构架在自身数据之上的企业管理软件，其核心优势就在于它的集成性和完整性。用户完全可以从 Oracle 公司获得任何所需要的企业管理应用功能，这些功能集成在一个技术体系中。对于集成性要求较高的企业，Oracle 无疑是理想的选择。

（4）SAP。作为 ERP 行业的领导者，SAP 在 1992 年推出它的骨干业务系统 R/3，这一直是该企业的核心产品，主要面向大规模企业，需要较大的投资。考虑到 80% 的中国中小企业只能用到 R/3 的 20% 功能，SAP 把 R/3 经过预配置后推出了"中国新干线"系统。虽然只配置了 R/3 20% 的功能，但这套系统依然功能强大，几百个预定义的参数足以满足各个行业的用户需求，在投资方面相较于 R/3 系统也大为降低。

2. 教学上使用的沙盘模拟软件

在高校教学中因教学课时及软件授权等问题一般不采用企业版的 ERP 系统进行教学，当前非常流行采用沙盘模拟的教学方式，主要有综合性的 ERP 沙盘实训、精创教育（www.jcjyet.com）企业管理决策沙盘模拟、人力资源管理沙盘模拟、市场营销沙盘模拟、公司经济沙盘模拟、贸易经济沙盘模拟、国际贸易沙盘模拟、第三方物流管理沙盘模拟、客户关系管理沙盘模拟、创业综合实训等一系列沙盘模拟课程。沙盘课程深受广大师生的喜爱，沙盘课程以团队合作的形式，让学生担任企业管理的重要职位，如首席执行官、营销总监、运营总监、采购总监、财务总监，进行企业模拟经营、实战对抗，每一次的模拟都是对知识的实践运用，使学生在分析市场、制定战略、营销策划、组织生产、财务管理等一系列综合实践活动中，感悟企业的经营管理规律，提升学生整体的企业运营能力，最大程度地激发学生的学习热情及兴趣。

五、ERP 的发展趋势

ERP 是处于信息时代的现代企业向国际化发展的更高层次管理模式。今天，它的管理领域已远远超出了企业内部资源计划与管理的范畴，步入了电子商务环境下企业间协同管理的阶段，并将最终导致面向全球化生产管理的新一代 ERP 的产生与发展。体现在 ERP 软件上，它有如下发展趋势：

1. 协同商务，应用集成，与工作流管理系统将进一步整合

ERP 系统目前正在向上游的供应链管理（Supply Chain Management，SCM）和下游的客户关系管理（Customer Relationship Management，CRM）两个方向迅猛发展。SCM、ERP 和 CRM 的集成将会帮助企业真正实现自己的供应链管理和商务电子化，以迎接电子商务环境下新经济时代的到来。ERP 将支持企业面向全球化市场环境，建立供应商、制造商与分销商间基于价值链共享的新伙伴关系，并使企业在协同商务中做到过程优化、计划准确、管理协调，最终，ERP 将会发展为企业关系管理（Enterprise Relation Management，ERM），如图 7-15 所示。

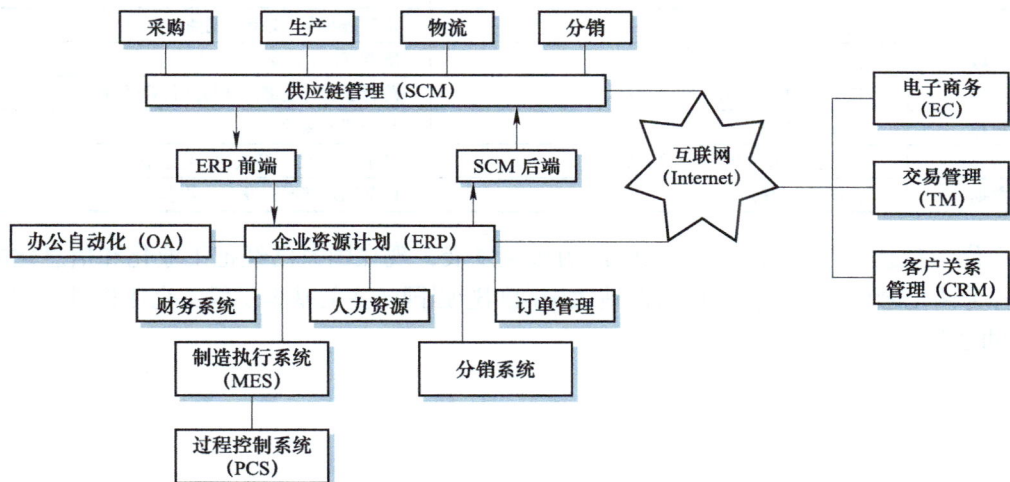

图 7-15 企业关系管理模型

2. ERP 逐步向应用网络化和云计算发展

协同商务要求企业在互联网基础上建立自己的管理信息系统，这种网络化应用模式除了企业自建基于 Web 的 ERP 系统以外，还出现了另外一种基于外包的模式。这种新型的 ERP 解决方案可以让企业在不必投入大量设备、资金、人力等资源的情况下，迅速在互联网上建立起具有竞争力的企业门户及电子商务环境，同时它提供多种适用方案让用户选用，做到按需配置。云计算 ERP 让用户可以随时使用、随时扩展，动态增加或减少某些模块，用户不需要支付软件许可费用，只需支付服务器、网络等租用的费用，并能通过手机、PDA 等无线设备实现不受地域限制的远程办公。

3．ERP 信息化与智能化发展

当今社会已经进入信息化与自动化高度融合的时代，由过程控制系统（Process Control System，PCS）、制造执行系统（Manufacturing Execution System，MES）和 ERP 构成的全局自动化系统，将是今后传统企业向现代企业转变的必由之路，它将企业信息系统与控制系统统一分为三级，其中最底层为 PCS，即基础控制系统；中间层为 MES，它连接 ERP 和 PCS，是企业信息化的基础和有机组成，以分厂生产管理为核心，主要目标是提高产品质量、降低成本，提高产量；最上层为 ERP，它对整个企业的人、财、物、产、供、销等资源进行综合管理，实现信息化与智能化发展。

4．ERP Ⅱ 最终将取代 ERP 成为主流

企业信息化的发展遵循 DCA 的模式，不仅要看到自己内部的流程，也要关注整个商业环境中的合作伙伴。信息化不再是自己关起门来说和做的事，因为下一个电子商务时代是协同商务 ERP Ⅱ 的时代。ERP Ⅱ 是一种新的商业战略，ERP Ⅱ 将逐步代替 ERP 系统成为企业内部和企业之间业务流程管理的首选。为了使 ERP 流程和系统适应这种改变，企业对 ERP 的流程以及外部的因素提出了更多的要求，ERP 与 ERP Ⅱ 的区别见表 7–14。

表 7–14　ERP 与 ERP Ⅱ 的区别

比 较 方 面	ERP	ERP Ⅱ
角色	企业最优化	价值链共享 / 支持协调商务
领域	制造和分销	所有部门 / 分支
功能	制造、销售和分销、财务流程	跨行业、行业部门和特殊行业过程
过程	内部的、隐藏的	与外部连接的
构架	意识到 Web，封闭的，单一的	基于 Web 的，开放的，组合化的
数据	内部产生、使用	内部和外部同时发布、共享

现代信息技术的发展带动了互联网的快速发展，现在国家已经把工业化和信息化的融合（称为两化融合）作为使中国从制造大国向制造强国转变的基本手段，企业将进入"工业互联网时代"。

单元四　工业互联网

一、工业互联网概述

进入 21 世纪后，互联网技术迅速崛起，获得了超常规发展，有人把 21 世纪互联网的发展分为两个阶段，前面为消费互联网，后面为工业互联网。在消费互联网发展的同时，虽然传统制造业有较大的萎缩，但也有许多制造业企业借助于互联网技术发生了突变，工业互联网应运而生。工业互联网的概念，是随着互联网发展到一定阶段，由 GE 董事长伊斯梅尔首次提出。根据工业互联网产业联盟的定义，工业互联网是指互联网和新一代信息技术与工业系统全方位深度融合所形成的产业和应用生态，是工业智能化发展的关键综合信息基础设施。

利用智能设备产生的海量数据是工业互联网的一个重要功能。工业互联网充分利用大数据、复杂分析、预测算法等能力，提供了理解智能设备产生的海量数据的方法，能够帮助选择、分析和利用这些数据，从而带来网络优化、维护优化、系统恢复、机器自主学习、智能决策等益处，最终帮助工业部门降低成本、节省能源并带动生产率的提高。

工业互联网是一个与消费互联网对应的概念。如果后者可以简单理解为把手机等移动终端连上家用电器、汽车、电脑的话，那么前者就是把机器设备装上传感器，搜集到的数据传输到云计算平台，计算分析之后产生的"智慧数据"便能实现设备与人的"交互"。

工业互联网也是对传统设备制造业的重新定义，在传统架构上对互联网的利用只是改良，做得好也只能获取改良性的成果；在互联网架构上重造传统产业是革命，做得好可获得超额回报。

目前，我国工业互联网已初步形成两大应用路径，一是面向企业内部生产率提升的智能工厂；二是面向企业外部价值链延伸的智能产品、服务和协同以及面向开放生态的工业互联网平台。

二、工业互联网的价值

GE 将工业互联网的经济价值称为"1% 的力量"。最令人惊讶的地方在于这一切来源于那些看起来很小的生产力提升，而即使是 1% 的生产效率提升，背后潜藏的发展空间也是不可抵挡的。例如在中国，即使工业互联网只能让燃气发电机组能耗降低 1%，就意味着未来 15 年节约价值高达 80 亿美元的燃料成本。

工业互联网已经不断应用于各个领域，并且开始潜移默化地改变我们的生活。工业互联网将智能设备、人和数据连接起来，并以智能的方式利用这些交换的数据。在通用电气的倡导下，AT&T、思科（Cisco）、通用电气（GE）、IBM、英特尔（Intel）已在美国波士顿宣布成立工业互联网联盟（IIC），以期打破技术壁垒，促进物理世界和数字世界的融合。

补充阅读

工业互联网：制造业竞争新优势

2018 年 2 月 24 日，国家工业互联网专项工作组成立，设立在国家制造强国建设领导小组之下，工信部部长苗圩任组长。专项工作组将每年召开会议，研究讨论工业互联网发展重大事项。

苗圩在"2019 工业互联网峰会"上表示，工业互联网已从概念的普及进入实践的深耕阶段。

"我国工业互联网发展开局良好。"苗圩说，我国的工业互联网应用面向多领域在拓展，工业互联网已经广泛应用于石油石化、钢铁冶金、家电服装、机械、能源等行业，网络化的协同、服务型的制造、个性化的定制等新模式、新业态在蓬勃兴起，助力企业提升质量和效益，并不断催生出新的增长点。

据统计，我国工业互联网产业规模已突破万亿元，工业互联网已在研发设计、生产制造、运营管理等各个环节广泛应用，特别是 5G 正在向生产控制环节加速延伸。

工业互联网的本质和核心是通过工业互联网平台把设备、生产线、工厂、供应商、产品和客户紧密地连接融合起来。可以帮助制造业拉长产业链，形成跨设备、跨系统、跨厂区、跨地区的互联互通，从而提高效率，推动整个制造服务体系智能化。

三、工业互联网的内容

工业互联网将整合两大革命性转变的优势：其一是工业革命，伴随着工业革命，出现了无数台机器、设备、机组和工作站；其二则是更为强大的网络革命，在其影响之下，计算、信息与通信系统应运而生并不断发展。

伴随着这样的发展，三种元素逐渐融合，充分体现出工业互联网之精髓：

（1）智能机器。以崭新的方法将现实世界中的机器、设备、团队和网络通过先进的传感器、控制器和软件应用程序连接起来。

（2）高级分析。使用基于物理的分析法、预测算法、自动化和材料科学，电气工程及其他关键学科的深厚专业知识来理解机器与大型系统的运作方式。

（3）工作人员。建立员工之间的实时连接，连接各种工作场所的人员，以支持更为智能的设计、操作、维护以及高质量的服务与安全保障。

将这些元素融合起来，将为企业与经济体提供新的机遇。例如，传统的统计方法采用历史数据收集技术，这种方式通常将数据、分析和决策分隔开来。伴随着先进的系统监控和信息技术成本的下降，工作能力大大提高，实时数据处理的规模得以大幅提升，高频率的实时数据为系统操作提供全新视野。机器分析则为分析流程开辟新维度，各种物理方式的结合、行业特定领域的专业知识、信息流的自动化与预测能力相互结合可与现有的整套"大数据"工具联手合作。最终，工业互联网将涵盖传统方式与新的混合方式，通过先进的特定行业分析，充分利用历史与实时数据。

四、工业互联网的推动力

工业互联网能在多大程度上提高效率，能带来多少便利将取决于其发展步伐。部署工业互联网的成本将因行业与地区而定。然而，对该技术领域的投入，人们普遍认为其成本最终将获得正收益。

我们需要坚固的网络安全系统，管理脆弱环节、保护敏感信息与知识产权的有效途径，以及庞大的人才库，包括新型交叉人才，如机械与工业工程结合形成新的"数字机械工程师"，创建分析平台与算法的数据专家及软件与网络安全专家。培训员工掌握相应技能，有助于确保创新，并创造更多就业机会，促进生产力发展。工业互联网是一项需要投入人力、物力的工程，但它将彻底改变我们的工业发展与生活方式，促进人与机器的互动与融合。

工业互联网的推动力主要表现在以下五个方面：

（1）提高工业设备的效率和改进长期维护和管理，有助于连接工业互联网络。

（2）推广颠覆性的新型商业模式，或许没有附加值但或许极少数情况下价值会非常显著。

（3）传感器技术的进步，促进更小、更廉价、更快且耗电更低的设备的出现以及对设备很小的架空影响也能检测到。

（4）互联网络技术的进步和标准化，允许传感器数以低成本与相关业务流程和消费活动相结合。

（5）企业和政府对工业互联网潜在优势的认识加深，并可用于优化工业服务成本和交付。

> **小提示**
>
> 2020 年 3 月 20 日，工业和信息化部发布《推动工业互联网加快发展的通知》，提出"加快新型基础设施建设、加快拓展融合创新应用、加快健全安全保障体系、加快壮大创新发展动能、加快完善产业生态布局、加大政策支持力度"六个方面共 20 条举措，为我国加快工业互联网创新发展提供了行动指南。

复习思考题

一、简答题

1. MRP 的基本思想是什么？
2. MRP 系统结构是怎样的？（用图表示）
3. 简述 MRP 编制的一般方法步骤。
4. MRP Ⅱ 如何统一了企业的生产经营活动？
5. DRP 系统结构是怎样的？（用图表示）
6. ERP 软件一般包含哪些功能模块？
7. 工业互联网的内容是什么？
8. 产品 Y 由两类零部件（A、B）组成，每个 Y 需要 2 个 A、4 个 B。第 6 周开始时，Y 必须完成 100 件，并发货。目前库存量，A 有 50 个，B 有 100 个。另外，在第 4 周和第 6 周初，分别收到 B 数量为 100 个和 60 个的供货。其中，Y、A、B 的生产周期分别为 2 周、1 周、1 周。请用配套订货方法，为 Y 产品制订 MRP 计划。
9. 表 7-15 列出组装一个产品 X 所需的零部件、生产周期和库存量。

表 7-15　产品 X 的生产基本资料

零 部 件	X	B	C	D	E	F	G	H
生产周期（周）	1	2	3	3	1	2	1	2
库存量（件）	0	10	10	25	12	30	5	0

产品 X 的物料清单（BOM）如图 7-16 所示。

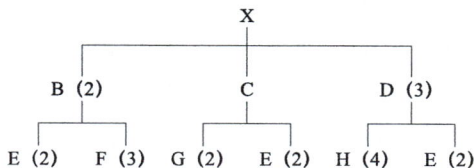

图 7-16　产品 X 的物料清单

（1）如果组装 20 个 X，还需要多少个 E？
（2）根据进度安排，第 11 周开始时有一份发送 X 的订单。请问该订单最迟应该什么时候开始生产，才能保证按时发货？（无须制订 MRP 计划。）

二、案例分析题

小徐是一所高校的工商管理专业的毕业生，在校念书时就对计算机编程感兴趣。在毕业实习的时候，选择当地一家著名的软件公司作为实习企业，在实践中了解软件公司的运行方式方法，毕业后继续留在此公司工作，一年后决定自己创业。他与一批程序员合作共同成立了软件开发公司，经过市场调研，发现当地有大量的小微制造企业，这些企业数量较多，但管理水平比较低，其中的部分企业感到了利用计算机及软件来进行企业管理的重要作用。于是小徐等人决定以这些企业作为目标客户，他们还发现社会上的通用管理软件对这些小微企业实际上是不适用的，这些通用软件流程复杂，操作烦琐，费用较高，而小微企业更需要的是方便、快捷、实用的软件，他们决定自己开发管理软件，在已有通用软件平台的基础上，再根据不同行业进行个性化调整，打造不同的行业解决方案，例如为纸箱制造企业开发了"一点通纸箱厂管理系统"，其功能简介为：

（1）计算机自动记忆和更新订单及生产单的历史资料，使完成订单录入、完成生产单更加快捷。

（2）由订单自动生成生产单、纸板采购单、送货单，轻松完成生产计划单、纸板的订购及送货单。

（3）能随时查询和掌握当前仓库物料缺货情况，仓库物品数量自动预警提醒。

（4）能随时查询和掌握当前车间生产进度，并可以根据订单情况及时调整生产计划，安排出货计划。

（5）完善、规范仓库物流管理，随时掌握纸板的备用库存、待用库存及纸箱的库存状况。

（6）随时掌握任意时段应收、应付账款明细或汇总。

（7）随时掌握原料、成品的库存情况。

该管理信息系统包括基本资料、销售管理、生产管理、采购管理、仓库管理、财务管理六个模块。系统开发工具是 PowerBuild，系统后台数据库是 SQL-Server，系统版本结构是网络版（10 站点），系统开发所需时间是 20～30 天。该管理信息系统简洁实用，开发成本低，完全能满足小微企业的需要。

多年的工作使他们明白，小微制造企业管理信息系统的主要功能为"进、销、存"，其他的一些功能模块对于他们作用不大。

后来他们将管理系统实施中的成功经验归结为三点：①必须对行业进行细分，通用的管理信息系统在小微企业实际应用中效果不佳。②开发一套好的管理信息系统软件，其关键的第一步是要根据对所应用企业或行业进行准确的需求分析，了解企业的真正痛点，用管理系统真正解决企业管理的痛点。③管理制度要规范，用管理系统去规范企业管理制度，形成制度化运作模式，否则将使计算机系统运行陷入混乱。

请讨论：

1. 小微制造企业管理信息系统的主要功能是什么？
2. 根据小徐等人的实践分析，为小微企业编制管理信息系统成功的关键是什么？

模块八
项目管理和网络计划技术

📖 学习目的

　　了解项目管理概述、项目管理内容、项目评估、项目决策、项目风险评估和管理。掌握项目管理的基本特点、网络图中几个基本概念和规则。熟练掌握网络时间计算。

01 单元一　项目管理

项目管理和
网络计划技术

一、项目管理概述

（一）项目

1. 项目的定义

　　项目是为完成某一独特的产品或服务所做的彼此相关联的任务或活动的一次性过程。

　　项目可以在组织的所有层次上进行，它可以仅涉及一个人，也可以涉及成千上万人。完成一个项目所需要的时间可能只有几十分钟，例如外科手术项目；也可以长达十几年，例如长江三峡项目需要 17 年。项目费用少则不足百元，多则可达数千亿元。项目可能只涉及组织中的一个单独部门，也可以通过联营和合伙的形式跨越多个组织。

　　工业企业的项目管理主要有：新产品开发、软件系统开发、设备大修、单件生产等。它们都是一次性的，都要求在一定期限内完成，不得超过一定的费用，并有一定的性能要求等。

2. 项目的属性

　　（1）一次性。一次性是项目与其他日常运作的最大区别。项目有确定的起点和终点，没有可以完全照搬的先例，也不会有完全相同的复制。项目的其他属性也是从这一主要的特征衍生出来的。

　　（2）独特性。每个项目都是独特的，或者其提供的成果有自身的特点；或者其提供的成果与其他项目类似，然而其时间和地点、内部和外部的环境、自然和社会条件有别于其他项目，因此项目总是独一无二的。

　　（3）目标的确定性。项目有确定的目标，比如：①时间目标，如在规定的时间内或规定的时刻之前完成。②成果目标，如提供某种规定的产品、服务或其他成果。③其他需要满足的目标，包括必须满足的要求和应尽量满足的要求。

　　目标允许有一个变动的幅度，也就是可以修改。不过一旦项目目标发生实质性变化，它就不再是原来的项目了，而将产生一个新的项目。

（4）活动的整体性。项目中的一切活动相互联系，构成一个整体，不能有多余的活动，也不能缺少某些活动，否则必将损害项目目标的实现。

（5）组织的临时性和开放性。项目团队在项目进展过程中，其人数、成员、职责都在不断地变化。某些成员是借调来的，项目终结时团队要解散，人员要转移。参加项目的组织往往有多个，甚至几十个或更多。他们通过协议或合同以及其他的社会关系结合到一起，在项目的不同时段以不同的程度介入项目活动。可以说，项目组织没有严格的边界，是临时的、开放的。这一点与一般的企事业单位和政府机构很不一样。

（二）项目管理

1. 项目管理的定义

项目管理是在项目响应的环境下，通过项目各方人员的合作，把各种资源应用于项目，以实现项目的目标，使各方的需求和期望得到不同程度的满足的过程。

2. 项目管理基本要素

项目管理的基本要素包括项目环境、利益相关者、资源、目标、需求和期望，简要说明如下：

（1）项目环境。一个项目的完成，通常对环境有重大影响，但同时也受环境所制约。项目环境包括项目实施的内在环境和外部环境。

内在环境的影响包括：项目在组织中的地位，组织结构，组织文化和风格。

外在环境的影响包括：政治、经济、文化、标准和规章以及自然环境。

（2）利益相关者。包括项目经理、委托人、项目团队、监督执行者、股东、供应商、政府等。

（3）资源。可以理解为一切有现实和潜在价值的东西，包括自然资源和人造资源、内部资源和外部资源、有形资源和无形资源。

（4）目标。项目要求达到的目标可分为两类，必须满足的规定要求和附加获取的期望要求。

（5）需求和期望。项目要求达到的目标是根据需求和期望来确定的。

二、项目管理的基本特点

1. 项目管理是一项复杂的工作

项目管理一般由多个部分组成，工作跨越多个组织，需要运用多种学科知识来解决问题；项目工作通常没有或很少有以往的经验可以借鉴，这当中有许多未知因素，每个因素又常常带有不确定性；还需要将不同经历、来自不同组织的人员有机地组织在一个临时性组织内，在对性能、成本、进度等较为严格的约束条件下实现项目目标等。项目管理的复杂性与一般生产管理有很大的不同。

2. 项目管理具有创造性

项目管理具有一次性的特点，既要承担风险又必须发挥创造性。项目的创造性依赖于科学技术的发展和支持，而近代科技的发展有两个明显的特点：一是继承积累性，体现在人类可以沿用前人的经验，继承前人的知识和成果；二是综合性，即要解决复杂的项目，往往依靠和综合多种学科的成果，将多种技术结合起来，才能实现科学技术的飞跃或更快的发展。因此，在项目管理的前期构思中，要十分重视科技情报工作和信息的组织管理，这是产生新构思和解决问题的重要途径。

3. 项目有其寿命周期

项目管理的本质是计划和控制这种一次性工作，需要在规定的周期内达到预定的目标，一旦目标满足，项目就失去其存在意义而解体。

项目的寿命周期又可分为四个阶段：启动阶段、计划阶段、执行阶段、收尾阶段。

（1）启动阶段主要考虑项目的目标、范围、资源需求、实施条件以及涉及的决策问题。这个阶段要求完成可行性研究报告或项目建议书。

（2）计划阶段主要解决的问题是确定项目任务、主要活动等；估算各个活动所需时间及费用；规划项目的组织结构；进行项目的日程、时间安排以及编写项目计划书。

（3）执行阶段主要具体实施项目计划。管理的重点是跟踪执行过程和进行过程控制，以使项目按计划有序、协调地实施，当出现偏差时，要立即采用纠偏方案进行控制。当然也可对项目计划进行必要的修改和补充。

（4）收尾阶段管理的重点是对项目产生的结果进行评估，计量确定项目工作的完成程度、对项目结果进行验收、总结，吸取经验教训等。

4. 项目管理需要集权领导和建立专门的项目组织

项目复杂性随其范围不同变化很大。项目进行过程中可能出现的各种问题大多是贯穿于各组织部门的，它们要求这些不同部门做出迅速而相互关联的反应。但传统的直线职能组织在横向协调上存在许多困难，因此需要建立围绕专一任务进行决策的机制和相应的专门组织，这样的组织以矩阵组织形式为最好。

5. 项目负责人在项目管理中起着非常重要的作用

项目管理的主要方法之一是把一个时间和预算有限的事业委托给一个项目负责人（或称项目经理），其有权独立进行计划、资源分配、指挥和控制等。

三、项目管理的内容

国际上普遍认可的项目管理内容包括：

（1）项目范围管理。项目范围管理是为了实现项目的目标，对项目的工作内容进行控制的管理过程。它包括范围的界定、范围的规划、范围的调整等。

（2）项目时间管理。项目时间管理是为了确保项目最终按时完成的一系列管理过程。它包括具体活动的界定、活动的排序、时间估计、速度安排以及时间控制等项工作。

（3）项目费用管理。项目费用管理是为了保证项目的实际成本、费用不超过预算成本的管理过程。它包括资源的配置，成本、费用的预算以及费用的控制等项工作。

（4）项目质量管理。项目质量管理是为了确保项目达到客户所规定的质量要求所实施的一系列管理过程。它包括质量规划、质量控制和质量保证。

（5）人力资源管理。人力资源管理是为了保证所有项目关系人的能力和积极性都得到有效发挥和利用所做的一系列管理措施。它包括组织的规划、团队的建设、人员的选聘和项目的班子建设等一系列工作。

（6）项目沟通管理。项目沟通管理是为了确保项目信息的合理收集和传输所需要实施的一系列措施。它包括沟通规划、信息传输和进度报告等。

（7）项目风险管理。项目风险管理涉及项目可能遇到各种不确定因素，为了将它们有利的方面尽量扩大并加以利用，而将其不利方面所带来的后果降到最低程度，需要采取一系列的风险管理措施。它包括风险识别、风险量化、制定对策和风险控制等。

（8）项目采购管理。项目采购管理是为了从项目实施组织之外获得所需货物和服务所采取的一系列管理措施。它包括采购计划、采购与征购、资源的选择以及合同的管理等工作。

（9）项目交接管理。项目交接管理是国际项目管理协会根据项目管理的发展动态提出的。这是因为，有些项目是相对独立的，项目实施完成后，随着标的物的转移，合同即告终止，但也有些项目不是这样，项目实施完成即是客户运用该项目的结果进行投产运营的开始。由于该项目刚刚投产运营，客户即项目的接受者，可能缺乏相应的经营管理人才，也可能对项目的技术、性能等不是很熟悉，这些都需要项目的实施单位协助项目的接受单位加以解决，因此项目的交接管理便应运而生。

项目的交接管理需要项目的实施单位和项目的接受单位，即交和接两个方面紧密配合，这样才能避免好项目差效益的局面。在众多的国际投资项目中，不乏这样的案例。目前，这一问题在我国已引起一定的重视，因此有必要将交接管理列为项目管理的一项重要内容。具体来说项目的交接管理包括项目目标的评估、操作人员的培训、机构的设置和工艺流程的设计等。

鉴于项目管理的复杂性，一般情况下，在项目设立前要进行可行性研究，由于篇幅的关系本教材不展开论述。

单元二　网络计划技术

一、网络计划技术概述

（一）甘特图

长期以来，生产和施工进度计划安排都采用"条形图"（甘特图）。

甘特图是对简单项目进行计划安排的一种常用工具。它能使管理者先为整个项目活动做好进度安排，然后再随着时间的推移，对比计划进度和实际进度，进行监控工作。某生产企业的生产活动进度表如图8-1所示。负责项目的经理必须先找出项目所需的主要活动，然后在对各项活动进行时间估计，确定活动序列。做完这一切，图上就能显示出将要发生的所有活动、计划持续时间，以及核实发生等信息。此外，在项目进行的过程中，管理者还能看到哪些活动先于进度安排，哪些活动晚于进度安排，使管理者调整注意力到最需要加快进度的地方，使整个项目按期完成。

甘特图的明显优点就是简单。然而，它无法显示活动之间的内在联系，可这些内在联系却对高效的项目管理很关键。例如，若某项目的早期活动之一发生延期，活动之间的内在联系无疑对管理者确定以后哪一个活动将延期很重要。相反，有些活动则可能比较安全，因为它们不影响整个项目的进度安排。甘特图不能直接说明这一点，它对简单项目以及复杂项目的早期计划很有用，除此之外则更适用于网络图法。

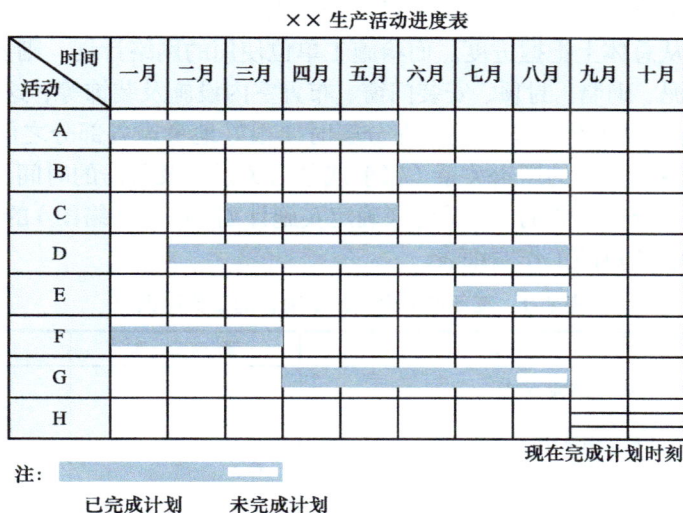

图 8-1　甘特图

（二）网络计划技术的起源

网络计划技术是项目计划管理的重要方法，它起源于美国。1957 年，杜邦化学公司首次采用一种新的计划管理方法，即关键路线法（CPM），第一年就节约了 100 多万美元，相当于该公司用于研究发展 CPM 所花费的 5 倍以上。1958 年，美国海军武器局特别规划室在研制北极星导弹潜艇时，应用了计划评审技术（PERT）的计划方法，使北极星导弹潜艇研制工作从 10 年缩短到 8 年，比预定计划提前 2 年完成。统计资料表明，在不增加资源的既定条件下，采用 PERT 就可以使进度提前 15% ～ 20%。

CPM 和 PERT 是独立发展起来的计划方法，在具体做法上有不同之处。CPM 假定每一活动的时间是确定的，而 PERT 的活动时间基于概率估计；CPM 不仅考虑活动时间，也考虑活动费用及费用和时间的权衡，而 PERT 则较少考虑费用问题等。但两者所依据的基本原理基本相同，都是通过网络形式表达某个项目计划中各项具体活动的逻辑关系，现在人们就将其合称为网络计划技术。目前，网络计划技术在我国各类大型工程项目的管理中已经得到普遍应用。

网络计划技术的基本原理可表述为：利用网络的形式和数学运算来表达一项计划中各项工作的先后顺序和相互关系，通过时间参数的计算，确定计划的总工期，找出计划中的关键工作和关键线路，在满足既定约束条件下，按照规定的目标，不断地改善网络计划，选择最优方案，并付诸实施。在计划执行过程中，进行严格的控制和有效的监督，保证计划自始至终有计划、有组织地顺利进行，从而达到工期短、费用低、质量好的良好效果。

二、项目分解

项目分解就是将一个工程项目分解成各种活动。在进行项目分解时，可采用"工作分解结构"（Work Breakdown Structure，WBS）。WBS 类似于产品结构，可以将整个项目分解成任务包（相当于部件），再将任务包分解成具体活动（相当于零件）。WBS 有助于管理人员确定所做的工作，便于编制预算和生产运作计划。项目分解可有粗有细，根据需要而定。给上级领导使用的网络计划可较粗略，项目可分解成一些较大的活动，如设计、制造、安装等，这样便于他们从总体上把握进度。而给施工单位使用的网络计划，则要分解得详细些，如挖地基、浇灌水泥、砌墙、封顶、安装门窗、布置室内设施及装饰等，这样便于具体应用。

WBS 并非是将项目进行简单分割，在分解时要很好地考虑各部分之间的组织联系和技术联系，即要确定各项活动的逻辑关系（紧前或紧后关系）及所需的时间，并做出项目的工作明细表。WBS 是十分很重要的，它是将来确定实施计划（如画网络图）的主要依据。表 8-1 为某新产品设计试制项目的工作明细表。

表 8-1　某新产品设计试制项目的工作明细表

工 作 编 号	工 作 内 容	紧 前 工 作	所需时间（天）
A	新产品概念设计		7
B	技术设计	A	20
C	施工图设计	B	25
D	产品工艺设计	C	18
E	材料采购	C	15
F	工艺装备设计及制造	D	20
G	毛坯制造	D、E	12
H	中小零件加工	D、E	15
I	基体件及复杂零件加工	F、G	30
J	机电配件采购	C	7
K	部件组装	H、I、J	10
L	产品总装配	K	5
M	新产品试车	L	8

三、网络图的基本概念和规则

（一）图示符号和名称（见图 8-2）

图 8-2 中：A、B、C 为实箭线；U 为虚箭线；①、②、③、④为结点。

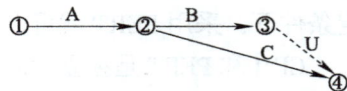

图 8-2　网络图的图示符号和名称

1. 实箭线规则

（1）表示一项作业（工序、活动），而且完成这项作业需要一定的时间。

（2）两点之间只能有一根实箭线，相同的作业不能用两根或以上箭线表示。

（3）箭头表示进行的方向。

2. 结点规则

（1）表示前一项作业结束，后一项作业开始的瞬间（连接点）。

（2）圈内要编号（1、2、3……）。

（3）箭头号码大于箭尾号码。

3. 虚箭线（虚拟作业）规则

只表示作业先后的相互关系，不需要花费时间等资源。（注意：尽可能不用不必要的虚拟作业。）

（二）先行作业和后续作业（见图 8-3）

A 不结束，B 不能开始，则 A 是 B 的先行作业（也称紧前作业），B 是 A 的后续作业（也称紧后作业）。

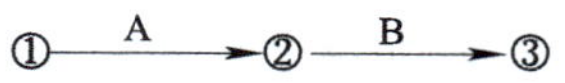

图 8-3　先行作业和后续作业

（三）并行作业（见图 8-4）

作业 A 和 B 必须并列进行。

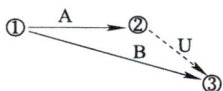

图 8-4　并行作业

（四）相同作业

相同作业不能同时出现在两个以上的地方。

（五）不能出现环路和中断

网络图中只能有一个终点和始点。除始点和终点外，其他作业前后都要用箭线把它们连接起来，即自网络图始点起，由任何路线都能达到终点。

（六）路线

路线是指由始点各作业（箭线）和结点连接后组成的一条线路。

四、网络时间计算

网络计划技术最主要作用是时间的安排，因此网络图的时间计算也是关键。

（一）确定各项活动的作业时间

作业（工序）时间，是指企业在一定的生产技术组织条件下，为完成一项工作或一道工序所需要的时间。用 $T(i,j)$ 表示。

确定各项活动的作业时间，一般有两种方法：

1. 单一时间估计法——用于肯定型网络图

这种方法对各项活动的作业时间，只确定一个时间值，适用于不可知因素较少的重复性作业，如零件装配、土木工程等。

2. 三点时间估计法——用于概率型网络图

三点时间估计法的基本思路是首先确定活动的三个估计时间，即：a 表示最顺利的时间，或称乐观时间，即完成一项活动所需要的最短时间；b 表示最不顺利时间，或称悲观时间，即在不利情况下完成一项活动所需要的最长时间；m 表示在正常情况下，完成一项活动最可能需要的时间。

进一步，假定三点时间估计均服从 β 概率分布，则由活动的三个时间估算活动的期望持续时间，计算公式如下：

$$T_E = (a+4m+b)/6$$
$$方差\ \sigma = (b-a)/6$$

根据三点时间估计法，完成某项活动所需的时间概率分布如图 8-5 所示，其概率计算见后文（六）。

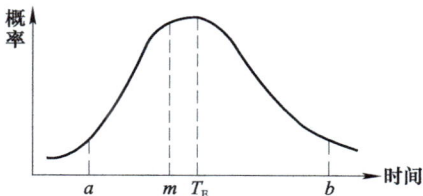

图 8-5　三点时间估计法的时间概率分布

（二）结点时间计算

在确定了各项活动的作业时间之后，一般需要画网络图，并进行网络计算（先进行结点时间计算）。例如，某网络图如图 8-6 所示，要求计算结点时间。

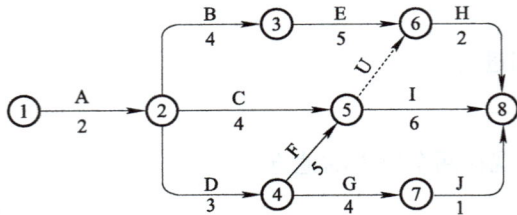

图 8-6　网络图

结点计算有公式法和图上计算法，以下为公式法计算。

1. 结点最早时间计算

结点最早时间是指从该结点开始的各项工序最早可能开始工作的时刻，用 $T_E(j)$ 和 □ 来表示。

计算顺序：从头到尾，结点从小到大。

计算公式：规定 $T_E(1)=0$。

对于 ① → ① 的 i 点：

$T_E(j)=\max[T_E(i)+T(i, j)]$

$T_E(1)=0$

$T_E(2)=\max[T_E(1)+T(1, 2)]=\max(0+2)=2$

$T_E(3)=\max[T_E(2)+T(2, 3)]=\max(2+4)=6$

$T_E(4)=\max[T_E(2)+T(2, 4)]=\max(2+3)=5$

$T_E(5)=\max[T_E(2)+T(2, 5)；T_E(4)+T(4, 5)]$
$\qquad =\max[（2+4）；（5+5）]=10$

$T_E(6)=\max[T_E(3)+T(3, 6)；T_E(5)+T(5, 6)]$
$\qquad =\max[（6+5）；（10+0）]=11$

$T_E(7)=\max[T_E(4)+T(4, 7)]=\max(5+4)=9$

$T_E(8)=\max[T_E(5)+T(5, 8)；T_E(6)+T(6, 8)；T_E(7)+T(7, 8)]$
$\qquad =\max[（10+6）；（11+2）；（9+1）]=16$

2. 结点最迟时间计算

结点最迟时间指以该结点结束的各工序最迟必须完成的时刻，用 $T_L(j)$ 和 △ 来表示。

计算顺序：从尾到头，结点从大到小。

计算公式：规定终点的 $T_L=T_E$。

对于 ① → ① 的 j 点：

$T_L(i)=\min[T_L(j)-T(i, j)]$

$T_L(8)=T_E(8)=16$

$T_L(7)=\min[T_L(8)-T(8, 7)]=\min(16-1)=15$

T_L（6）=min[T_L（8）-T（6，8）]=min（16-2）=14

T_L（5）=min[T_L（8）-T（5，8）；T_L（6）-T（5，6）]=min[（16-6）；（14-0）]=10

T_L（4）=min[T_L（7）-T（4，7）；T_L（5）-T（4，5）]=min[（15-4）；（10-5）]=5

T_L（3）=min[T_L（6）-T（3，6）]=min（14-5）=9

T_L（2）=min[T_L（5）-T（5，2）；T_L（4）-T（2，4）；T_L（3）-T（2，3）]

   =min[（10-4）；（5-3）；（9-4）]=2

T_L（1）=min[T_L（2）-T（1，2）]=min（2-2）=0

图 8-7 为图上计算法。

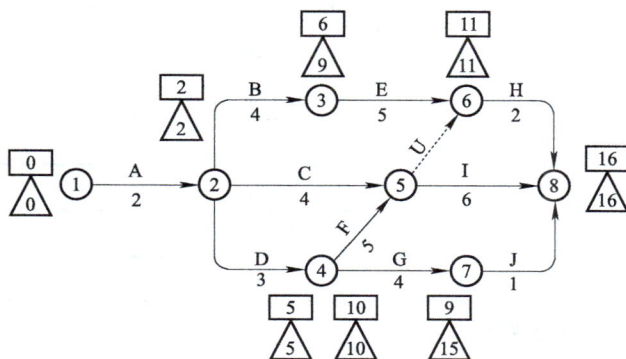

图 8-7 图上计算法

（三）工序时间计算

①工序最早开始时间（T_{ES}），即由此结点出发的各工序的最早开始时间。

$$T_{ES}（i，j）=T_E（i）$$

②工序最早结束时间（T_{EF}），$T_{EF}（i，j）=T_{ES}（i，j）+T（i，j）$

③工序最迟开始时间（T_{LS}），$T_{LS}（i，j）=T_{LF}（i，j）-T（i，j）$

④工序最迟结束时间（T_{LF}），指进入该结点各工序最后结束时间，$T_{LF}（i，j）=T_L（j）$

计算顺序：①→④→②→③。对①、③从头到尾，结点从小到大；对②、④从尾到头，结点从大到小。

（四）时差

时差用 $R（i，j）$ 表示，它是指在不影响整个任务完成时间的条件下，某项工序从最迟开始时间与最早开始时间之差或最迟结束和最早结束时间之差，即中间可推迟的最大延迟时间（弹性时间）。时差又称可利用的机动时间，时差越大，潜力越大。其计算公式如下：

$$R（i，j）=T_{LS}（i，j）-T_{ES}（i，j）=T_{LF}（i，j）-T_{EF}（i，j）$$

工序时间和时差的计算方法有公式法、表上计算法，表 8-2 为表上计算法。

（五）关键路线

时差为 0 的工序为关键工序，而由关键工序组成的路线称为关键路线。用表上计算法确定图 8-6 所示网络图的关键路线，工序时间和时差见表 8-2。

表 8-2　工序时间和时差的表上计算法

工序名称	结点编号		作业时间（天）	T_{ES}（天）	T_{EF}（天）	T_{LS}（天）	T_{LF}（天）	时差（天）	关键路线
	i	j							
A	1	2	2	0	2	0	2	0	√
B	2	3	4	2	6	5	9	3	
C	2	5	4	2	6	6	10	4	
D	2	4	3	2	5	2	5	0	√
E	3	6	5	6	11	9	14	3	
F	4	5	5	5	10	5	10	0	√
U	5	6	0	10	10	14	14	4	
G	4	7	4	5	9	11	15	6	
H	6	8	2	11	13	14	16	3	
I	5	8	6	10	16	10	16	0	√
J	7	8	1	9	10	15	16	6	

根据表 8-2，本例中关键路线为

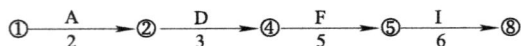

$$①\xrightarrow[2]{A}②\xrightarrow[3]{D}④\xrightarrow[5]{F}⑤\xrightarrow[6]{I}⑧$$

工程总工期：2+3+5+6=16（天）

掌握和控制关键路线是网络计划技术的精华。关键路线的时间即为整个计划任务完成的时间（即工程总工期）。本例中的项目完成天数为16天（假定作业时间为单一时间估计法）。在关键路线上各工序时间如果提前或延迟一天，则整个计划任务的完工日期就要相应提前或延迟一天。因此要缩短生产周期，提高经济效益，就必须从缩短关键路线的作业（工序）时间入手。本例中，计划项目总工期若要缩短为13天，则必须在A、D、F、I这四道工序中缩短3天。若缩短其他六道非关键工序时间，只能增加这些工序的时差，而不能缩短整个计划项目的生产周期。

关键路线的确定方法一般有：

（1）时差法。根据关键路线的定义来确定。（一般均采用此法，便于将来的网络优化。）

（2）最长路线法。各条路线中时间（工期）最长的路线为关键路线。（一般只能用于最简单的网络图。）

对于比较简单的网络图，不用进行网络时间计算也能确定关键路线。其办法为：找出从始点到终点的各种路径，计算各条路径的总时间，其中时间最长的路线即为关键路线。本例中，从始点到终点的路线共有4条（见图8-8），其中c路线总工期最长为16天，即此为关键路线。这与上面通过网络时间计算得出结论是相同的。对于复杂的网络图（大中型工程项目），用最长路线法来确定关键路线基本上是不可能的。通过网络时间计算来确定关键路线，可适用任何项目，若采用计算机编程，则会使计算变得更为简单，而且这种方法也能知道各工序的时差，这为网络优化指明了方向。

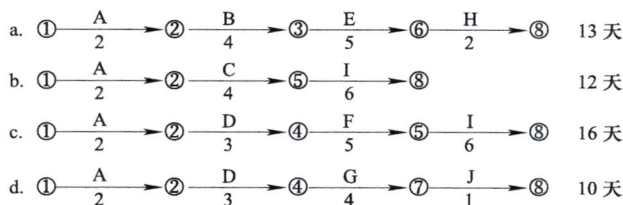

图 8-8 4 条路线

（六）任务完成期的概率分析

在三点时间估计法中，它的时间估计具有随机性，网络图中各项作业时间服从 β 分布，各项作业时间的均值计算如下：

$$T=（a+4m+b）/6$$

$$标准差\ \sigma=（b-a）/6$$

$$工程总工期的方差 = 关键路线上各道工序方差之和$$

$$\sigma^2_总=\sigma^2_1+\sigma^2_2+\cdots+\sigma^2_n=\Sigma（b_i-a_i）^2/36$$

如果关键路线上工序充分多，根据概率论中的大数定律，工程总工期服从正态分布，期望值 $\mu=T_K$（关键路线的总工期），标准差 $\sigma=\sigma_总$。

则根据正态分布原理可进行概率计算：

$$\alpha=（T_D-T_K）/\sigma_总$$

式中　α——概率系数；

　　　T_D——工程规定工期。

例 1：已知 T_K=16 天，T_D=17 天，$\sigma_总$=1.41（方差计算见表 8-3）。求该工程用 17 天完成的概率。

解：$\alpha=（T_D-T_K）/\sigma_总=（17-16）/1.41=0.71$

查表 $P（\alpha）$=76.1%

例 2：若要完成该工程的概率为 94.5%，则计划完工工期为多少天？

解：$T_D=T_K+\alpha\sigma_总=16+1.6×1.4=18.24$（天）

表 8-3 方差计算

活动名称	结点编号		三点时间估计			T（天）=（a+4m+b）/6	方差 σ^2	关键路线工期（天）
	i	j	a（天）	m（天）	b（天）			
A	1	2	1	2.1	2.6	2	2.56/36	2
B	2	3	2	3.7	7.2	4		
C	2	5	3	3.9	5.4	4		
D	2	4	1	2.6	6.6	3	31.36/36	3
E	3	6	4	4.9	6.4	5		
F	4	5	3	5.2	6.2	5	10.24/36	5
U	5	6	0	0	0	0		
G	4	7	2	3.9	6.4	4		
H	6	8	1	2.1	2.6	2		
I	5	8	3	6.2	8.2	6	27.04/36	6
J	7	8	0.5	1	1.5	1		
			$\sigma^2_总=\Sigma\sigma^2$=71.2/36=1.98			$\sigma_总$=1.41		T_K=16

单元三　项目风险

一、项目风险概述

（一）风险

对风险有广义和狭义的理解。狭义的风险就是普通意义上的"可能发生的危险"，即人们从事各种活动可能蒙受的损失或损害。广义的风险是一种不确定性，风险是由于不确定性的存在，使得在给定的情况下和特定的时间内，那些可能发生的结果之间的差异，差异越大则风险越大。由于风险是不确定的，那么风险既可能是危险又可能是机会。

（二）项目风险

项目的一次性特点使其不确定性要比其他一些经济活动大许多，因此项目风险的预测性也就差得多。重复性的生产和业务活动若出了问题，常常可以在以后找到机会补偿，而项目一旦出了问题，则很难补救。项目多种多样，每一个项目都有各自的具体问题，但有些问题却是很多项目所共有的。

项目风险贯穿整个项目的生命期，并且项目的不同阶段会有不同的风险。风险大多数随着项目的进展而变化，不确定性一般会逐步减少。最大的不确定性存在于项目的早期，早期阶段做出的决策对以后阶段和项目目标的实现影响最大。项目的各种风险中，进度拖延往往是费用超支、现金流出以及其他损失的主要原因。为减少损失而在早期阶段主动付出必要的代价要比拖到后期阶段才不得已采取措施要好得多。

（三）风险分类

（1）按风险表现形式不同，可以将风险划分为以下七种基本类型：信用风险、完工风险、生产风险、市场风险、金融风险、政治风险和环境风险。

（2）按风险后果不同，可以将风险划分为两种：一是纯粹风险，不能带来机会、无获利可能的风险；二是投机风险，既可能带来机会、获得利益，又隐含威胁、造成损失的风险。

二、项目风险评估

（一）项目风险识别

项目风险识别，其目的是减少项目的结构不确定性。风险识别首先要弄清项目的组成、各变数的性质和相互关系、项目与环境之间的关系等，在此基础上利用系统的、有章可循的步骤和方法查明可能形成风险的诸多事项。在这个过程中还要调查、了解并研究那些对项目以及项目所需资源形成潜在威胁的各种因素的作用范围。

项目风险识别就是查明项目的不确定性因素和风险来源、各风险之间的关系和风险的后果。确定哪些因素对项目构成威胁，哪些因素可能带来机会。

风险识别可以利用一些具体的工具和技术，如核对表，项目工作分解结构，常识、经验和判断，实验或试验结果，敏感性分析，决策树分析等。

（二）项目风险估计

项目风险估计，就是对风险存在及发生的可能性以及风险损失的范围与程度进行估计和衡量。其基本内容为运用概率统计方法对风险的发生及其后果加以估计，得出一个比较准确的概率水平，为风险管理奠定可靠的数学基础。

风险估计的内容包括三个方面：首先要确定风险事件在一定时间内发生的可能性，即概率的大小，并且估计造成损失的严重程度。其次，根据风险事件发生的概率及损失的严重程度估计总体损失的大小。最后，根据以上结果，预测这些风险事件发生的次数及后果，为决策者的决策提供依据。

风险估计侧重于分析潜在威胁及其后果。其意义在于：

（1）通过对风险的衡量和估计，使人们对风险的损失给予及时的关注，该损失一经得到比较准确的估计，就可使一些后果严重的风险更容易被识别。

（2）风险损失的估计，可以减少有关损失发生的不确定性。

（3）风险管理者可以在该估计和衡量的基础上，较合适地制定和选择恰当的风险管理手段和风险管理方案。风险估计和衡量的主要方法是数学统计方法。

（三）项目风险评价

风险评价就是对各风险事件的后果进行评价，并按照其严重程度排序。评价风险后，需要确定对风险采取什么样的应对措施。在风险评价过程中，管理人员要详细研究决定决策者决策的各种可能后果，并将决策者做出的决策同自己单独预测的后果相比较，判断这些后果能否被决策者所接受。各种风险的可接受或危害程度是不同的，因此就产生了哪些风险应该首先或者是否需要采取措施的问题。风险评价有定性和定量两种。进行风险评价时还要提出防止、减少、转移或消除风险损失的初步办法，并将其列入风险管理要进一步考虑的各种方法之中。

三、项目风险管理

项目风险管理，就是在对整个项目生命周期内进行风险识别、风险估计和风险评价的基础上，使用多种管理方法、技术和手段对项目活动涉及的风险实行有效的控制。

风险管理包括风险规划、风险控制和风险监视三个阶段，它们也有交叉和重叠，风险控制和风险监视两个阶段尤其如此。

风险规划包括制定风险规避策略及具体实施措施和手段的计划。编制计划时要考虑两个问题：①风险管理策略本身是否正确、可行？②实施管理策略的措施和手段是否符合项目总目标？

项目管理人员在项目进行过程中应该定期将风险水平同评价基准对照，逐渐提高风险评价基准。项目管理班子还必须考虑对风险要进行多少次监视，由谁监视，监视范围多大，何时监视，如何提高风险评价基准等问题。

把风险事故的后果尽量限制在可接受的水平上，是风险管理的基本任务。整体风险只要未超过整体评价基准，就可以接受。对于个别风险，则可接受的水平因风险而异。

　　风险的后果是否可被接受，要考虑两方面：损失大小和为规避风险而采取的行动。如果风险损失很严重，但是规避行动不复杂，代价也不大，则此风险后果可接受。对于一些损失较小的风险，有时候不必采取任何行动。因此，项目管理人员必须善于权衡何时采取规避行动，何时应接受风险。另外，规避风险的行动往往会影响原定项目管理计划，因此常常带有附加风险。例如，在抽调原计划投入项目的物力、人力或财力用于规避风险时就会这样。

复习思考题

一、简答题

1. 什么叫项目管理？它的基本特点是什么？
2. 项目管理的内容是什么？
3. 可行性研究一般分几个阶段？每个阶段的工作目的、工作要求及作用是什么？
4. 图 8-9 所示的网络图是否有错误？若有错误请改正。

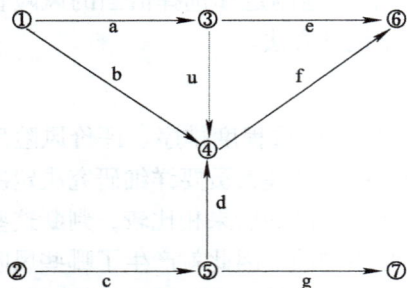 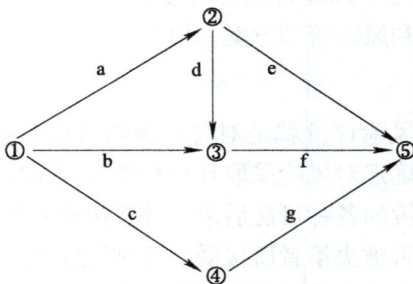

图 8-9　网络图

5. 根据表 8-4 所示的作业明细表绘制网络图。

表 8-4　作业明细表

工　　序	紧 前 工 序
A	—
B	—
C	A, B
D	A, B
E	B
F	C
G	C
H	D, E, F

6. 已知建设一个汽车车库及引道作业明细见表 8-5。

表 8-5　建设一个汽车车库及引道作业明细表

工 序 代 号	工 序 名 称	工序时间（天）	紧 前 作 业
A	清理场地，准备施工	10	—
B	备料	8	—
C	车库地面施工	6	A, B
D	预制墙及房顶的桁架	16	B
E	车库混凝土地面保养	24	C
F	立墙架	4	D, E
G	立房顶桁架	4	F
H	装窗及边墙	10	F
I	装门	4	F
J	装天花板	12	G
K	油漆	16	H, I, J
L	引道混凝土施工	8	C
M	引道混凝土保养	24	L
N	清理场地，交工验收	4	K, M

要求：

（1）画出该工程的网络图，用表上计算法确定其关键路线，并计算工程总工期。

（2）若工序 L 拖期 10 天，对整个工程进度有何影响？

（3）若工序 J 的工序时间由 12 天缩短到 8 天，对整个工程进度有何影响？

（4）若要求整个工程用 75 天完成，是否要采取措施？应从哪些方面采取措施？

二、案例分析题

2 月 20 日，玩具公司的项目经理向新产品审议委员会递交了一份开发新玩具产品的申请书，建议公司开发一款电动玩具，按照项目经理的设想，认为该产品创意不错，设计也非常新颖，如果能够在"六一"儿童节前投放市场，市场需求一定十分旺盛，公司将取得良好的收益。委员会经过审定，也基本认可该项目经理的观点，但认为：产品设计稍嫌复杂，能够简单些，更有利于生产加工和质量稳定；市场需求也有较大的不确定性；投放市场的时间比较紧张，要满足"六一"儿童节的需求，要求新产品最好在 4 月底投放，即在 4 月 30 日将产品提供给市场，也就是在 68 天后。

如果每一个步骤都要按部就班地做，那么需要耗费的时间将达到 108 天。

项目经理希望尽早得到委员会的反馈，作为一个拥有丰富经验的项目经理，开始对项目的实施步骤进行调整，为新产品开发设计了一个初步的作业时间表，见表 8-6。

表 8-6　新产品开发作业时间表

作业代号	作业描述	紧前作业	估计时间（天）
A	产品开发决策	—	4
B	确定规模	A	2
C	筹资	B	10
D	设备采购	C	12
E	原材料采购	C	7
F	员工培训	C	13
G	安装调试	D	5
H	设计广告计划	A	7
I	做广告	H	15
J	生产	E、F、G	30
K	投入市场	I、J	3
合　计	—	—	108

根据这张表格，多项作业可以采用平行方式，在前一项作业完工后，同时进行，可以大大缩短作业周期。当然，大多数的作业必须按照顺序进行，比如，安装调试必须在设备采购完成以后。

对于这份初步的作业时间表，项目经理可以根据实际的需要，适当对各项作业的时间进行估计和调整，以适应新玩具的开发和投放市场的要求。

请讨论：

1. 绘制玩具项目的网络图，进行各个时间的计算，找出关键线路。
2. 在哪些作业上可以合理继续缩短时间？

📖 学习目的

　　了解质量和质量管理的概念、质量成本的构成、质量检验的依据。掌握质量管理发展的历史、质量成本曲线图及分析、质量检验计划的基本内容、抽样检验方案。熟练掌握全面质量管理的概念及特点——"三全一多样"、PDCA循环，质量管理常用工具——排列图、因果图，抽样方案的定性分析。

01 单元一　质量与质量管理

质量管理

一、质量与质量管理的概念

1. 质量的定义

　　质量水平的高低直接反映一个组织的经营实力和满足顾客的能力。现行的国际质量管理标准（GB/T 19000—2000 idt ISO 9000：2000）对质量的定义如下：

质量 quality：

一组固有特性满足要求的程度。

　　这个定义文字简洁，但它包含的内容却十分丰富。对质量的定义解释如下：

　　"质量"就其本质而言，是一种客观实体能满足"要求"的程度。所谓固有特性是指某事或某物本来就有的内在的、可区分的特征。特别是那种永久的特性对质量的意义更大。有的事物只有一种类别的固有特性，如化学试剂的化学性能；而有的事物可能具有多种类别的固有的特性，如对汽车来说，物理特性中有电性能、机械性能等；感官特性中有触觉（手感）和视觉（色彩）；人体工效特性中有人身安全的特性；时间特性中有可靠性等。不同的相关方对固有特性的要求是不同的，例如对汽车而言，顾客的要求是速度、驾驶舒适、耗油量低等特性；而社会的要求则是废气排放量低、减少对环境的污染等。

2. 质量管理的概念

　　在"ISO 9000：2000 质量管理体系——基础和术语"中给出定义："质量管理是指在质量方面指挥和控制组织的协调活动。"而在质量方面的指挥和控制活动，通常包括制定质量方针和质量目标以及质量策划、质量控制、质量保证和质量改进。

　　质量管理通常包括下述各项活动，这些活动都是质量管理的一部分，但目的各不相同：

（1）质量策划，致力于制定质量目标，并规定必要的运行过程和相关资源以实现质量目标。

（2）质量控制，致力于满足质量要求。

（3）质量保证，致力于提供质量要求得到满足的信任。

（4）质量改进，致力于增强满足质量要求的能力。

组织可通过建立质量管理体系来实施质量管理。

二、质量管理体系标准

1. 质量管理体系标准的产生和发展

为了适应世界经济发展的需要，一些工业发达国家，如英国、美国、法国、加拿大等，在 20 世纪 70 年代末先后制定和发布了用于民用品生产的质量管理和质量保证标准。1979 年，国际标准化组织（ISO）成立了"质量保证技术委员会"（TC/176），从事质量管理和质量保证标准的制定工作。经过努力，于 1987 年制定出一套质量管理和质量保证国际标准；在对上述标准进行了较大修订和扩展后，于 1994 年正式颁布 ISO 9000 族标准（1994 版）；于 2000 年 12 月 15 日公布 ISO 9000 族（2000 版）标准。为了适应发展的需要，ISO 隔几年就要对标准进行一次修改，现在的最新版本是 2015 年 9 月 23 日 ISO 发布的 ISO 9001：2015 版国际标准，它是在 2000 版标准基础上修改而成的。

2. 市场准入与 ISO 9000 族标准

20 世纪 90 年代以来，在世界经济一体化的进程中，为了保护和发展民族工业，保护消费者的合法权益，世界上许多国家都制定了比较高的市场准入制度，即国家以法律的形式规定：必须符合某种标准要求的商品才能进入市场，这就涉及生产商品的厂商的合格评定问题。从这一点来说，早已存在的国际产品质量认证制度就是其中的一部分。因此，通过权威的认证机构对厂商的质量管理体系进行评价，当证明符合"质量管理和质量保证"标准的有关规定后，便确定其为合格的供应商，予以注册，发给证书。开展质量管理体系认证活动，已经成为厂商赢得用户、占领市场必不可少的活动。随着国际经济技术合作的深入发展，要求各国质量管理体系标准能协调一致，以便成为对合格厂商评定的共同依据。目前风行世界的 ISO 9000 族标准，就是在这一背景下产生并迅速被世界各国所采用的。另外，还有许多企业利用这套标准来改善自己的质量管理体系。

三、质量管理发展阶段

自从世界上有了产品，就有产品质量，有了质量管理的问题。但现在一般是根据工业发展历史来划分质量管理发展阶段的。

1. 质量检验阶段（20 世纪初—20 世纪 30 年代）

20 世纪初到第二次世界大战以前，质量管理仅限于质量的检验。使用各种检测方法和手段对产品实行百分之百检验，通过严格检验来保证出厂或转入下道工序的产品质量。

质量检验是指在成品中挑出废品，从而保证产品质量。但这种事后把关无法在生产过程中起到预防、控制的作用，废品已成事实，很难补救；它要求对成品进行百分之百的检验，增加检验费用。而且对某些产品来说，这种检验方式也是不可能的，比如火柴、炮弹的质量检验。

2．统计质量管理阶段（20 世纪 40 年代—20 世纪 50 年代）

第二次世界大战爆发以后，战争需要大量军需品，由于产品事先无法控制质量，检验部门成为产品实现过程中最薄弱的环节，因此，军火生产常常延误交货期，积压待检的产品日趋增加，而在战场上经常发生武器弹药的质量事故，比如炮弹炸膛事件等，严重影响前线的军需供应。为了克服上述弊病，美国政府和国防部组织数理统计专家去解决实际问题，以休哈特为代表的一批专家首先把数理统计原理引入质量管理中，以抽样检验和质量控制图为基础，运用数理统计中的正态分布 "6σ" 的方法来预防废品，制定出一些质量管理标准，并于 1941—1942 年间先后制定并公布了 Z1.1《质量管理指南》、Z1.2《数据分析用控制图法》和 Z1.3《生产过程中质量管理控制图法》，强制生产武器的厂商推行，并收到了显著效果。

第二次世界大战结束后，美国许多组织扩大生产规模，除原来生产军火的工厂继续推行质量管理的条件方法以外，许多民用工业也纷纷采用这一方法，除美国以外的许多国家，如加拿大、法国、德国、意大利、日本也都相继推行了统计质量管理，并取得了成效。这一阶段利用数理统计原理，预防产生废品并检验成品的质量，将事后检验的观念改变为预防质量事故发生的观念。但统计质量管理过分强调质量控制的统计方法，而忽视调动人的积极性和组织现场管理工作，成为该阶段的主要问题，使人们误认为 "质量管理就是统计方法或质量管理是统计专家的事"，质量职能由专职检验人员转移给专业的质量控制工程师和技术人员承担。同时，它对质量控制和管理只局限于制造和检验部门，忽视了其他部门的工作对质量的影响，这样就不能充分发挥所有部门和员工的积极性，制约了质量管理统计方法的普及推广。

3．全面质量管理阶段（20 世纪 50 年代至今）

20 世纪 50 年代以来，随着科学技术和工业生产的迅猛发展，人们对产品质量的要求越来越高，并出现了许多新情况：火箭、宇宙飞船、人造卫星等大型、精密、复杂的产品出现，不仅注重产品的性能，对产品的安全性、可靠性、经济性等要求也越来越高；在生产技术和企业管理中广泛应用 "系统工程" 的概念，把质量管理作为处于较大系统中的一个子系统加以综合分析研究，实施全员、全过程、全企业的管理；在管理理论上出现 "行为科学论"，重视人的因素，调动人的积极性，参与管理，强调依靠员工进行管理活动；随着市场竞争，尤其是国际市场竞争的加剧，各国组织都很重视 "产品责任和质量保证" 问题，加强内部质量管理，确保生产的产品使用安全、可靠。

因此，仅仅依赖质量检验和统计方法已难以保证和提高产品质量，这促使 "全面质量管理"（Total Quality Control，TQC）的理论逐步形成，又把质量管理推进到一个新的阶段。最早提出全面质量管理概念的是美国通用电气公司质量经理菲根堡姆，他于 1961 年出版了《全面质量管理》一书，从当时起，这一全面质量管理概念逐步被世界各国所接受，但在运用时各有所长。我国自 1978 年开始推行全面质量管理，在实践和理论上都有所发展，已取得了显著的经济效益和社会效益，但要形成具有中国特色的质量管理，还有待于进一步探索、总结、提高。随着生产力和科学技术的发展，质量管理的理论逐渐完善，更趋科学性。

该阶段是总结前两个阶段的经验和教训，提倡重视人的作用，运用系统的观点，综合而全面地分析研究质量问题。

四、全面质量管理基本特点——"三全一多样"

（一）全员参加质量管理

质量管理存在于产品实现的全过程，涉及组织的所有部门与所有岗位。调动所有人员的积极性和创造性来参与质量管理，首先，应做好全员的质量教育工作，加强员工的质量意识，促进员工自觉地参加质量管理的各项活动；同时不断提高员工的技术素质和管理素质，适应深入开展全面质量管理的需要。其次，确定组织机构，通过确定各部门各级各类人员的质量责任，明确自己在质量实现中的责任和权限，形成一个高效、协调、严密的质量管理工作系统。最后，开展多种形式的群众性质量管理活动，如质量管理小组（QC 小组）的活动，充分发挥广大员工的聪明才智。

（二）全过程的质量管理

全过程的质量管理把质量管理的范围从原来的生产制造过程扩大到了包括市场调查、产品的设计开发、工艺准备、采购、制造、检验、测试、销售、服务等产品实现的全过程。

把产品质量形成全过程的各个环节和有关因素控制起来，把不合格品消灭在它的形成过程中，建立起能够稳定生产高质量产品的质量系统。为此，全面质量管理必须体现这样两种思想：第一，预防为主，不断改进的思想。优良的产品质量是设计和生产制造出来的，不是靠事后检验决定的，但并不是说质量检验就不需要了。因此，为了防止不合格品出厂或流入下道工序，更需要加强质量检验，甚至要求质量检验更加完善、更加科学，它是全面质量管理的重要组成部分。第二，为顾客服务的思想。顾客分为内部顾客和外部顾客，内部顾客是指组织内部的各个工作环节。下道工序即为上道工序的顾客，实行全员、全过程的质量管理，要求组织各个工作环节都为顾客服务，为下个环节提供最大的便利。这样组织才能生产出符合规定、满足顾客需求的产品。

（三）全组织、全企业的质量管理

全组织的质量管理要求组织各个管理层次都有明确的质量方针、目标、措施。根据不同的组织特点，各层次质量活动的侧重点不同。最高管理层侧重质量策划，制定组织的质量方针、质量目标、质量政策和质量计划，确定组织机构、提供资源配置，提供并统一协调组织内各部门、各环节、各类人员的质量管理活动，保证实现组织经营的目标；中层管理侧重贯彻落实最高管理层的质量决策，更好地完成各自的质量职能，并对基层质量活动进行具体管理；基层管理则要求每个员工严格按规程、按制度、按现行有效的质量作业文件操作，做到事事有人做、人人有其责，合理分工，并结合本职工作，开展合理化建议和质量管理小组活动，不断进行质量改进。

质量管理活动分散在组织的各有关部门中，必须把分散到组织各部门的质量职能充分发挥出来，从组织和制度上保证组织长期稳定地生产符合规定且满足顾客需要的产品，组织必须建立健全质量管理体系，使组织从产品研发、实现、改进及服务各方面构成一个有效的管理体系。

（四）采用多种多样的管理方法与技术

影响产品质量的因素有人、物、技术、管理等各种各样的因素，既有组织内部的因素，又有组织外部的因素。要根据不同影响因素来解决质量管理问题，广泛、灵活地运用多种多样的管理方法来解决质量问题。它一方面运用统计技术方法，对生产过程实行预防性管理，另一方面引入系统方法、质量设计、实验设计、QC 小组、PDCA 循环等多种技术方法和组织管理方法，形成多样化的质量管理方法体系。

在运用这些方法时，要尊重客观事实，尽量用数据说话。坚持实事求是，科学分析；用真实的数据定量地描述客观事实，树立科学的工作作风，把质量管理建立在科学的基础上，以便更好地分析问题和解决问题。遵循 PDCA 循环的工作程序，进行任何活动都必须遵循计划、实施、检查、处理这一行之有效的工作程序。组织实行全面质量管理，提高质量，降低消耗，改善管理，增加效益，为顾客、社会及各方面受益者提供各种优质产品和优质服务。

随着时代发展，对产品质量提出越来越多的要求，影响产品质量的因素也越来越复杂，这就要求我们灵活运用多种多样的现代化管理方法来加以综合治理。在运用各种科学方法时，必须注意以下几点：

（1）尊重客观事实，用数据说话。

（2）遵循 PDCA 循环的工作程序。

（3）广泛地运用科学技术新成果。

五、全面质量管理的工作方法——PDCA

全面质量管理的根本目的在于最大限度地满足顾客和社会的需要，既要满足现实明确的规定和要求，又要满足潜在的需要。随着社会、技术和工业生产的发展，要求不断地改进和提高产品质量，提高组织的质量保证能力，以满足顾客不断提高的满意程度。

美国的质量专家戴明教授总结了一套系统的工作方法，被称为戴明循环，或简称为PDCA 循环。任何一个全面质量管理过程都要遵循 PDCA 循环，P、D、C、A 是英文 Plan（计划）、Do（实施）、Check（检查）、Action（处理）的缩写，即质量管理活动要按照计划、实施、检查、处理的顺序进行，形成从制订计划开始，经过组织实施、检查效果和总结提高的管理过程。这已成为全面质量管理的基本工作方法。2000 版 ISO 9000 质量管理体系标准强调的"质量的持续改进"，也是全面质量管理的目的之一，质量改进过程就是运用 PDCA循环这一规则进行的。PDCA 循环分为四个阶段八个步骤，具体见表 9-1。PDCA 循环是一种科学的工作程序，不仅在质量管理方面，在其他管理方面也都有广泛的用途。

表 9-1 PDCA 循环

阶　段	步　骤
一、计划阶段（P）	1. 分析现状找出问题 2. 分析产生问题的原因 3. 找出主要原因 4. 制订措施计划
二、实施阶段（D）	5. 执行措施，执行计划
三、检查阶段（C）	6. 检查效果，发现问题
四、处理阶段（A）	7. 把工作结果、工作方法标准化 8. 遗留问题，转到下个循环

1. PDCA 循环的工作程序

第一阶段是计划：包括制订方针、目标、计划书、管理项目等。对具体产品或工作部门来说，则是要以提高产品和服务的质量、降低损耗、降低成本为目标，经过分析诊断，选定改进质量的重点问题，制订解决问题的措施和进行计划。

第二阶段是实施：按照已定的计划内容和日程安排，组织有关人员执行计划，落实具体对策，力求实现计划的要求和预定的目标。

第三阶段是检查：实施过程中，按照计划要求检查执行的情况并进一步发现实施过程出现的问题，判断按计划实施是否取得了预期的效果或实施过程是否出现偏离计划的情况，从而把握对策的效果，更好地为实施计划提供信息。

第四阶段是处理：总结并肯定成功的经验，明确遗留的问题，将有益的经验转化上升为工作标准，以后按此标准进行。对没有解决的问题，提出下一阶段的工作目标，作为以后活动计划的依据，为下一轮 PDCA 循环计划的制订提供资料。这一巩固成绩、克服缺点的处理阶段是最重要的过程。

收集大量的数据资料，运用各种统计方法，运用 PDCA 循环的各阶段进行改进和提高质量的管理活动，对质量状况做出科学的判断。

2. PDCA 循环的工作特点

（1）四个阶段一个也不能少。PDCA 循环的四个阶段，反映了从事一项工作的逻辑思路，是必须遵循的。它不仅适用于整个质量管理过程，也适用于质量管理任何一个方面的活动，P 阶段设定质量目标，并提出实现这些目标的具体措施和方案；D 阶段按照已制订的计划和措施去具体实施；C 阶段则是对照计划检查执行情况；A 阶段则为总结成绩，提出不足，在部分改进的基础上进入下一个 PDCA 循环，这四个阶段环环相扣，缺一不可。

（2）大环套小环，互相促进。PDCA 循环是一种科学的工作方法，适用于组织各个环节和各个方面的管理工作。整个组织的质量管理体系构成一个大的循环，各部门可以有各自的 PDCA 循环，依次又有更小的 PCDA 循环，直至具体落实到每个岗位、每个人，形成一个大循环套小循环的综合管理循环，如图 9-1 所示。在大循环的某一阶段也会存在包含制订实施计划、落实计划、检查计划的实施进度和小结处理各活动的小 PDCA 循环。这样上一级 PDCA 循环是下一级 PDCA 循环的依据，下一级 PDCA 循环是上一级 PDCA 循环的落实和具体化。将组织经营及质量管理各项活动有机地联系起来，互相促进，协同运行，达到全面质量管理的目的。

（3）总是不断上升的循环。循环的四个阶段周而复始地转动，每转动一次，都有新的内容和目标，都解决了一批问题，这意味着组织的全面质量管理水平又向前迈进了一步。PDCA 逐级上升如图 9-2 所示，不断地转动，就不断地提高。

（4）推动循环的关键在"处理"阶段。"处理"阶段的主要工作就是对这一循环的计划实施情况进行经验总结和问题处理。总结成功经验，肯定成绩，把成功的经验和失败的教训纳入标准、制度和规定中，以巩固成绩；同时，发现问题，并纠正错误，防止同类错误再次发生，进而提出新的目标和任务，从原有的循环带出新的循环，把上下循环联系在一起，保持管理循环的运行不息。因此，推动 PDCA 循环管理中，一定要始终如一地抓住"处理"阶段。

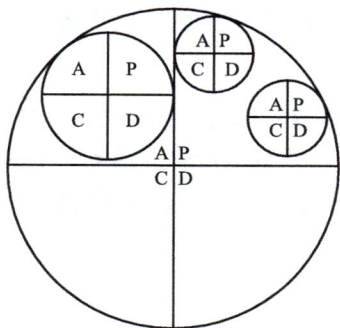

图9-1　大循环套小循环

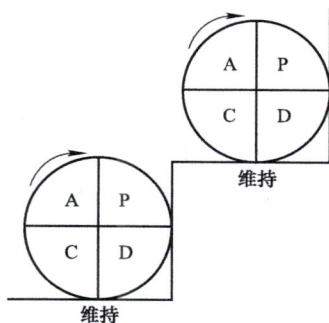

图9-2　PDCA逐级上升

全面质量管理涉及组织经营管理所有环节和所有部门、人员的综合性管理系统。它的目标与组织的经营目标相一致，它的任务直接关系到组织的生存发展。实质上，全面质量管理已处于组织经营战略的中心位置，推动组织走上"质量经营""质量效益型"的新的发展道路，全面质量管理也将会得到更有力的推行，以发挥出越来越大的作用。

六、质量成本

质量成本是质量管理活动和质量改进成果的经济表现。因此，对质量成本进行分析，不但可以找到降低成本的途径，同时还可以指导和监督质量管理活动。

（一）质量成本的概念

质量成本有时也称为质量费用，是企业生产总成本的一个组成部分。根据ISO 9004—1：1994的规定："质量成本是指为了确保和保证满意的质量而发生的费用以及没有满意的质量所造成的损失。"

（二）质量成本的构成

质量成本是由预防成本、鉴定成本、内部故障成本和外部故障成本四部分构成的。

（1）预防成本。预防成本是指企业为了防止质量水平低于所需水平的活动费用和采取措施所发生的多项费用。它包括：①质量策划费用；②新产品评审费用；③过程能力研究费用；④质量管理体系的研究和管理费用；⑤顾客调查费用；⑥供应商评价费用；⑦培训费用。

（2）鉴定成本。鉴定成本是指为评定质量要求是否得到满足而进行的试验、检验和检查所支出的费用。它包括：①采购的产品的检验费用；②过程检验费用；③成品检验费用；④检测设备费用。

（3）内部故障成本。内部故障成本是指产品在交付前因不能达到质量要求造成的损失。它包括：①废品损失；②返工或返修损失；③复检费用；④停工损失；⑤质量事故分析处理费用；⑥产品降级损失。

（4）外部故障成本。外部故障成本与内部故障成本的区别在于，产品的质量问题是发现在交付之后。它主要包括：①投诉费用（处理顾客投诉所支付的费用）；②退货损失；③保修费用；④产品责任费（因产品质量而造成的有关赔偿损失，含法律诉讼、仲裁等费用）；⑤其他外部故障费用（包括失误引起的服务、付款延迟及坏账、库存、由顾客不满意引起的成交机会丧失和纠正措施等费用）。

质量成本构成的项目，由于行业的不同和企业生产与运作过程的不同而各有不同。

（三）质量成本分析

质量成本是质量管理活动和质量改进成果的经济表现。因此，对质量成本进行分析，不但可以找到降低质量成本的途径，同时可以用以指导与监督质量管理活动。下面的分析主要是如何确立质量成本的最佳水平，找出降低成本的途径。根据质量成本各构成部分的意义，可画出典型的质量成本曲线图（见图9–3）。

1. 质量成本曲线图分析

（1）故障成本曲线：如果产品质量完美无缺，故障成本将等于零；如果产品缺陷相当严重，则故障成本趋于无限大。

（2）鉴定成本＋预防成本曲线：当产品缺陷为100%时，从理论上说鉴定成本＋预防成本为零；产品越接近完美，其值将渐趋无限大。

（3）总质量成本曲线：总质量成本等于上述两项之和。当处于两种极端情况时，曲线均趋于无限大，所以，必须能够求出最低的质量成本（即最佳的质量成本）。

2. 最佳质量成本图分析

图9–4实际就是将图9–3中曲线的最低质量成本区域放大而成的。图中的最佳质量成本值不但是一个理论概念，而且具有实际意义。

（1）质量改进区域的基本特点是，故障成本占质量成本总额的70%，而预防成本则低于总额的10%。在这种情况下，经验证明质量管理工作存在有待改进和突破的地方。

（2）质量成本最佳值区域内的特点是，故障成本约占质量成本总额的50%，而预防成本约占全部成本的10%。所以，这里的问题是如何控制，即怎样保持最佳水平。

（3）在完美区域中，其一般特点是，鉴定成本超过了故障成本。在这种情况下，通常要经过仔细的研究，此时要改进工作去发现和减少不必要的质量成本。

在GB/T 19004—2000标准中提出了与质量成本类似的"财务测量"概念，标准认为："管理者应当考虑将过程有关的数据转换为财务方面的信息，以便提供对过程的可比较的测量并促进组织有效性和效率的提高。财务测量可包括：预防和鉴定成本的分析；不合格成本的分析；内部和外部故障成本的分析；寿命周期的成本分析。"

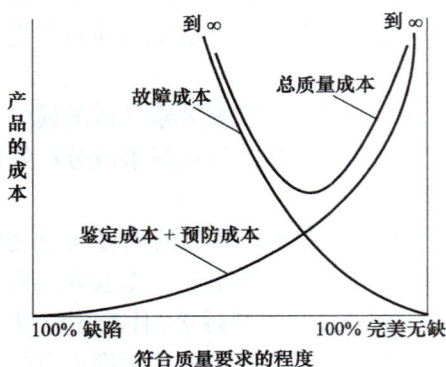

图 9-3　质量成本曲线图

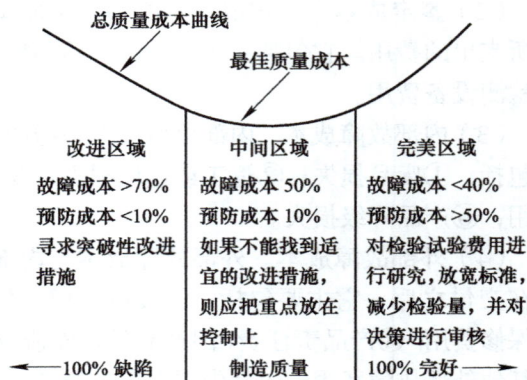

图 9-4　最佳质量成本图

七、21 世纪中国企业的质量管理工作

进入 21 世纪以来，中国的市场需求正在向多样化、高端化、服务化方向转型。我国提出的供给侧结构改革，就是要从生产、供给端入手，调整供给结构，为真正启动内需，打造经济发展新动力寻求路径，为了适应高端化的市场需求，就必须提高产品档次，这给企业的质量管理工作带来了新的机遇和挑战，这也使这项工作迎来一个新高潮。

从国家层面而言，为了实施供给侧结构改革，支持和鼓励企业生产高端产品和改善企业质量管理工作，将出台一系列激励政策和进一步完善国家层面的质量监管体系。首先要制定和实施与国际先进水平接轨的制造业质量、安全、卫生、环保及节能标准。加强计量科技基础及前沿技术研究，建立一批制造业发展急需的高准确度、高稳定性计量基准，提升与制造业相关的国家量传溯源能力。加强国家产业计量测试中心建设，构建国家计量科技创新体系。完善检验检测技术保障体系，建设一批高水平的工业产品质量控制和技术评价实验室、产品质量监督检验中心，鼓励建立专业检测技术联盟。完善认证认可管理模式，提高强制性产品认证的有效性，推动自愿性产品认证健康发展，提升管理体系认证水平，稳步推进国际互认。支持行业组织发布自律规范或公约，开展质量信誉承诺活动。

国家还要继续推广先进质量管理技术和方法。建设重点产品标准符合性认定平台，推动重点产品技术、安全标准全面达到国际先进水平。开展质量标杆和领先企业示范活动，普及卓越绩效、六西格玛、精益生产、质量诊断、质量持续改进等先进生产管理模式和方法。支持企业提高质量在线监测、在线控制和产品全生命周期质量追溯能力。组织开展重点行业工艺优化行动，提升关键工艺过程控制水平。开展质量管理小组、现场改进等群众性质量管理活动示范推广。加强中小企业质量管理，开展质量安全培训、诊断和辅导活动。加快提升产品质量。实施工业产品质量提升行动计划，针对汽车、高档数控机床、轨道交通装备、大型成套技术装备、工程机械、特种设备、关键原材料、基础零部件、电子元器件等重点行业，组织攻克一批长期困扰产品质量提升的关键共性质量技术，加强可靠性设计、试验与验证技术开发应用，推广采用先进成型和加工方法、在线检测装置、智能化生产和物流系统及检测设备等，使重点实物产品的性能稳定性、质量可靠性、环境适应性、使用寿命等指标达到国际同类产品先进水平。在食品、药品、婴童用品、家电等领域实施覆盖产品全生命周期的质量管理、质量自我声明和质量追溯制度，保障重点消费品质量安全。大力提高国防装备质量可靠性，增强国防装备实战能力。

国家要进一步完善质量监管体系。健全产品质量标准体系、政策规划体系和质量管理法律法规。加强关系民生和安全等重点领域的行业准入与市场退出管理。建立消费品生产经营企业产品事故强制报告制度，健全质量信用信息收集和发布制度，强化企业质量主体责任。将质量违法违规记录作为企业诚信评级的重要内容，建立质量黑名单制度，加大对质量违法和假冒品牌行为的打击和惩处力度。建立区域和行业质量安全预警制度，防范化解产品质量安全风险。严格实施产品"三包"、产品召回等制度。强化监管检查和责任追究，切实保护消费者权益。

在市场经济条件下，要提高产品档次，完善产品质量，改进企业质量管理工作，企业应承担主体责任。国家从鼓励和监管两方面出台了一系列新的政策法规措施，企业一定要适应这种新常态，要进一步掀起提高自身质量管理工作的新高潮，否则将要被市场所淘汰。

小提示

　　我国为了加强对某些涉及人生命安全的产品的质量管理，对其开展 3C 认证。所谓 3C（China Compulsory Certification）认证，即中国强制性产品认证。第一批产品目录包括 19 大类，132 种产品，主要为电气产品（如家用电器产品）、机动车、轮胎等。国家强制性产品认证执法检查从 2003 年 8 月 1 日正式启动。因此，我们在购买电气产品，包括经常使用的如插头、插座和电线等产品时，首先要注意产品是否有 3C 认证标识，这样可以减少发生漏电、触电及火灾的概率。

---

02 单元二　质量管理常用工具

一、排列图

（一）排列图的概念

　　排列图又称为帕累托（Pareto）图，是根据意大利经济学家帕累托分析社会财富分布状况的帕累托法则发展来的一种质量统计方法，这个法则认为"大多数的影响来自于少数因素"，大多数时候又被称为"关键的少数，次要的多数"。美国质量管理学家朱兰（J. M. Juran）博士把它应用于质量管理，用定量的术语表达，即 80% 的问题来自于 20% 的机器、原材料或人员等方面的因素；80% 的报废和返工的成本来自于 20% 的可能的原因。这样，排列图在质量管理中就成了改善质量活动的一种主要工具。

（二）排列图分析法的步骤

　　（1）收集有关数据并分层。例如，某货场由于工作质量所造成损失的原因及金额（某月份）如下：装卸摔伤 360 元、包装损坏 115 元、挤压变形 80 元、货物丢失 770 元、污损货物 165 元、其他 110 元。

　　（2）编制影响因素统计表。其表式见表 9–2。要特别注意的是，因素频数必须从大到小排列。

表 9–2　影响因素统计表

影 响 因 素	损失金额（元）	损失金额比例（%）	累计百分比（%）
货物丢失	770	48.1	48.1
装卸摔伤	360	22.5	70.6
污损货物	165	10.3	80.9
包装损坏	115	7.2	88.1
挤压变形	80	5.0	93.1
其他	110	6.9	100
合　　计	1 600	100	—

　　（3）绘制排列图。首先画坐标图，如图 9–5 所示。其中：横坐标为影响因素，各个因

素按频数从大到小向右排列，对于那些频数不高的原因可以一并归于"其他"项，并放在最右方（尽管其频数可能大于前一项）。左纵坐标为频数（本例为损失金额），其最大刻度为总频数（本例为损失总金额）。右纵坐标为百分比，其最大刻度为100%，并与左纵坐标的总频数相对应。然后对每个影响因素，按频数值（损失金额）画直方图，最后画累积百分比曲线（又称巴雷特曲线）。

（4）排列图分析。排列图画好后必须对它进行分析，其分析方法是以累积百分比为依据，一般原则为：累积百分比在0～80%的因素为A类因素（主要因素）；累积百分比在80%～90%的因素为B类因素（次要因素）；累积百分比在90%～100%的因素为C类因素（一般因素）。

本例中，A类因素为：货物丢失、装卸摔伤。B类因素为：污损货物、包装损坏。C类因素为：挤压变形、其他。

排列图既可用来确定对策的效果，又可据其对A类因素提出改进措施。

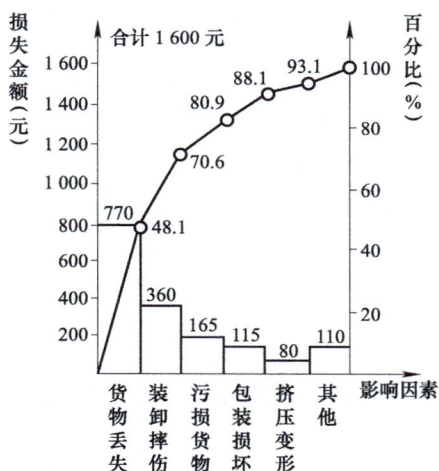

图9-5　货场货物损失金额因素排列图

二、因果图

（一）因果图的概念

因果图又叫特性要素图。因其形状似"树枝"或"鱼刺"，故又称为树枝图或鱼刺图。排列图只是寻找影响质量的主要问题，但要解决这些问题，首先要把产生这些问题的原因找到，以便有的放矢地去解决问题。质量是由其形成过程中许多因素作用的结果，有些质量问题的原因比较复杂，不易一下看清时，可借助因果图来分析原因。因果图可用在以下几种情况：

（1）当需要集中问题时。

（2）确定可能的数据收集点时。

（3）分析或表达因果关系时。

（二）绘制及应用因果图的步骤

（1）简明扼要地确定结果，确定需要解决的质量问题。

（2）确定可能产生的原因主要类别。这时主要考虑的类别因素有人员、机器设备、材料、方法、测量和环境等。

（3）开始画图。如图9-6所示，把结果画在最右框中，把各类主要原因放在它的左边，作为"结果"框的输入。

（4）寻找所有下一个层次的原因，画在相应的主（分）枝上，并继续一层层地展开下去。一张完整的因果图展开的层次至少应有2层，还可以有3层或更多的层，展开到可采取措施为止。从最高层次（即最末一层）的原因（末端因素）中选取和识别少量（一般为3～5个）对结果影响最大的原因（一般较重要因素，简称要因），对它们做进一步的研究，如收集资料、论证、试验、控制等。

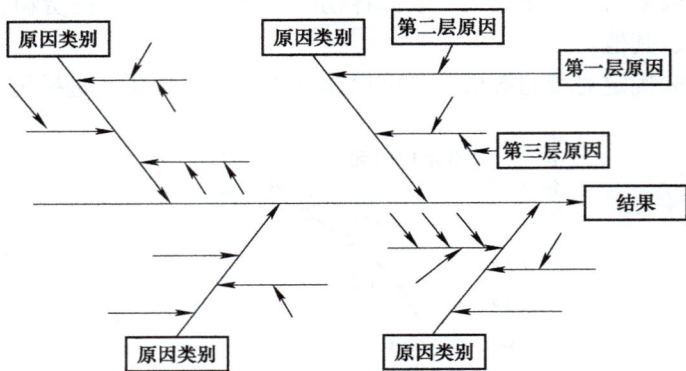

图9-6 因果图层次展开

（三）绘制因果图的注意事项

因果图是以特性作为结果，以因素作为原因，在它们之间用箭头联系起来表示因果关系的。绘制因果图的注意事项如下：

（1）画因果图时，一般充分发扬民主，畅所欲言，各抒己见，集思广益，把每个人的意见都记在图上。

（2）确定要分析的主要质量问题时，要具体，不能笼统。因果图只能用于单一目的的研究分析。

（3）因果图关系的层次要分明。最高层次的原因寻求到可以直接采取具体措施为止。

（4）要因一定确定在末端因素上，而不应确定在中间过程上。

（5）对末端因素，特别是要因应科学论证，而不能人为确定。

（6）因果图经常同排列图、对策表联合起来应用，通称为"两图一表"。

例 以"顾客服务质量月报表填写不当，无法提供完整适宜的顾客反馈信息"为例，来绘制因果图。如图9-7所示。

标题：顾客服务质量月报表填写不当

负责人：王卉

日期：20×2年2月18日

这个因果图的问题分析还处于十分高的层次，需要再收集数据和资料，以对当前层次原因做下一层次的展开，确定哪一个是导致顾客服务质量月报表填写不当的要因。

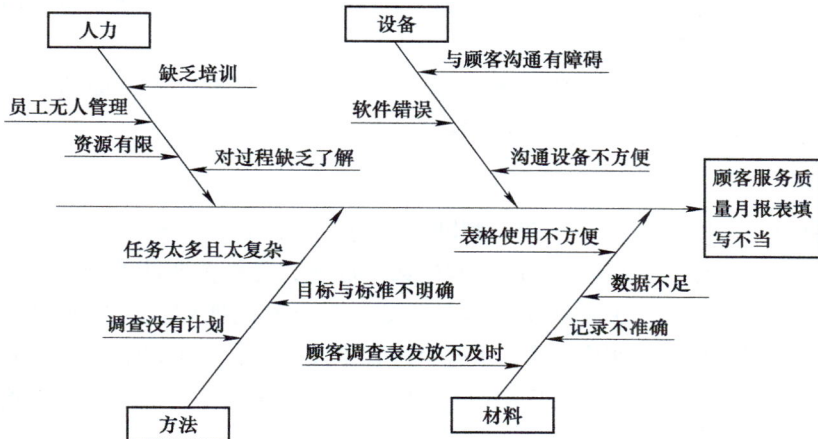

图 9-7 "顾客服务质量月报表填写不当"因果图

三、对策表

对策表又称措施计划表，是针对质量问题的主要原因而制定的应采取措施的计划表。它按质量管理 PCDA 循环 P（策划）阶段实施找问题、查原因、分主次和定措施等步骤。对策表的表头应落实 5W1H 的问题，即目标、对策、执行者、地点、时间和如何做。在制定对策表的各项目标时最好用定量化数据表示；在无法量化时，也应以肯定的定性语言表示，不宜用模棱两可的抽象化语言作为目标。一个项目可能有若干条措施，每条措施都要有责任人和完成时间。在确定措施、责任人及完成时间时，应充分征求意见，不要强制分配任务。见表 9-3。

对策表可用于针对不合格原因，防止不合格的再发生而采取纠正措施的计划制订，在公布对策表前，对措施计划评审或更改，进而有效贯彻实施；并阶段检查和评价所采取措施结果及其有效性。

表 9-3 对策表

序 号	项 目	现状（或问题点）	目 标	措 施	责 任 人	完 成 时 间	备 注

03 单元三 质量检验

一、质量检验概述

（一）质量检验的概念

（1）质量检验定义。质量检验就是对产品的一个或多个质量特性进行观察、测量、试验，并将结果与规定的质量要求进行比较，以判断每项质量特性合格与否的一种过程。

检验是指通过观察和判断，必要时结合测量、试验所进行的符合性评价。质量检验的目的是对产品的一个或多个质量特性是否符合规定的质量标准取得客观证据。质量检验的对象是产品的一个或多个质量特性。

（2）质量检验的依据。质量检验的依据是标准（技术标准和管理标准）、产品图纸、工艺文件、合同（协议），以及顾客的特殊要求等。

（二）质量检验的主要职能

（1）鉴别职能。通过测量、比较，判断质量特性值是否符合规定的要求，这是质量检验的鉴别职能。鉴别职能是质量检验所固有的第一职能，是把关职能的前提。

（2）把关职能。质量把关是质量检验最重要、最基本的职能。产品实现过程往往是一个复杂过程，影响质量的各种因素都会在这个过程中发生变化和波动，因此，质量波动是客观存在的。把关职能就是阻止上道工序的不合格原材料、半成品、成品转往下道工序，实现质量把关，严格把控质量。

（3）预防职能。现代质量检验既有事后把关的职能，同时也有预防的职能。质量检验按检验阶段分为进货检验、过程检验和最终产品检验。这些检验活动既起把关作用，也起预防作用。对前过程的把关，就是对后过程的预防。

（4）报告职能。将质量检验获取的数据和信息，经汇总、整理和分析后写成报告，为组织的质量策划、质量控制、质量改进、质量考核以及质量决策提供重要依据。

（三）质量检验的分类

质量检验的类型很多，按不同的分类标准区分可以得到不同的类型。

1. 按检验对象的数量区分

按检验对象的数量区分，质量检验可分为全数检验和抽样检验。

（1）全数检验。全数检验也可称为"100%检验"，是对一批产品的每一个产品、每一个过程或每一项服务全部进行检验，以确定每一个产品是否符合要求。全数检验通常应用于下述情况：检验是非破坏性的；检验的项目较少；检验的费用较低；影响质量的关键项目或重要项目；能用自动化方法检验；有特殊规定的。

（2）抽样检验。抽样检验是按统计方法确定的抽样方案，从每一批产品中抽取适当数量的部分产品作为样本，对样本中的每一个产品、每一个过程或每一项服务进行检验，以此来判别一批产品是否符合要求。

2. 按检验阶段区分

按检验阶段区分，质量检验可分为进货检验、过程检验和最终产品检验。

（1）进货检验，即对外购件、外协件的检验（如原材料、标准件、半成品等的检验）。其目的是防止不合格品进厂，同时了解供货商、协作者的情况，以便确定今后的行动。

（2）过程检验，即在现场进行的对各过程结果的检验。其目的是防止不合格品流入下一道工序，判断工序质量是否正常、稳定，是否满足要求。

（3）最终产品检验，即对完工的成品在入库前的检验。其目的是防止不合格品出厂，对社会、用户产生危害，最终损害企业利益。成品检验在某种意义上说是最后的质量检验，所以要求较全面。

此外，质量检验还可以按检验的技术手段、检验的地点等来区分。

二、质量检验计划

质量检验计划是对检验的指导思想、程序、资源、措施和活动做出的规范化的书面文件。它是在企业新产品投入生产之前，对检验工作进行统筹安排的重要质量文件之一。编制质量检验计划的目的在于对质量检验工作实行统筹策划，总体安排，以指导检验人员确保检验工作质量，并确保企业的生产计划按质按量如期完成。

质量检验计划的基本内容如下：

（1）编制检验流程图。检验流程图是表明从原材料投入到成品出产整个过程中产品检验活动安排的示意图。检验流程图是检验人员进行检验活动的依据之一。它和检验指导书等构成完整的检验技术文件。

（2）合理设置检验站。检验站是根据生产作业分布和检验流程设计确定的作业过程中最小的检验实体。检验站的设置必须满足生产作业过程的要求，重点关注质量控制的关键部位和控制点，节约检验成本和提高工作效率。

制造企业一般均设有进货检验站、工序检验站和完工检验站。

（3）根据质量特性缺陷严重性分级。根据设计、制造（工艺）部门编制的质量特性分析表，质量检验部门从检验的角度将质量特性的缺陷按其重要性及其产生后的严重性进行分级。

分级的目的在于明确检验重点、选好验收抽样方案、分级管理缺陷、综合评价产品质量和提高质量检验的有效性。关于分的级数，世界各国有不同做法，比如，我国国家标准将不合格的严重性分成 A、B、C 三级；而美国的贝尔系统则将不合格的严重性分为 A（非常严重）、B（严重）、C（中等严重）、D（不严重）四级。

（4）制订检验手册。检验手册是质量检验活动的管理规定和技术规范的文件集合。它是质量检验人员和管理人员进行质量检验工作的指导性文件，也是质量管理体系文件的组成部分。它对质量检验活动的标准化、规范化和科学化有着重要意义。

检验手册由技术性和程序性两方面的内容组成。一般包括：质量检验体系和机构；质量检验管理制度和工作制度；进货检验程序、过程（工序）检验程序、成品检验试验程序、计量控制程序；有关检验试验、测量的原始记录表格和文字说明；不合格产品审核和鉴别程序；检验标志的发放和控制程序；检验结果和质量状况的报告、反馈和纠正程序；不合格控制和处理程序；有关材料、过程、产品质量控制标准、检验规程；索引和术语等。

（5）编制检验指导书。有些行业将检验指导书称为检验规程，它是具体规定检验（检查、测量、试验）操作要求的一种技术文件。各种不同行业（企业）有不同的检验指导书。编制检验指导书的目的是为重要产品的组成部分和关键作业过程的检验活动提供具体操作指导。

检验指导书是专业性、技术性和可操作性很强的一种文件，因此要求文字表达准确、清晰，过程简便易行，操作方法说明清楚、易于理解和规范统一。检验指导书的内容一般包括：检验对象、质量特性值、检验方法、检测手段和检验判定等。

三、抽样检验

（一）抽样检验概述

1．抽样检验的优点

（1）抽样检验适用于破坏性检验。

（2）抽样检验适用于大批量产品的检验。

（3）一般说来，科学的抽样检验要比全数检验的错、漏检现象要少。

（4）抽样检验能加强生产者的质量责任。

（5）抽样检验能明确供需双方对接收结果的风险。（往往成为一种供货条件。）

2．抽样检验的形式

（1）按质量指标的数字特性分为：计数抽样检验（一般常用的为计数抽样检验）和计量抽样检验。

（2）按制定抽样检验方案的原理分为：标准型抽样检验和调整型抽样检验。

（3）按抽样检验的程序分为：一次抽样检验、二次抽样检验和多次抽样检验。

（二）抽样检验实施

1．抽样检验过程

对于一个批量为 N 的全部产品，从中随机抽取数量为 n 的样本，检验全部 n 个样品，确定样品中不合格数 d。设 A 为合格判定数，抽样检验的判定准则为：

当 $d \leqslant A$ 时，则整批产品（N 件）接收。

当 $d>A$ 时，则整批产品拒收。

2．抽样检验方案

一个最简单的抽样方案必须包含两个参数：n—— 样本大小；A—— 合格判定数（接受数）。抽样方案一般用（n/A）来表示，如（10/1）。

对一个抽样方案的基本要求为：对于质量好（合格率高）的产品，整批都应接收；对质量差（合格率低）的产品，整批都应拒收。

3．接收概率与 OC 曲线

根据概率统计原理，每个抽样方案都可以画出其抽检特性曲线，又称 OC 曲线（如图 9-8 所示）。接收概率 $L(P)$ 是整批不合格品率的函数。对于一个简单的抽样方案（n/A），设 d 为样本中的不合格品数，当 $d<A$ 时，则接收。实际上 d 是一个随机变量，设 $d=X$，（$X=0，1，\cdots，A，\cdots$）。当对不合格率 P 的一批产品，采用抽样方案（n/A）进行检验时，被接收的概率为

$$L(P) = \sum_{d=0}^{A} P[X = d]$$

对于上式一般可用超几何分布、二项分布和泊松分布计算而得。

4. OC 曲线的讨论

在实际应用时，情况稍复杂些。我们可以规定两个数 P_0、P_1（$0<P_0<P_1<1$），当一批产品的不合格率 $P \leqslant P_0$ 时，认为这批产品的质量较好，愿以高概率接收这批产品；反之，当 $P \geqslant P_1$ 时，认为这批产品质量差，允许以小的概率接收这批产品；而当 $P_0<P<P_1$ 时，接收这批产品的概率迅速减少。

5. 抽样检验的两类风险

凡是在进行统计推断的地方都存在两类错误，存在着风险。我们可能把合格批判断为不合格批，即"正判误"，称为第一类错误，发生错误的概率为 α，它表示生产者风险。我们也可能把不合格批判断为合格批，即"误判正"，称为第二类错误，其概率为 β，它表示消费者风险。从图 9-9 中可知：

$$\alpha =1-L（P_0）\qquad \beta =L（P_1）$$

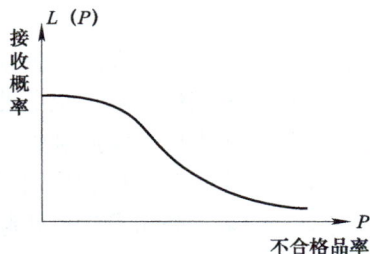

图 9-8 OC 曲线

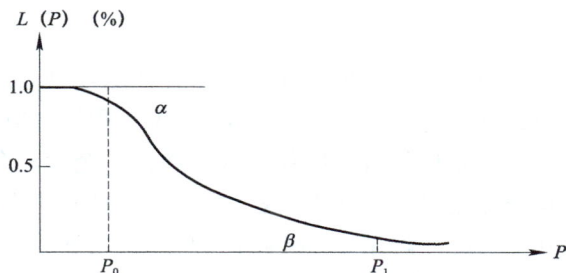

图 9-9 抽样检验的两类风险

6. 对抽样方案进行定性讨论

（1）概述。实际应用时，一般使用调整型抽样方案，它的两个参数为样本数 n 和合格质量水平 AQL。使用这两个参数来查抽样标准（我国使用 GB/T 2828.1—ISO 2859—1：1999）中的各种图表，得到 α 和 β，据此判断抽样方案的优劣。

AQL 本质上与 A 相同，在表中可通过 AQL 查到 $[A_c, R_e]$，A_c 为合格判定数，R_e 为不合格判定数。

（2）定性讨论。当 AQL 取小（严格）时，能降低消费者风险，但会同时增加生产者风险，即在消费者拒收批中，有较多是合格的，从而使生产者要求提高价格。

当 AQL 取大（放宽）时，能降低生产者风险，但会同时增加消费者风险，即在接收的合格批中有较多是不合格的，使消费者不愿接受。

若要同时降低供需双方的风险，就必须增大 n，这会增加成本，从而使供方（生产者）可能提高价格，使需方（消费者）难以接受。

抽样检验不能保证所交产品全部合格，但能使供需双方都知道该结果对于双方错判的概率。在市场经济条件下，由供需双方确定一个大家都能接受的合格质量水平 AQL 就显得十分重要。

复习思考题

一、简答题

1. 简述 PDCA 循环的四个阶段和八个步骤。
2. 简述质量成本的构成。
3. 画出质量成本曲线，并进行分析。
4. 某饭店对旅客意见进行了归并，得到各项不满意人次为：服务态度方面 59、环境设施方面 21、制作加工方面 33、服务技巧方面 95、其他方面 8。要求按规定步骤做出排列图，并指出 A、B、C 三类因素。
5. 如何对因果图进行按层次展开？
6. 简述质量检验计划的基本内容。
7. 一个最简单的抽样检验方案是怎样的？对它的基本要求是什么？
8. 如何对抽样方案进行定性讨论？

二、案例分析题

金风公司是魏先生十几年前与几位朋友创立的制造型企业，经过多年的拼搏，企业在行业内具有一定的地位，产品销售情况也很好。但在三年前魏先生突发疾病影响了企业的运行，部分股东也带着一些技术骨干离开了企业。今年魏先生去世，由其儿子魏强接管，任董事长兼总经理。魏强虽然是大学工商管理专业毕业，但缺乏实践工作经验。他到公司后，发现开工不足，就着急地招聘了一些未经培训的员工，仓促上岗。后来，公司发生了两起较为严重的质量事故，被政府有关部门查处。魏强聘请了某著名的管理咨询公司来企业开展质量管理咨询。咨询公司委派资深咨询师王先生到金风公司担任首席咨询顾问。王先生到公司开展调查，发现招聘的新员工都没有经过培训，质量意识和操作技巧知之甚少。一些老员工认为，"我们现在都是为老板打工"，参与管理的积极性也不高。原先的一些规章制度废除后，又没有进行重新梳理和修改。在调查的基础上，王先生决定将企业的质量管理改进工作分两步进行，第一步是开展全面质量管理，第二步在此基础上建立企业的质量管理体系。首先是开展全面质量管理工作，王先生决定根据全面质量管理的基本特点来开展工作。

请讨论：

1. 该企业开展全面质量管理工作的突破口是什么？
2. 该企业开展全面质量管理工作的主要内容是什么？

模块十
物流、库存和供应链管理

📖 学习目的

了解物流概念、特点及作用，物流分类，仓储管理的内容，采购管理。了解物资验收、保管、发放，以及供应链管理的内容。掌握企业主要的物流工作内容、供应链和供应链管理、库存成本的构成、供应商管理、准时化采购。熟练掌握库存控制方法和库存的 ABC 管理法。

01

单元一 物流管理

物流、库存和供应链管理

一、物流的概念与作用

物流的发展过程大致可以分为三个阶段，20 世纪 60～70 年代为第一阶段，称为实物配送阶段，主要是对产品生产出来到消费者这一段配送过程中的潜力进行挖掘。20 世纪 70～80 年代为第二阶段，称为综合物流阶段，在这个阶段企业认识到了原材料物流与产品物流的综合管理，可以带来很大的效益，开始加强物流的综合管理。20 世纪 80 年代至今为第三阶段，在这个阶段人们认识到市场的竞争是供应链之间的竞争，提出供应链管理这一新概念。

（一）物流的定义

美国物流管理协会（Council of Logistics Management）对物流的定义为："物流是供应链运作中，以满足客户要求为目的，对货物、服务和相关信息在产出地和销售地之间实现高效率、低成本的正向与反向的流动和储存所进行的计划、执行及控制的过程。"

《中华人民共和国国家标准物流术语》（GB/T 18354—2021）中将物流定义为："根据实际需要，将运输、储存、装卸、搬运、包装、流通加工、配送、信息处理等基本功能实施有机结合，使物品从供应地向接收地进行实体流动的过程。"

从物流的定义看，一方面物流过程综合了运输、存货、管理、仓储、物料搬运系统及包装和其他相关活动，包含了整个供应链流动的成本与服务水平的权衡取舍；另一方面，物流还包含了效率和效益两方面。这是现代物流的定义，与传统物流有很大的区别，具体区别见表 10-1。

表 10-1 现代物流与传统物流的区别

区别项目	传统物流	现代物流
范围与边界	重视销售物流与生产物流	强调供应、生产、销售、消费等全过程的"大物流"
系统概念	重视运输、储存、包装、装卸、流通加工、信息等构成要素的系统最佳	强调物流系统与其他经营系统的"大系统"最佳

（续）

区 别 项 目	传 统 物 流	现 代 物 流
性质与地位	企业或组织体的"后勤""内部事务"；成本支出项目	企业或组织体的"先锋""外部事务"；价值创造事业
目标与理念	效率与成本的均衡	效率、成本、服务与效益的均衡
服务对象	企业或组织体内部	企业或组织体外部顾客
功能定位	节约成本的"手段"与"策略"	扩大销售、增加利润的"战略"

（二）物流的增值作用

物流被称为"第三利润源"，物流的作用主要体现在以下方面：

1．物流的时间价值

物质资料从供给者到需求者之间有一段时间差，用各种手段改变这一时间差而创造的价值，称作物流的"时间价值"。物流的时间价值可表现为：①缩短时间创造价值。例如通过选择合适的运输工具和运输方式缩短运输时间。②弥补时间差创造价值。例如集中产出和常年消耗。③延长时间差创造价值，例如延迟制造。

2．物流的场所价值

（1）从集中生产场所流入分散需求场所创造价值。通过物流将产品从集中生产的低价位地区，转移到分散于各处的高价位地区，物流的场所价值也就实现了。

（2）从分散生产场所流入集中需求场所创造价值。例如，汽车公司的零配件生产分布非常广，但却需集中到一个大厂中装配，物流依此取得了场所效应。

（3）从甲地生产场所流入乙地需求场所创造场所价值。

3．物流的加工价值

物流的加工价值是指通过简单制造、生产、组装和分装、包装等物流活动创造的价值。例如，商品在流通中为方便运输而进行的包装。有时在进入商店之前，为适应顾客的要求往往要进行分割、换包装、拆零等操作，这些物流活动增加了商品的附加价值。

案例 10-1

当你在超市里花 6 元钱买一瓶 2.25 升的可口可乐时，你有没有想过，这 6 元钱里，蕴涵着多少人工成本、多少原材料成本、多少利润、多少物流成本呢？

听到答案后你也许会感到吃惊：制造的成本，也就是把人工和原材料的费用加在一起，大概为 4 元，但其利润也不过几毛钱，而相比之下，物流的成本超过了 1 元钱！

一瓶可乐，它在仓储、运输上消耗的费用能够占到它销售价格的 20%～30%。事实上，物流成本已经成为企业生产成本中不可忽视的一笔消耗。在市场竞争日益激烈的今天，原材料和劳动力价格利润空间日益狭小，劳动生产率的潜力空间也有限，加工制造领域的利润趋薄，靠降低原材料消耗、劳动力成本或大力提高制造环节的劳动生产率来获取更多的利润已较为困难。因此，商品生产和流通中的物流环节成为继劳动力、自然资源之后的"第三利润源泉"，而保证这一利润源泉实现的关键就是降低物流成本。

二、物流的分类

1. 按照物流在企业中的作用分类

按照物流在企业中的作用不同，可以分为供应物流、生产物流、销售物流、回收物流和废弃物物流。

（1）供应物流，包括原材料等一切生产物资的采购、进货运输、仓储、库存管理、用料管理和供应管理，也称为原材料采购物流。

（2）生产物流，是指在企业生产过程中发生的物流活动。企业生产物流的过程大体为：原材料、零部件、燃料等辅助材料从企业仓库和企业的"门口"开始，进入生产线开始端，再进一步随生产加工过程各个环节运动，在运动过程中，本身被加工，同时产生一些废料、余料，直到生产加工终结，再运至成品仓库便终结了企业生产物流过程。

（3）销售物流，是指伴随销售活动，将产品实体转给用户的物流活动。销售物流的起点，一般情况下是生产企业的产成品仓库，经过分销物流，完成长距离、干线的物流活动，再经过配送完成市内和区域范围的物流活动，到达企业、商业用户或最终消费者。销售物流是一个逐渐发散的物流过程，这和供应物流形成了一定程度的镜像对称，通过这种发散的物流，使资源得以广泛地配置。

（4）回收物流，是指不合格物品的返修、退货以及周转使用的包装容器从需方返回到供方所形成的物品实体流动。企业在生产、供应、销售的活动中总会产生各种边角余料和废料，这些东西的回收是需要伴随物流活动的。如果回收物品处理不当，往往会影响整个生产环境，甚至影响产品的质量，并且占用很大空间，造成浪费。

（5）废弃物物流，是指将经济活动中失去原有使用价值的物品根据实际需要进行收集、分类、加工、包装、搬运、储存等，并分别送到专门处理场所时所形成的物品实体流动。它从环境保护的角度出发，不管对象物有没有价值或利用价值，都将其妥善处理，以免造成环境污染。

2. 按照物流的执行者分类

按照物流的执行者不同，分为企业自营物流和第三方物流。

（1）企业自营物流，是指企业自备仓库、车队等物流设施，自己负责企业的物流运作。

（2）第三方物流，又称契约物流，即由供方与需方以外的物流企业提供物流服务的业务模式。随着社会经济的发展和社会分工的不断深化，第三方物流得到了巨大的发展，日益成为重要的物流模式。

补充阅读

2009年，国务院通过了《物流业调整和振兴规划》（以下简称《规划》），把现代物流业列入我国十大产业调整振兴规划。《规划》指出，物流业是融合运输、仓储、货运代理和信息等行业的复合型服务产业，涉及领域广，吸纳就业人数多，促进生产、拉动消费作用大。因此，必须加快发展现代物流，建立现代物流服务体系，以物流服务促进其他产业发展。这一产业振兴规划，表明了党中央、国务院对物流业的重视，成为我国物流业发展历史进程中标志性的事件。

三、企业主要物流工作

（一）物流网络设计

用于进行物流作业的设施的数量、规模及地理关系等，都影响着向顾客提供服务的能力和成本。所以，确定每一种设施需要的数量、地理位置，以及各自承担的工作等，是物流网络设计一个十分重要的组成部分。在实际工作中，物流设施作业可以获得有关专业服务公司的合作。但不管是谁承担实际的工作，都必须把企业物流网络中所有的设施看作一个整体来进行管理。这里所指的物流网络是实体性网络，与后面所谈的物流信息网络是有区别的。

物流网络设计要确定完成物流工作所需的各类设施的数量和地点，还要确定每一设施内应储备存货的种类和数量，安排应在何处交付客户订货。物流网络融合了信息和运输功能，还包括与订货处理、存货管理以及物料搬运等相关的具体工作。物流设施主要包括制造工厂、仓库、码头、零售商店以及它们之间的作业条件。物流网络设计是整个企业物流作业的基础，是物流管理部门一个最基本的责任。

物流网络设计时必须重点考虑地理这一因素。合理进行网络布局，可以减少运输路线的重复、交叉，降低运输费用，缩短运送时间。不同地区市场间存在很大差异，在规划设计时要充分考虑。基本原则就是规划设计出能满足企业确定要涉及的经营市场范围的物流能力。如果企业在全国范围内营销，必须确立能为这些最主要的市场服务的物流能力。同时在原料和零部件的采购地的规划设计上也要考虑地理差异。当企业涉足全球物流时，就要研究如何在世界范围布局企业物流网络既能满足全球的物流需求，又能使运作成本最低。

物流网络设计要不断提高网络的适应性，在动态的竞争性环境中，产品分类、客户供应量以及制造需求等都在不断发生着变化，因此，必须不断修正设施网络以适应供求结构变化。如果市场发生变化，要及时对具体设施重新定位或重新设计，形成能适应新形势下市场的物流网络。在时间上定期或不定期地对所有的设施进行重新评估，确定它们的定位是否仍令人满意，使物流网络始终与市场相适应。只有设计出具有定位优势的网络，才会在竞争中占有优势。

（二）信息处理

物流中的信息可分为计划 / 协调流和作业流两部分，相互关系如图 10-1 所示。

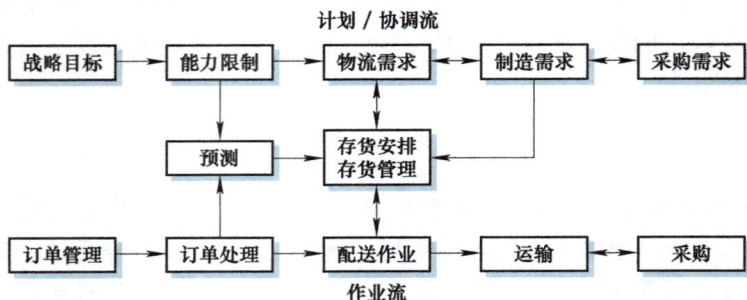

图 10-1　物流信息处理

物流信息的质量很关键，如果信息质量上有问题，就会在物流实际作业中出现问题。

信息质量上的问题可以分为两大类：一类是趋势预测信息的准确性。由于大量的物流活动是根据未来需求发生的，不准确的需求判断或预测就会引起存货短缺或过剩。过分乐观的预测会产生不恰当的存货。另一类是订单处理信息的准确性。订单处理不准确，会引发相应的物流成本，并导致最终销售不能完成。订单中有关客户需求的信息处理不准确时，会发生货物退回，退货费用也会增加物流成本。如果信息处理不准确，还会失去销售机会，从而产生机会成本，造成物流成本的增加。可见，信息处理的准确与否将对整个供应链产生重大影响。物流作业运用信息处理技术的最重要目标之一，就是要平衡物流系统的各个组成部分，使总体效果最佳。

（三）运输与配送管理

1. 运输管理

（1）运输的概念。运输是物体借助运力在空间上产生的位置移动。运输活动消耗的能源和动力较多，成本较高。所以，合理地组织运输，无论是在企业物流的组织中还是在国民经济中，都占有非常重要的地位。由于运输活动费用高，节约余地大，因此，运输是整个物流领域挖掘"第三利润源泉"的重要环节。

（2）实现合理组织运输的条件。现代物流中合理组织运输的目的就是要合理选择运输方式，减少运输次数，缩短运输距离，避免启程或返程空驶，避免交叉迂回运输，提高运输效率，降低运输成本，从而安全、准确、及时、保质、保量地为客户提供服务。

（3）运输成本、速度和一致性。运输系统作为一个物流子系统，在整个物流大系统中发挥着重要的基础性作用，在运输的组织运作过程中，必须考虑成本、速度和一致性这三个重要因素。

在运输组织与管理中，必须精确地维持运输成本和服务质量之间的平衡。在某些情况下，低成本和慢运输是可以令人接受的，而在另外一些情况下，快速服务也许是实现作业目标的关键所在。因此，发掘并管理所期望的低成本、高质量的运输，是运输管理的一项基本职责。

2. 配送及配送中心

配送的英语原词是 delivery，是"送货"的意思，强调的是将货送达。我国物流学界认为配送是按照客户的订货要求和时间计划，在物流据点（含仓库、商店、货运站、配送中心等）进行分拣、加工和配货等作业后，再将配好的货物以最合理的方式送交客户的一种经济活动。配送中心是从事货物配备（集货、加工、分货、拣选、配货等）活动和组织对用户的送货，以高水平实现销售或供应的现代物流设施。

运输与配送的区别：运输是长距离大量货物的移动，是在据点间的移动，是地区间货物的移动；而配送是短距离少量货物的移动，是企业把货物最后送交客户，是地区内部货物的移动。

配送中心的功能如下：

（1）服务功能。配送中心的活动实质上就是为各个客户提供物流方面的整体服务，特别是开展共同配送的配送中心，物流服务能力的高低是配送中心竞争力的重要表现。

（2）集货（也就是收获或进货）功能。配送中心从众多供应商处采购大量的、品种较齐全的商品，经过理货或加工作业后向用户开展配送。

（3）加工功能。配送中心采购来的产品有的需要简单加工，如大多数的农副产品可按消费者的需要进行分类包装的简单加工后再配送。加工功能可以有效地提高配送水平。

（4）储存功能。配送中心发挥着临时库存的作用，虽然商品在配送中心储存的时间越来越短，但配送中心具有储存功能是十分必要的。

（5）分拣功能。分拣功能是指配送中心将储存货物按用户要求分拣配齐以后，送到指定配货场，经配装后送至用户。

（6）装卸功能。配送中心的集货、储存、分拣等过程都需要进行装卸搬运，装卸作业效率的高低、质量的好坏直接影响配送的速度和质量。

（7）送货功能。送货是指配送中心依照客户的订货要求，将分装、配组好的货物送达各用户。可借用社会运输车辆，也可自建运输队伍。

（8）信息功能。配送中心必须有灵敏、完整的信息管理系统，这是保证配送业务顺利进行的关键。

对于综合型的配送中心一般有如下作业流程：从供应商进货—接货—验收—入库—存放—盘点—拣货—流通加工—包装—分类—盘整—制订配送计划—配装—配送至客户。与作业流程相对应，配送中心的作业管理主要有进货入库作业管理、在库保管作业管理、流通加工作业管理、理货作业管理和配送作业管理等内容。配送中心作业流程及管理如图10-2所示。

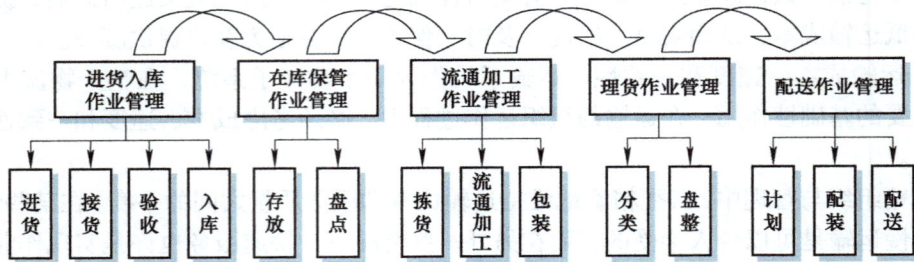

图 10-2　配送中心作业流程及管理

（四）仓储管理

对于许多企业来说，仓库是储存或存放物资的场所，所以仓储管理有时也被称为仓库管理。

做好仓库管理工作，对于保证物资及时供应、合理储备、加速周转、保证质量、降低成本、提高经济效益，都具有重要的作用。仓库管理的内容有如下几项。

1.物资的验收入库

物资的验收是做好仓库管理工作的先决条件。物资验收包括两个方面的工作。

（1）数量、品种、规格的验收。一切进厂的物资在数量、品种、规格等方面都要与运单、发票及合同规定完全相符。

（2）质量的验收。按规定送交检验部门进行质量鉴定，合格后才能入库、登账、立卡，并将入库通知单连同发票、运单等一起送交财会部门。

应当指出，生产中的质量事故，其中一个主要原因是物资验收入库制度不健全，企业的质量体系中对于入库物资的验证工作提出了要求。

因此，做好物资的验收入库工作，是维持生产正常运行、保证产品质量、避免损失和浪费的一个不可忽视的环节。

2. 物资的保管

物资保管是仓库管理工作的主要业务。物资验收入库后，需根据不同物资的物理性能、化学成分、体积大小、包装情况等不同要求妥善保管。

（1）合理存放。将物资按类别、按系列存放在库场的固定货区内，科学合理地摆放和堆垛，要摆放整齐、标志鲜明，便于存放取送和查验盘点。

质量管理体系对物资的标志和检验以及试验状态标志有严格的规定，因为在许多场合，都是由于没有标志或标志不清发错了料，给整个生产过程造成了很大的损失。

为了充分利用仓库空间，不少企业采用"四号定位"和"五五摆放"等先进保管方法。所谓"四号定位"，就是按库号、架号、层号、位号对物资实行统一编号，便于查找和发料。所谓"五五摆放"，就是根据物资的形状，以五为基本计数单位进行摆放。做到"五五成堆、五五成行、五五成排、五五成串、五五成层"等，使其堆放整齐，便于过目成数，便于盘点和取送发放。

（2）妥善保管。物资变质主要受三方面的因素影响：物资的物理、化学性能；物资储存的自然环境；物资储存期的长短。

为了防止物资不变质和保证仓库的安全，要求做到防锈、防尘、防潮、防震、防腐、防磨、防水、防爆、防变质、防漏电"十防"工作。

在物资保管过程中，还必须建立和健全账卡档案，及时掌握和反映产、需、供、耗、存的情况，发挥仓库的耳目作用，做到账、卡、物一致。

3. 物资的发放

物资的发放是物资部门为生产服务和节约使用物资的重要环节。物资发放工作的好坏，对生产有直接的影响，发放中应注意如下几点：

（1）出库单据和手续符合要求。单据和手续必须符合要求，即根据供应部门开出的限额发料单、提货单，经核对无误方可发放，非正式凭证一律不予发放。

（2）严格执行限额发料制度。按照物资的消耗定额和计划任务，计算物资需要量，制定发放物资数额，据此向车间发放物资。

（3）实行送料制。这不但可节省生产人员的领料时间，还可使供应人员直接掌握现场物资消耗使用情况，以便及时调剂余缺。

（4）贯彻先进先出的原则。发放物资时，一定要做到先进先出，以免物资自然损耗和久存变质。

（5）实行补料审核制度。凡是工废、料废、超定额等要求补料时，必须按规定的手续经过审核和批准后，才能允许补料。

（6）实行退库和核销制度。发生多余的物料时，应及时办理退料手续。物资部门还应按月对领料部门所消耗的物资实行核销制度，以利于加强考核。

4. 清仓盘库

仓库要及时掌握物资的变动情况，做到账、卡、物相符，就要进行盘点。盘点的内容是检查账面数与实存数是否相符，有无超储积压，物资有无损坏、锈蚀或变质。

盘点分为经常盘点和定期盘点两种。经常盘点由仓库管理人员随时进行。定期盘点由供应部门和财务部门共同组织，定期进行。发现问题要查明原因和责任。对超储积压物资要做出处理。盘点的记账方法又分为实地盘存制和永续盘存制两种。

现代物流技术，如条码、电子扫描方式、无线射频技术、物流信息系统等，使清仓盘库工作更精确、更便捷。

02 单元二　库存管理

一、库存管理概述

1. 库存的概念

库存，广义来说是指"组织中所用的任何资源或物品的储备"，狭义来讲则是指"用于进行生产或满足顾客需求的材料或资源的储备"，一般都侧重于狭义的库存及管理。

对于不同的组织、不同的企业来说，库存的内涵不同。航空公司的库存是其飞机的座位；百货商店的库存是各种各样的商品。通常来讲，制造企业的库存可分为原材料、半成品、零部件、供应品和在制品五大类；服务业的库存则指用于销售的实物和服务管理所必需的供应品。

本单元库存管理强调的是库存数量和成本的管理和控制。

2. 库存的作用

（1）预防不确定性。在市场经济条件下，市场的不确定性决定了原料供应和产品销售的不确定性，而生产过程的均衡，能使企业获得较好的生产效率，有利于提高产品质量。另外，若发生生产和销售脱节，不能及时向用户供货，将可能失去用户。因此，建立安全的库存量十分重要。

（2）能够实现经济生产批量。如前所述，在成批生产类型企业中，按经济生产批量来安排生产计划能使成本最小，而经济生产批量一般不等于用户订购的批量数，这就需要通过库存来满足用户的需求。

（3）实现经济购买批量。按照经济原理，当订购货品的批量达到一定的数量（即经济订购批量）时，可以使企业订购和保管费用达到最小。另外，在市场经济条件下，由于商品价格的灵活性，供货单位往往承诺，当购买批量达到一定数量时，可以给予价格优惠，这些都能降低企业的生产成本。

（4）预防原料涨价。减少库存量虽然是企业为了降低原料成本而常用的方法，但有较大的风险，若与预测相反，企业将蒙受较大的损失。若企业原料可在期货市场得到，完全可以用套期保值方法来降低成本。若预测某原料在今后将要涨价，可先购得期货合约；若将来真的涨价，则因有期货合约在手，对企业影响不大；若没有涨价反而跌价，企业虽然在期货有损失，但在现货市场购得廉价原料，两者相抵影响也不太大。

（5）在途库存保障生产的正常进行。原料在运输过程需要一定的时间，占有一定的库存量。生产过程中的在制品等都占一定的库存。而这些在途库存是保障生产正常进行所必需的。

3．库存成本

库存成本由以下三个因素组成：

（1）保管费用。保管费用一般用库存货物成本的百分比来表示。如每年15%的库存费用，即1元物品存1年的花费为0.15元。库存保管费用主要包括：占用资金的利息、仓库租金（或折旧）、仓库管理费、库存损耗费；还有资金的机会成本，它是指资金被库存占用，而失去用于其他投资机会造成的损失。

（2）订货成本。订货成本是指每订一批货物所支付的必要费用，主要包括采购人员差旅费、合同公证费、手续费、通信联系费等。它仅与订购货物的次数有关，而与货物订购数量无关。

（3）短缺成本。短缺成本是指由于库存不足，无法及时满足顾客需求所造成的业务损失、企业信誉损失等。

4．独立库存和相关库存

独立需求是指各种物品的需求之间没有联系，可以分别确定。独立需求由市场状况决定，与企业生产过程无关。企业最终产品的需求均为独立需求。相关需求是指产品的需求与更高层次的产品需求相关联，前者的需求由后者决定。例如，市场对某小轿车的需求是500辆/月，为独立需求，因生产500辆小轿车而需要的2 000个车轮和轮胎则属于相关需求，它们是从属于独立需求的。为应付独立需求而建立的库存为独立库存；与相关需求相联系的库存是相关库存。由于以上原因，独立库存与相关库存模型是完全不同的。

二、库存控制

库存控制是指根据企业生产、经营的需要，在库存动态变化的基础上，按照经济合理的原则，采用适当方法对库存进行调节、控制的活动。进行库存控制的目标，是以最低的库存总费用和库存量来满足生产（顾客）的需求。

库存控制的作用有：①在保证企业生产、经营需求的前提下，使库存量经常保持在合理的水平；②掌握库存量动态，适时、适量提出订货，避免超储或缺货；③减少库存空间占用，降低库存总费用；④控制库存资金占用，加速资金周转。

研究库存控制的意义和进行库存控制的目标是要对库存进行控制，使企业的库存维持在一个特定的水平上，使库存造成的各项浪费最小，而又能保证生产、经营活动的正常进行。

对于独立库存系统，我们可以用各种库存模型来求得经济合理的库存量，其中最为常用的是定量订货模型和定期订货模型。

（一）定量订货模型

定量订货是指当库存量降到某一确定的数值时，开始订购预先确定的新的物资，补充库存，而订货的时间不定。定量订货模型主要有三个因素：一是确定订货需要的库存水平，即订货点；二是为了降低成本，需要确定一个合适订货批量，一般用经济订购批量来表示；三是为了防止各种不确定因素对生产过程连续性的影响，而确定一个安全库存量。

1．订货点和经济订购批量

经过某些假设可把库存量变化简化成如图 10-3 所示的模型。

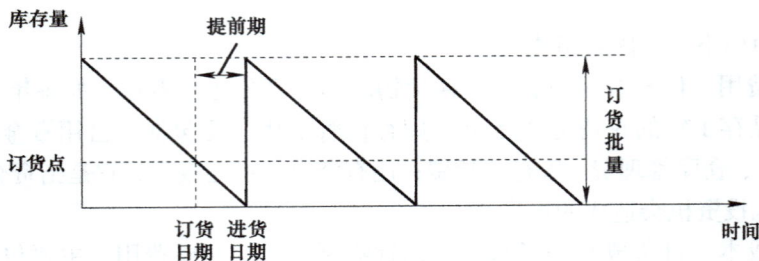

图 10-3　定量订货模型

设日平均需求量为 d，提前期（供应商交货期）L = 进货日期 − 订货日期，则

$$订货点\ R（库存量）= dL$$

$$库存成本 = 订货费用 + 保管费用$$

$$总库存成本 = 订货费用 + 保管费用 + 货品成本$$

设总需求量（年）为 D，订货批量为 Q，每次订货费用为 S，单位货品库存费用为 H，单位货品成本为 C，则

$$总成本\ TC = \frac{DS}{Q} + \frac{QH}{2} + DC$$

所谓经济订购批量（EOQ）是使总成本 TC 最小时的 Q 值，则

$$\frac{dTC}{dQ} = 0 \qquad 经济订购批量\ EOQ = \sqrt{\frac{2DS}{H}}$$

例 10-1　某企业对某种物资年需求量为 3 650 千克，订货费用为 50 元/次，物资单价为 125 元/千克，保管费用为单价的 10%，交货期 5 天，求经济订购批量和订货点。

解：已知 D = 3 650 千克，S = 50 元/次，H =（0.1×125）元 = 12.5 元

$$EOQ = \sqrt{\frac{2DS}{H}} = \left(\sqrt{\frac{2 \times 3\,650 \times 50}{12.5}} \right) 千克/次 \approx 171\ 千克/次$$

$$日平均需求量\ d = \frac{D}{365} = \left(\frac{3\,650}{365} \right) 千克 = 10\ 千克$$

$$订货点\ R = dL = （10 \times 5）千克 = 50\ 千克$$

2．安全库存量

市场不确定性造成每日需求量为一随机变量，这时库存可能出现三种情况（见图 10-4）：a_0 表示提前期内需求量 = 平均需求量；a_1 表示提前期内需求量 > 平均需求量，造成库存短缺；a_2 表示提前期内需求量 < 平均需求量，库存积压。若仅考虑库存短缺给生产造成了

损失，则必须用安全库存量来弥补。一般可认为日需求量服从正态分布，我们就可根据历史数据或预测分析，求得需求量的期望值 d 及其标准差 σ_L。然后利用正态分布表求得给定短缺率（或服务水平）下的安全库存量。

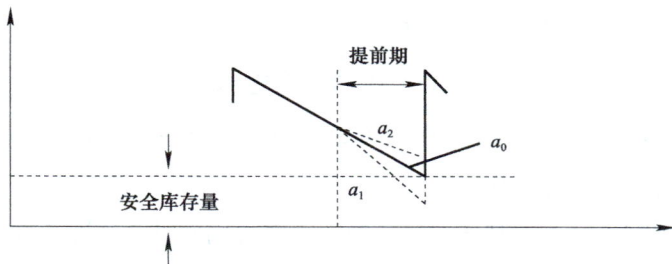

图 10-4　安全库存量

设 α 为安全系数，L 为交货期，σ 为日需求量的标准差。若短缺率为 5%，则服务水平 =1－短缺率 =95%，查正态分布表 $\Phi(\alpha)$ =0.95，α=1.65。在一般情况下的定量订货模型中，安全库存量不会很大。

例 10-2　接上例，d=10 千克，L=5 天，σ_L=3 千克，短缺率为 5%，求安全库存时的订货点。

解： 有安全库存量时的实际库存量 $= dL + \alpha\sqrt{L\sigma_L^2} = （10 \times 5 + 11.1）千克 = 61.1$ 千克

（二）定期订货模型

定期订货是指订货时间和周期预先确定，订货数量根据订货日盘点的实际库存量的情况临时确定的订货方法，即订购时间固定，每次订购的数量不固定。在此，关键是如何确定（每次）订货数量。定期订货模型如图 10-5 所示。

设设货间隔期为 T，订货提前期（交货期）为 L，订货盘点库存量为 K，日平均需求量为 d，安全库存量为 R。

当 d 变动时，由于订货日已扣除了实际的库存量，因此从订货日到下一次进货期间没有新的货源。变动日期为 $T+L$，$\sigma_L^2 = (T+L)\sigma_{Li}^2$，则安全库存量 $R = \alpha\sqrt{(T+L)\sigma_{Li}^2}$，故 R 比上述定量订货时要高。

$$订货数量 = d(T+L) + R - K$$

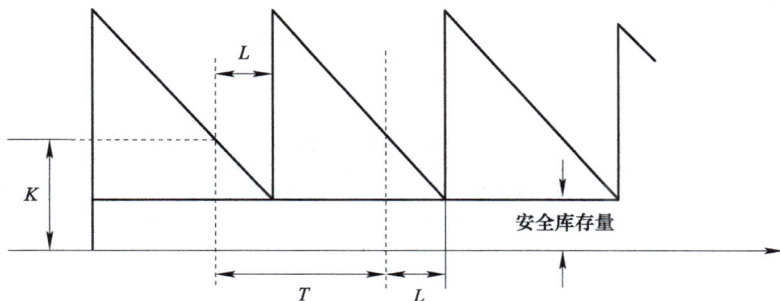

图 10-5　定期订货模型

例10-3 某企业对 A 材料采用定期订货方式，订购间隔期为 30 天，提前期为 5 天，该次订货时盘点库存量为 55 千克，日平均需求量为 10 千克，σ=3 千克。当短缺率为 5% 时，求该次订货数量。

解：T=30 天　L=5 天　d=10 千克　σ=3 千克　K=55 千克

$$R = \alpha\sqrt{(T+L)\sigma^2} = 1.65 \times \sqrt{(30+5) \times 3^2} \text{ 千克} = 29 \text{ 千克}$$

订货数量 $=d(T+L)+R-K=[10(30+5)+29-55]$ 千克 =324 千克

下面将两种订货模型略加比较。

定量订货模型的特点：①控制库存量方便，一般可用双堆法，即乙堆为订货点库存量，其余堆甲堆，并先用甲堆货品，当甲堆用完时即可开始订货；②能采用经济订购批量，降低采购成本；③安全库存量较小。

定期订货模型的特点：①由于订货期固定，对于许多货品的订购工作可同时进行，也能降低总采购费用；②对库存量进行严格控制（定期盘点）；③在存在中间销售环节时，供应厂商可定期检查销售点的库存情况，以便及时补充库存。

三、库存的 ABC 管理法

1. ABC 管理法概述

ABC 管理法又称为重点管理法，其基本原理是处理问题要分清主次，区别关键的少数和次要的多数，根据不同情况进行分类管理，帮助人们正确地观察问题并做出决策。

帕累托原理——关键的少数、次要的多数，最早用于分析本国财富分配状况，后来许多管理学者把此原理用于管理的其他方面，如：库存管理——ABC 管理法；质量管理——排列图法等。

库存的 ABC 管理法，就是按存货单元的年利用价值对其进行分类的管理方法。所谓存货单元是指因其用途，或因其款式、大小、颜色甚至存放地点的不同而被区别对待的存货项目。例如，相同款式但尺码不同的两种鞋可能被当作两个不同的存货单元。

2. ABC 管理法的实施过程

（1）将商品按其库存额从大到小进行排列，并算出总库存额。

（2）计算累计库存额占总库存额的百分比。

（3）按累计库存额的百分比划分 A、B、C 类，并作图。

ABC 分类见表 10-2。

表 10-2　ABC 分类

因素名称	因素重要性	占品种百分比（%）	占金额百分比（%）
A	关键因素	10	70 左右
B	一般因素	20	25 左右
C	次要因素	70	5 左右

例10-4　某仓库库存商品10种，对其库存额进行ABC分类，见表10-3。

表 10-3　库存商品的 ABC 分类

商品序号	库存额（元）	累计库存额（元）	累计库存额占比（%）	分　类	累计品种数占比（%）
01	7 000	7 000	70.00	A	10
02	1 100	8 100	81.00	B	30
03	900	9 000	90.00		
04	270	9 270	92.70	C	100
05	200	9 470	94.70		
06	190	9 660	96.60		
07	120	9 780	97.80		
08	100	9 880	98.80		
09	90	9 970	99.70		
10	30	10 000	100.00		
合　计	10 000	—	—	—	—

绘制库存商品的 ABC 分类图，如图 10-6 所示。

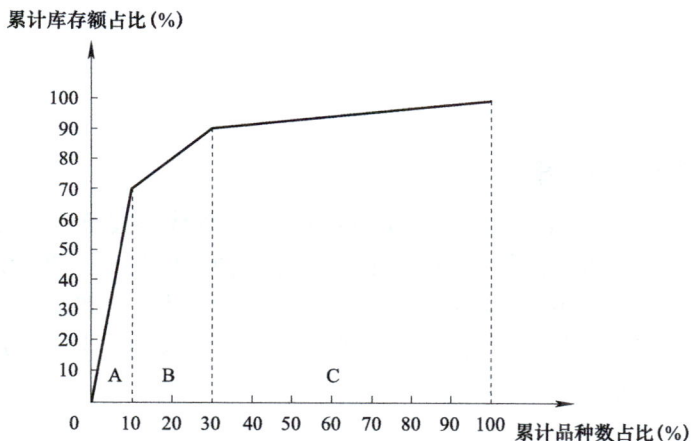

图 10-6　ABC 分类图

四、库存的 CVA 管理法

ABC 管理法有其不足之处，通常表现为 C 类货物得不到应有的重视，而 C 类货物缺货往往也会导致整个装配线的停工。因此，有些企业在库存管理中引入了关键因素分析（Critical Value Analysis，CVA）管理法。

CVA 管理法的基本思想是把存货按照关键性分成 3～4 类，即：

（1）最高优先级。这是经营的关键性物资，不允许缺货。

（2）较高优先级。这是指经营活动中的基础性物资，但允许偶尔缺货。

（3）中等优先级。这多属于比较重要的物资，允许合理范围内缺货。

（4）较低优先级。经营中需要这些物资，但可替代性高，允许缺货。

表 10-4 列示了按 CVA 管理法划分的库存种类及其管理策略。

表 10-4 CVA 库存种类及其管理策略

库 存 类 型	特 点	管 理 措 施
最高优先级	经营管理中的关键物资，或 A 类重点客户的存货	不许缺货
较高优先级	生产经营中的基础性物资，或 B 类客户的存货	允许偶尔缺货
中等优先级	生产经营中比较重要的物资，或 C 类客户的存货	允许合理范围内缺货
较低优先级	生产经营中需要，但可替代的物资	允许缺货

CVA 管理法比起 ABC 管理法有着更强的目的性。在使用中要注意，人们往往倾向于制定高的优先级，结果高优先级的物资种类很多，最终哪种物资也得不到应有的重视。CVA 管理法和 ABC 管理法结合使用，可以达到分清主次、抓住关键环节的目的。在对成千上万种物资进行优先级分类时，采用 ABC 管理法进行归类更合适。

03 单元三　供应链管理

一、供应链及供应链管理

供应链管理（Supply Chain Management，SCM）是在现代科技条件下发展起来的一种管理理念，它涉及各种企业及企业管理的方方面面，是一种跨行业的管理。供应链管理的本质是一种集成化的管理思想和方法，它把供应链上各个企业作为一个整体，企业之间为追求共同经济利益的最大化而共同努力，使供应链上各企业分担的采购、生产、分销和销售等职能成为一个协调发展的有机体。

（一）供应链概述

供应链管理的对象就是供应链。供应链是一个连接在一起的组织网络，通过前向和后向连接的不同过程和活动，以产品方式产生价值，或者以服务方式提供给下一个节点，直到最终用户。

一般而言，供应链就是由供应商、制造商、分销商、零售商（仓库、配送中心和渠道商）、用户等构成的物流网络。一个企业内部可构成这个网络的不同组成节点，但更多的情况下是由不同的企业构成这个网络中的不同节点。在供应链各成员单位间流动的原材料、在制品库存和产成品等就构成了供应链上的货物流。供应链的结构如图 10-7 所示。

从图 10-7 可以看到，供应链实际上是由所有加盟的节点企业（或企业单位）组成，在供应链中一般有一个核心企业，节点企业（或企业单位）在需求信息的驱动下，通过供应链的职能（制造、转运、分销、零售等）分工与合作实现整个供应链的不断增值。

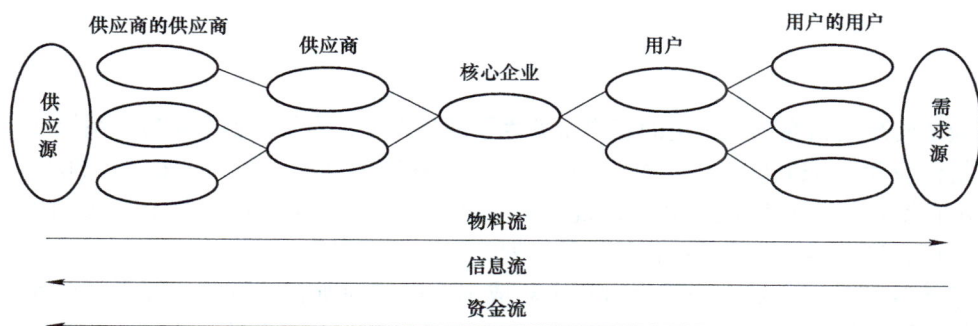

图 10-7 供应链结构

对于供应链，应从以下几个基本要点去理解：

（1）供应链是由多个供需节点所组成的网链结构。在供应链上每个企业都是按供需关系连在一起的，互为供需。直接发生供需关系的两个企业构成一个供需节点，形成节点企业，所有这些节点企业按照一定的顺序依次连接在一个供应链上。

（2）供应链上有一个核心企业。一般来说，供应链是围绕供应链主体形成的，供应链主体是指核心企业。一个供应链只能有一个核心企业，它决定了供应链的性质、结构和内容等。供应链的结构是以核心企业为中心，上连供应商、供应商的供应商等供应源，下连用户、用户的用户或分销商、分销商的分销商等需求源。供应链的内容、供应链的性质均取决于核心企业的产品和服务。核心企业不同，供应链的结构也不一样。

（3）供应链供应的实质是产品和服务。在供应链上，供应链企业之间流动的是有形产品和无形服务。为了保障它们正常流动，则需要供应链上各企业做好沟通、协调等方面的工作。

（4）供应链是一条信息链。在供应链上，伴随产品和服务流动的是信息流、资金流、事务流。所以，对供应链上的信息进行处理是供应链管理的主要内容，供应链实质上是一条信息链。

（5）供应链的最终目标是整体效益最大化。供应链的着眼点不是对某个企业，而是对整个供应链中的所有企业，通过沟通、协调等手段最大限度地满足用户需求，实现供应链上企业的双赢乃至多赢。

供应链具有复杂性、动态性、交叉性、面向用户等特征。供应链按不同的分类标准划分类别也不同：按供应链存在的稳定性，可分为静态供应链与动态供应链；按供应链容量与市场需求之间的关系，可分为平衡供应链与倾斜供应链；按供应链的物理功能和市场功能，可分为有效性供应链和反应性供应链。

企业内部的各个职能部门，可以当作一条内部供应链，通过整合，以更高的效率处理联合的物流、信息流和资金流，完成产品或服务的供应。

现代市场竞争的主体已不再是单个企业，这是由于单个企业难以抵御供应链的强大竞争攻势，纷纷败下阵来，而成熟市场的竞争主体是供应链。

（二）供应链管理概述

1. 供应链管理的概念

供应链管理是指在满足一定的客户服务水平的条件下，为了使整个供应链系统成本达到最小而把供应商、制造商、仓库、配送中心和渠道商等有效地组织在一起来进行的产品制造、转运、分销及销售的管理方法。也可以说它是利用计算机网络技术全面规划供应链中的物流、资金流、信息流、事务流等并进行相应的计划、组织、控制。

供应链管理要把满足客户需求过程中对成本有影响的所有成员单位都考虑在内，也就是要把供应链上的每个企业都作为一个不可分割的整体看待，在采购、生产、分销等方面形成一个有机协调的整体。

供应链管理的目的在于追求整个供应链的整体效率和使系统总成本降至最低。因此，供应链管理的重点不在于简单地使某个供应链成员的成本达到最小，而在于通过采用系统方法来协调供应链成员以使整个供应链总成本最低，使整个供应链系统处于最流畅的运行中。

2. 供应链管理的内容

从供应链管理的任务和概念分析可知，供应链管理主要涉及供应、生产、物流、需求四个方面。它是以同步集成的生产计划为指导，以各种现代技术为支持，以国际互联网和企业内部网为依托，围绕企业的供应、生产、物流等最大限度地满足用户需求。供应链管理涉及的领域（内容）如图 10-8 所示。

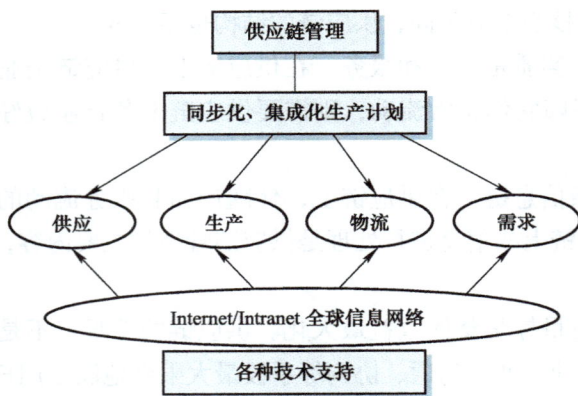

图 10-8　供应链管理领域（内容）

供应链管理具体应包括以下内容：

（1）供应链网络结构设计。它包括供应链合作伙伴选择、供应链物流系统设计。

（2）各节点企业内部集成化供应链管理流程设计。这主要包括：客户需求管理流程设计（如市场需求预测、营销计划管理、客户关系管理等）；客户订单完成管理流程设计（如生产计划与生产作业管理、新产品研发计划管理、物料采购计划管理、品质管理、运输和配送计划与作业管理、资金管理等）；客户服务管理流程设计（如产品售前、售中、售后管理，客户退货管理等）。

（3）外部集成化供应链管理流程设计。供应链核心企业的客户订单管理流程与其原材料供应商、产成品销售商、物流服务提供商（物流外包商）等合作伙伴管理流程之间能够相互适应，有机结合。

（4）供应链信息管理。这包括市场需求预测信息、库存信息、销售信息、新品研发信息、销售计划与生产计划信息等的交互共享，以及供应链各节点企业间的协同预测、计划与补给的库存管理技术等。

（5）供应链管理机制的建设。在供应链管理中要建立合作信用机制、协商机制、绩效评价与利益平衡机制、激励与约束机制、监督预警与风险防范机制和其他需要建立的相应机制。

（三）互联网时代的供应链管理

1. 从推式供应链到拉式供应链

在"互联网+"大环境下，传统的推式供应链无法适应发展变化，拉式供应链成为一种新的需求，推式和拉式相结合将是应对新时代下供应链发展变化的最佳着力点，不同的产品要配更合适的供应链。

人们生活中需要的产品主要有两类：一类产品是功能性的产品，例如超市里出售的餐巾纸、食盐、白面、大米等；另一类是创新型的产品，例如新款手机、新季度服装等。功能性的产品，成本最重要。如何控制成本，就靠推式供应链来做，因为推式供应链的单位成本比较低，生产速度快，物流配送也相对容易。但在互联网时代，企业可以直接接触到顾客的需求，一些创新型产品必须强调快速反应，拉式供应链模式成为互联网时代企业应对快速变化市场的最佳选择。这种供应链要求上下游的合作紧紧围绕着如何满足消费者需求展开，每个环节都是上一个环节的下游，市场的传递力量很强大，这就对每一个主体提出了更高的要求。例如，家电制造企业要想做到利用 CZB 大数据定制家电产品，必须具备以下条件：要有海量的用户数据，这些数据能够挖掘出对生产商家有指导价值的结果，还需要具备挖掘这些数据的技术能力以及有能力整合生产、流通和销售这些关键环节。只有具备了这些条件，家电制造企业才能围绕用户需求，与电商平台共同打造极效协同的联合办公模式，利用大数据，进行 CZB 反向定制，加速拉式供应链的发展，开发一些新的销售模式，如单品定制营销、长尾产品等。

2. 供应链管理更加强调以用户为中心

供应链管理的本质是以最低的总成本满足用户需求。在互联网时代，企业可以通过互联网直接接触用户，这意味着以往的产销协同将变成供应链与用户的直接协同。基于互联网的大数据思维，我们可以将基于历史库存的计划策略变成基于用户未来需求的计划策略。因此，在互联网模式下，企业需要重新思考与用户打交道的方式，不仅仅在流通领域，也包括制造领域。例如小米公司的供应链策略，从以产品为主变为以用户为中心，从产品研发、设计、制造到销售全程直接面向用户，并让用户参与，整个供应链从内部到外部完全以用户为中心。

二、采购管理

（一）采购的概念

采购是用户为获取与自身需求相吻合的货物和服务而必须进行的所有活动。采购包括两个基本意思，"采"是指收集市场信息并进行选择；"购"即购买，是指根据一定的方法和经验从多个选择对象（如商店、企业、市场等）中进行选择购买的过程。

（二）采购的方式

采购的方式有很多，常见的有招标采购和议价采购等。

1．招标采购

招标采购又可分为邀请招标和公开招标两种。公开招标是指采购企业作为招标方，先提出采购的条件和要求，并通过公共传媒介绍、发布招标公告或招标信息，邀请不特定的法人或者其他组织投标所进行的招标。公开招标是一种无限制的竞争方式，其优点在于投标不受地域限制，招标人有较大的选择余地，可在众多的投标人中选定报价合理、工期较短、信誉良好的承包商，有助于打破垄断，实行公平竞争。

公开招标虽然是最能体现充分竞争和"三公原则"的采购方式，但是也存在着程序环节多，采购周期长，费用较高等缺陷。邀请招标则不仅在一定程度上能够弥补上述缺陷，而且能相对充分发挥招标优势。邀请招标也称选择性招标，是由采购人根据供应商或承包商的资信和业绩，选择一定数目的法人或其他组织（不能少于三家），向其发出招标邀请书，邀请其参加投标竞争，从中选定中标的供应商。

2．议价采购

议价采购是指采购人员对供应商的产品或服务的质量、交货期、价格等条件进行谈判后，从中选择信用可靠的供应商的采购方法。在对外贸易中，采购交易磋商的过程包括询盘、发盘、还盘与接受。

（三）供应商管理

供应商管理是对供应商的了解、选择、开发、使用和控制等综合性管理工作的总称。其中，了解是基础，选择、开发、控制是手段，使用是目的。供应商管理的目的，就是建立一个稳定可靠的供应商队伍，为企业生产提供可靠的物资供应。

1．供应商调查

供应商管理的首要工作，就是要了解供应商、了解资源市场。供应商调查分为三个步骤，第一步是资源市场调查，第二步是初步供应商调查，第三步是深入供应商调查。

（1）资源市场调查包括：①资源市场的规模、容量、性质。例如资源市场是买方市场还是卖方市场，是垄断市场还是竞争市场等。②资源市场的环境如何。例如市场的管理制度、法制建设、经济、政治环境等。特别是在国际采购中更应注意。③资源市场中有哪些供应商，各个供应商的情况如何。

（2）初步供应商调查，是指对供应商基本情况的调查。它主要是了解供应商的名称、地址、生产能力，能提供什么产品，能提供多少，价格如何，质量如何，市场份额有多大，运输进货条件如何。初步供应商调查具有调查范围广、调查内容浅的特点。

（3）深入供应商调查，是指经过初步调查后，对准备发展为自己的供应商进行更加深入仔细的考察，即深入到供应商的生产线、质量检验环节和管理部门，详细了解供应商的设备、工艺、生产技术、管理情况等，并进行样品试制，试制成功以后才算合格。

2．供应商考核和控制

供应商管理的任务，一是开发供应商，通过寻找新的供应商，建立起适合企业需要的供应商队伍；二是对已有的供应商进行考核和控制。因此，必须建立一套标准。常见的标准有质量、价格、可靠性、能力等。

供应商的选择办法有考核选择和招标选择。

（1）考核选择。它是在对考核对象进行充分调查了解的基础上，通过相关指标的分析比较、考核来选择供应商的一种方法。

（2）招标选择。它是企业采用招标的方式，吸引若干有实力、符合要求的供应商，以投标的方式参与竞争，最后以评议标的方式确定最满意的供应商。

案例10-2

某企业需求方按如下分数分配比例来评价本地的各供应商：产品质量占40分，价格占35分，合同完成率占25分。根据上期统计资料，4家供应商情况见表10-5。

表10-5　4家供应商情况

供 应 商	收到的商品量（件）	验收合格量（件）	单价（元）	合同完成率（%）
甲	2 000	1 920	89	98
乙	2 400	2 200	86	92
丙	600	480	93	95
丁	1 000	900	90	100

根据表10-5数据，按以下计算可得出各供应商的综合分数如下：

甲：（1 920÷2 000）×40分 +（86÷89）×35分 +0.98×25分 =96.7分

乙：（2 200÷2 400）×40分 +（86÷86）×35分 +0.92×25分 =94.7分

丙：（480÷600）×40分 +（86÷93）×35分 +0.95×25分 =88.1分

丁：（900÷1 000）×40分 +（86÷90）×35分 +1×25分 =94.4分

得分最高者是甲，因此最终选定的合适供应商是甲。

三、准时化采购

（一）准时化采购的含义

准时化采购又称 JIT 采购，它是由准时化生产（Just in Time）管理思想演变而来的。它的基本思想是：把合适数量、合适质量的物品，在合适的时间供应到合适的地点，最好地满足用户需要。其目的是实现零库存和消除不必要的浪费。要进行准时化生产必须有准时的供应，因此，准时化采购是准时化生产管理模式的必然要求。准时化采购包括供应商的支持与合作以及制造过程、货物运输系统等一系列的内容。准时化采购不但可以减少库存，还可以加快库存周转，缩短提前期，提高购物的质量，获得满意交货效果。

（二）准时化采购的原理

传统采购是填充库存，并以一定的库存来应对企业需求，为了保证企业生产经营的正常进行和应付物资采购过程中的各种不确定性（如市场变化、物资短缺、运输条件约束等），常常产生大量的原材料和外购件库存。虽然传统采购方式也在极力进行库存控制，想方设法压缩库存，但是由于机制问题，企业压缩库存的能力是有限的。特别是在需求急剧变化的情况下，常常导致既有高库存，又出现某些物资缺货的局面。准时化采购是一种直接面向需求的采购模式，其基本原理体现在以下几点：

（1）需要什么就采购和供应什么，品种规格满足用户需求。

（2）需要什么质量的物资就采购和供应什么质量的物资，杜绝次品或废品。

（3）需要多少就采购和供应多少。

（4）什么时候需要就什么时候送到。

（5）在什么地点需要就送到什么地点。

准时化采购与传统采购的区别见表10-6。

表10-6　准时化采购与传统采购的区别

比 较 因 素	准时化采购	传统采购
供应商的选择	长期合作，甚至单源供应	短期合作，多源供应
供应商评价	质量指标、供应指标、经济指标、配合与服务指标等	质量、价格、交货期
验收入库工作	由于质量得到保证，无进货检查	每次进货都进行检查
采购批量与运输	批量小、批次多、运输次数多	批量大、批次少、运输次数少
协商内容	长期合作关系、质量与合理价格	获取最低价格
供货	准时送货，买方负责安排交货时间	成本较低，卖方负责安排交货时间
信息交流	快速、可靠	一般要求
包装	小、标准化容器包装	普通包装，无特别说明

（三）准时化采购的优点

准时化采购对于供应链管理思想的贯彻实施有着重要的意义，作为一种先进的采购模式，不但可以有效克服传统采购的缺陷，提高物资采购的效率和质量，还可以有效提升企业的管理水平，为企业带来巨大的经济效益。具体表现为以下几方面：

（1）有利于暴露生产过程中隐藏的问题，从深层次提高生产效率。JIT采购认为，过高的库存不仅增加了库存的成本，而且还将许多生产上、管理上的矛盾掩盖起来，使问题得不到及时解决，日积月累，小问题就可能积累成大问题，严重影响企业的生产效率。而JIT是一种理想的物资采购方式，它设置了一个最高标准，一种极限目标，即原材料和外购件的库存为零，质量缺陷为零。同时，为了尽可能地实现这样的目标，JIT采购提供了一个不断改进的有效途径，即降低原材料和外购件库存——暴露物资采购问题——采取措施解决问题——降低原材料和外购件库存。JIT采购通过不断减少外购件和原材料的库存来暴露生产过程中隐藏的问题，从解决深层次的问题来提高生产效率。

（2）消除了生产过程中的不增值环节，提高了生产效率。在企业采购中，存有大量的不增加产品价值的活动，如订货、修改订货、收货、装卸、开票、质量检验、点数、入库及运转等，把大量时间、精力、资金花在这些活动上是一种浪费。由于JIT采购大大精简了采购作业流程，因此避免了这些浪费，极大地提高了工作效率。

（3）进一步减少并最终消除原材料和外购件库存。降低企业原材料库存不仅取决于企业内部，而且取决于供应商的管理水平。JIT采购模式不仅对企业内部的科学管理提出了严格的要求，而且对供应商的管理水平提出了更高、更严格的要求。JIT采购不仅是一种采购方式，也是一种科学的管理模式，JIT采购模式的运作，在客观上将在用户企业和供应商企业中铸造一种新的科学管理模式，这将大大提高用户企业和供应商企业的科学管理水平。根据一些实施JIT采购策略企业的测算，JIT采购可以使原材料和外购件库存降低40%～85%。这有利于企业减少流动资金的占用，加速流动资金的周转，同时也有利于节省原材料和外购件库存占用空间，从而降低库存成本。

（4）使企业真正实现柔性生产。JIT采购使企业实现了"需要什么物资，就能供给什么物资；什么时间要，就能什么时间供应；需要多少，就能供给多少"，从而使原材料和外购件库存降到最低水平。从这个意义上讲，JIT采购最能适应市场需求变化，使企业能够具有真正的柔性。

（5）有利于提高采购物资的质量。一般来说，实施JIT采购，可以使购买的原材料和外购件的质量提高2～3倍。而且，原材料和外购件质量的提高，又会导致质量成本的降低。

（6）有利于降低原材料和外购件的采购价格。由于供应商和制造商的密切合作以及内部规模效益与长期订货，再加上消除了采购过程中的一些浪费，就使购买的原材料和外购件的价格得以降低。

案例 10-3

一汽大众流行这样一句话：在制品是万恶之源。公司仅捷达车就有七八十个品种，而每辆车都有2 000多种零部件需要外购。从1997年到2000年，公司捷达车的年销量从43 947辆一路跃升到94 150辆，市场兑现率高达95%～97%。与这些令人心跳的数字相比，公司的零部件却基本处于"零库存"状态。一个占地9万多平方米、可同时生产三种不同品牌、亚洲最大的整车车间，之所以能做到目前的水平，归根结底是由于JIT采购的成功实施。一汽大众的JIT采购管理有两种方式。一种是电子看板，也就是公司每个月把生产信息用扫描的方式通过计算机网络传递到各供货厂，对方根据这些信息安排自己的生产，然后公司按照生产情况发出要求供货的信息，对方则立即将所需的零部件在适当的时间送达公司各车间的入口处，再由入口处将零部件分配到车间的工位上。另一种方式则是公司按过车顺序把配货单传送到供货厂，对方按顺序装货并直接把所需的零部件送到车间的各工位上，从而取消了中间仓库储存的环节。一汽大众汽车有限公司实施JIT采购的效果十分明显，零部件的储备量大大下降，由此每年节约的费用达六七亿元。与此同时，供货厂商也减少了30%～50%的在制品和产成品储备。

| 复习思考题 |

一、简答题

1. 什么是物流？什么是供应链和供应链管理？
2. 物流的增值作用有哪些？
3. 企业主要的物流工作内容是什么？

4. 简述准时化采购的与传统采购的区别。

5. 供应链管理的内容是什么？

6. 讨论库存成本的构成内容。

7. 定量订货模型和定期订货模型的特点有哪些？

8. 某企业原材料 A 的年消耗量为 12 000 千克，价格为 15 元 / 千克，每次采购费用为 30 元，年保管费用率 $I=10\%$，求经济订购批量。

若该企业采用定量订货方法，交货期为 5 天，每天耗用量的标准差为 4.5 千克，求服务水平为 95% 时的订货点。

9. 某文具店一种练习簿的年需求量为 5 000 本，商店每两星期（14 天）检查一次库存并订货（定期订货方式），练习簿的交货期为 10 天，日需求量的标准差为 5 本，本次盘存时，练习簿库存 150 本，如果要达到 95% 的服务水平，应订货多少？

10. 简述 ABC 管理法的分类原则及各类的管理区别。

二、案例分析题

某管理咨询公司对 A 电器制造公司开展管理咨询时，对其仓库进行了调查，发现了许多问题，首先是仓库的各种主要业务流程存在问题，详见图 10-9。

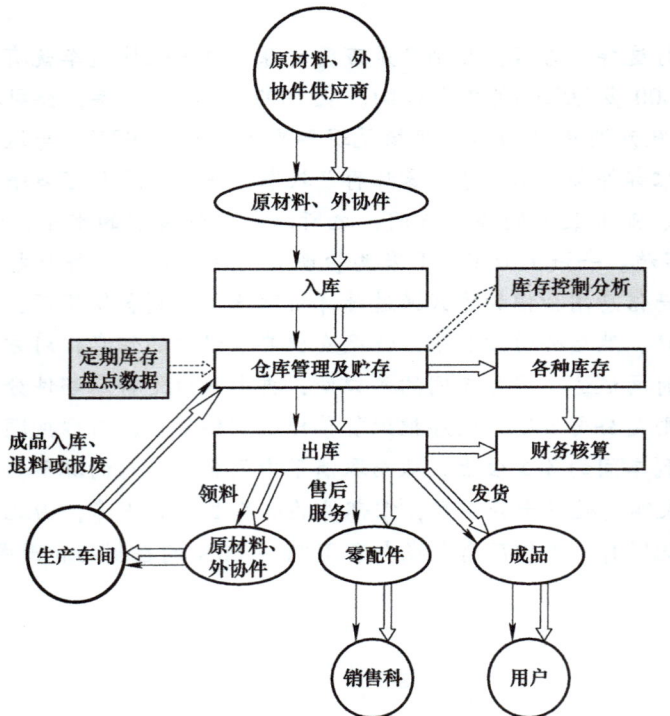

图注：
⭕ 单位、部门或岗位　⬭ 物品　▭ 作业或工作
──▶ 物流　⇒ 信息流　灰底、虚线表示系统缺失部分

图 10-9　仓库的各种主要业务流程图

其余仓库管理中存在的具体问题如下：

（1）原材料仓库的盘点工作开展不规范。仓库的盘点工作没有定期进行，工作人员仅在空闲时间穿插进行，对已经盘点的数据没有进行及时的调整，造成目前录入管理信息系统中的数据不够准确，较大程度地影响了财务核算的准确性。

（2）目前公司的仓库管理工作在较低层面上进行，其目标仅满足于库存数据的准确性。对仓库管理中的深层次工作尚未开展，如确定最低库存量、最高库存量、经济订购批量等。

（3）仓库管理人员从事该岗位工作时间较短，大都没有接受过有关仓库管理的专业知识培训，这对于企业今后的发展不利。

（4）仓库中部分物资堆放不规范，显得比较混乱。库存物品没有附物品卡片，不便于检查"账卡物的一致性"，影响盘点工作的开展。没有对仓库进行分区、编号等。

（5）贮存物品名称不统一，分类不清，造成统计数据不准确。例如，同一种配件，在车间称为低压管、工艺管，而在仓库统称为钢管，也因此经常领错货。

（6）目前辅助材料只是手工入账，没有进入计算机管理信息系统，影响了整个系统的完整性。

咨询公司提出了如下改进建议：

1. 加强仓库管理业务

（1）加强定期盘点工作。仓库的定期盘点工作是仓库管理中一项十分重要的常规工作，它对于保证库存物品数据的及时性和准确性是非常必要的。企业应立即修改仓库管理制度，增加定期盘点的内容，并根据企业的实际情况，确定盘点时间。盘点工作可邀请财务科派员参加，对于盘点的数据，应立即与财务科沟通，马上对库存数据进行调整，以保证库存数据的准确性。

（2）进一步改善仓库的基础管理工作。如统一贮存物品的名称；建立贮存物品卡片，便于盘点检查；采用"四号定位""五五堆放"等先进方法（"四号定位"，即按库号、架号、层号、位号对物品进行统一编号；"五五堆放"，即为"五五成堆、五五成排、五五成串、五五成层"，使其堆放整齐，过目成数，便于盘点和取送发放等）。

（3）为了降低生产成本，应实施定额领发料制度。建议企业科学地制定各类产品的主要原材料的消耗定额，实施定额领发料制度，这是企业降低制造成本的重要手段之一。

（4）在管理人员水平提高的基础上，深化仓库现代化管理。许多仓库现代化管理的方法已比较成熟且有效，如 ABC 管理法、确定最低（安全）库存量、采用定量订货模型或定期订货模型，以科学地降低库存量，加快资金周转，减少财务费用。

（5）确定成品库的固定场所。为加强成品库的规范管理，建议企业根据自身情况，确定成品库固定场所。

2. 人员培训

目前仓库管理人员的职业素质已不太适应公司进一步发展的需要，应分期、分批或利用生产淡季对仓库管理人员进行仓库管理业务培训。

3．组织机构调整

根据目前企业现有人员素质和配置，改变组织结构，建议撤销仓库的独立设置机构，把原材料仓库划归供应科管理，把成品库划归销售科管理。其优点有三：有利于加强供应科、销售科与仓库的沟通和联系；有利于管理信息系统正常运行；有利于改善整个系统的人员素质，便于开展深层次的管理活动。对于新机构的职能，除了要保证生产上物料正常供应和成品正常发货外，还要增加降低采购和库存成本的内容。

请讨论：

1．从仓库各种主要业务流程图中可看出仓库管理存在哪些问题？

2．咨询人员对该公司仓库管理业务方面提出了哪些改进建议？

模块十一
设备综合管理

📖 **学习目的**

了解设备及设备管理的概念。掌握设备合理利用、设备的寿命、设备的更新和技术改造。熟练掌握设备磨损和故障规律、设备维修制度。

01 单元一　设备管理概述

设备综合管理

一、设备及设备管理

（一）设备及其分类

1. 设备

所谓设备，有时也称为装备或机器，通常是指在人类生产活动或其他活动中能起到工具作用的物体。本模块"设备管理"中使用的"设备"的含义，主要是指企业生产所使用的除土地和建筑物以外的有形固定资产，如各种机器、机械电子装置、各种车辆等。但生产中耗用的工装模具，则不包括在"设备"的范畴之内。

2. 设备的分类

企业生产中所用的设备，五花八门、种类繁多。如从设备在生产中的作用这一角度，可把企业中所用设备分为以下几类：

（1）生产工艺设备，即用于改变劳动对象形状或性能、发生直接生产行为的设备，如金属切削机床、铸造、锻压与焊接等设备，这是企业设备中的主要部分。

（2）辅助生产设备，是指为生产服务的各种设备，如机械制造企业中的动力设备、运输设备等。

（3）试验研究设备，如计量、测试设备等。

（4）管理用设备，是指企业管理机构中用于生产经营管理的各种计算机、复印机、电传机和各种其他装置。

（5）公用福利设备，主要指企业内医疗卫生、通信、炊事机械等设备。

当然，还可以从其他角度（如从行业）对设备进行分类，例如，我国机械制造企业通常按设备工艺性质将其分为两大类十大项。两大类为机械设备和动力设备。机械设备又分为金属切削机床、锻压设备、起重运输设备、铸造设备、专业生产用设备及其他机械设备六大项；动力设备分为动能发生设备、电器设备、工业炉窑及其他动力设备四大项。每个大项还可细分。对于物流行业，有运输、保管、包装、搬运、流通加工等专用设备，而在其他行业中的辅助生产设备，如运输设备，在物流行业中却成为主要的生产设备。

对设备进行合理的分类，有助于编制相关的设备台账，以利于设备管理工作的开展。

（二）设备管理

1. 设备管理的概念

设备管理是指依据企业的生产经营目标，通过一系列的技术、经济和组织措施，对设备寿命周期内的所有设备物质运动形态和价值运动形态进行的综合管理工作。

所谓设备寿命周期，指的是设备从规划、购置、安装、调试、使用、维修直至改造、更新及报废全过程所经历的全部时间。购买设备时必须考虑设备寿命周期的总费用（Life Cycle Cost，LCC）。

2. 设备管理的主要内容

（1）依据企业经营目标及生产需要，制定生产运作系统规划。

（2）根据系统需要，选择和购置所需设备，必要时组织设计和制造。

（3）组织安装和调试即将投入运行的设备。

（4）对投入运行的设备正确、合理地使用。

（5）精心维护保养和及时检修设备，保证设备正常运行。

（6）适时改造和更新设备。

设备管理主要从技术、经济、组织三个方面开展，三者是不可分割的有机整体。

3. 设备管理的意义

在生产的机械化、自动化程度不断提高的今天，设备管理的好坏，对企业的生产经营影响是极大的，具体体现在以下方面：

（1）设备管理直接影响企业管理的各个方面。在现代化的企业里，企业的计划、交货期、生产监控等各方面的工作无不与设备管理密切相关。

（2）设备管理直接关系到企业产品的产量和质量。

（3）设备管理水平的高低直接影响着产品制造成本的高低。

（4）设备管理关系到安全生产和环境保护。

（5）设备管理影响着企业生产资金的合理使用。在工业企业中，设备及其备品备件所占用的资金，往往占到企业全部生产资金的 50% ~ 60%。

二、设备管理的发展过程

随着工业革命的产生和发展，生产由手工向机器转化，机器设备逐步加入到工业生产中来，并且发挥着越来越重要的作用。然而，并不是随着设备的产生就产生了设备管理。

在工业革命初期，生产规模小，设备简陋，设备的维修一般由操作工人负责，并无专门的设备管理。随着工厂生产规模的扩大，设备的技术复杂程度不断提高，设备的数量和种类不断增多，对设备维修的要求也逐步提高，设备维修逐步发展成为一个独立的工种。当以泰勒为代表的科学管理取代传统的经验管理之后，设备管理最终独立出来成为一个专门职能。

设备管理从产生至今大致经历了三个不同的发展时期：

1. 事后修理时期

在这一时期，设备管理最显著的特点是，坏了再修、不坏不修，以事后修理模式为主。这种设备管理制度在西方工业发达国家一直持续到 20 世纪二三十年代。

2. 预防维修时期

随着机器设备的日益复杂，修理所占用的时间已成为影响生产的一个重要因素。20 世纪 50 年代，为了尽量减少设备修理对生产的影响，美、苏等国提出了预防维修的概念，开始由事后维修向定期预防维修转变，强调采用适当的方法和组织措施，尽可能早地发现设备的隐患，预防和修理相结合，保证设备的正常运行。其中美国提出了预防维修制度，苏联提出了计划预修制度。

3. 设备综合管理时期

这一时期开始于 20 世纪 70 年代，进入 21 世纪后又有了新的进展。有关这一时期的特点将在后面详细叙述。

人们习惯上把设备管理发展的前两个时期称为传统的设备管理时期。这一时期所采用的设备管理模式是以维护修理为中心的，存在着固有的局限性：

（1）传统设备管理是一种阶段性的管理。它把设备的设计制造与使用截然分开，只限于对设备的使用进行管理，因而不能全面、系统地去解决设备使用中出现的问题。

（2）传统设备管理是一种片面的管理。它往往把注意力更多地集中于设备管理中的技术方面，而忽略了设备管理中的经济因素。在现代的企业管理中，有时经济方面的因素要比技术方面的因素重要得多。

（3）传统设备管理是一种封闭式的管理。它只限于设备使用企业内部的管理，而忽视同设备的设计、制造和销售等外部单位的联系。企业是一个开放性系统，作为企业管理一部分的设备管理自然也要具备与外界交换和反馈信息的功能。

正是由于传统设备管理存在上述缺点，为了使设备管理与现代生产相适应，人们开始研究和发展新的设备管理模式。

三、设备综合管理的形成、发展和特点

（一）设备综合管理的形成

1. 英国的工作

1971 年，在英国工商部的指导下，英国设备综合工程中心的丹尼斯·帕克斯（Dennis Parkes）在国际设备工程年会上发表了一篇设备综合工程学研究报告，运用系统论、控制论、信息论的基本原理，提出了一种新的设备管理理论——"设备综合工程学"（Tero Technology）。概括地说，设备综合工程学的主要内容如下：

（1）设备综合工程学的研究目标是实现设备最经济的寿命周期费用。

（2）它综合了与设备相关的工程技术、管理、财务等各方面的内容，是一门综合的管理科学。

（3）它提出了进行设备可靠性、维修性设计的理论和方法。

（4）它强调关于设计、使用效果及费用信息反馈在设备管理中的重要性，要求建立相应的信息交流和反馈系统。

丹尼斯·帕克斯的这篇报告最终引起了设备管理领域的重大改革，使设备管理进入了一个新的时期——设备综合管理时期。他所提出的设备综合工程学也成为设备综合管理的主要代表理论。

2．日本的工作

同一时期，日本在吸收欧美最新研究成果的基础上，结合他们自己丰富的管理经验，创建了富有特色的"全面生产维修制度"（Total Productive Maintenance，TPM）。

TPM 的基本特征如下：

（1）以提高设备综合效率为目标。

（2）建立以设备一生为对象的生产维修总系统。

（3）涉及设备的计划、使用、保养等所有部门。

（4）从最高领导到第一线工人全体成员参加。

（5）加强生产维修保养思想教育，开展班组自主活动，推广生产维修。（TPM 的详细内容见本模块单元二"五、设备维修"。）

可以看出，全员生产维修制度与设备综合工程学在本质上是一致的，只不过全员生产维修制度更具操作性，设备综合工程学更具理论性。

（二）设备综合管理的发展

随着计算机技术在企业中应用的发展，出现了基于状态维修（Condition-based Maintenance）和智能维修（Intelligent Maintenance）等新方法。

基于状态维修是随着可编程逻辑控制器（PLC）的出现并在生产系统上使用，能够连续监控设备运行参数。这种系统安装成本可能很高，但可大大提高设备的使用水平。智能维修包括电子系统自动诊断和模块置换装置，它是自动维护化的发展方向，也可用机器人进行远距离模块置换。

（三）设备综合管理的特点

如上所述，由于"设备综合工程学"和"全员生产维修制度"的产生，使设备管理进入了综合管理的新阶段。设备综合管理是以提高设备综合效益和实现设备寿命周期费用最小为目标的一种新型设备管理模式。它具有以下区别于传统设备管理模式的特点：

（1）设备综合管理是一种全过程的系统管理。它强调对设备的一生（从设计、制造到使用、报废）进行管理，认为设备的前期管理（指设备投入生产前的规划、设计、制造或购置、安装、调试等过程的管理）与后期管理（指设备投入生产后的使用、维修、改造直至更新、报废的管理）密不可分，二者同等重要，不可偏废任何一方。

（2）设备综合管理是一种全方位的综合管理。它强调设备管理工作有技术、经济、组织三个方面的内容，三者有机联系、相互影响。在设备管理工作中要充分考虑三者的协调与平衡。

（3）设备综合管理是一种全员参与的管理。它强调设备管理工作不只是设备使用和设备维修管理部门的事，要求企业中所有部门和全体员工都要参与其中。

（4）设备综合管理经常使用现代信息技术的手段。

单元二　设备的使用与维修

一、设备磨损和故障

（一）设备磨损

1. 设备的两类磨损

设备的磨损一般分为有形磨损与无形磨损两类。

（1）有形磨损（物理磨损）。设备投入生产后在正常使用过程中，由于摩擦、应力和化学反应等的作用，设备的部件和零件会逐渐磨损、疲劳和磨蚀，甚至断裂。一般把这种主要是由于在设备使用过程中机械磨损所致的磨损称为设备的有形磨损，也称物理磨损。设备的有形磨损又分为使用磨损和自然磨损两种。

1）运行中的设备在力的作用下，零部件发生磨损、振动和疲劳等现象，致使机器的实体产生磨损，这种磨损称为使用磨损。

2）设备在闲置过程中，由于自然力的作用而锈蚀，或由于管理不善和缺乏必要的维护而自然丧失其精度和工作能力，都会使设备遭受有形磨损，这种有形磨损称为自然磨损。

使用磨损与使用时间和使用强度有关；而自然磨损在一定程度上与闲置时间和保管条件等有关。

设备的有形磨损有一部分通过修理可以消除，属于能消除性的有形磨损；另一部分是不能通过修理消除的，属于不能消除性的有形磨损。本单元所讨论的设备磨损理论主要是关于设备的有形磨损的理论。

（2）无形磨损。由于经济或科技进步的原因而使原有设备贬值所致的磨损称为设备的无形磨损。

1）由于相同结构设备重置价值降低而引起的原有设备的贬值，称为经济性无形磨损。

2）由于不断出现性能更完善、效率更高的设备而使原有设备在技术上显得陈旧和落后，所产生的无形磨损称技术性无形磨损。

2. 设备磨损的机理

设备的物理磨损主要取决于在受力情况下相对运动表面所产生的摩擦，这种摩擦不仅与受力的大小有关，而且同表面工作状态（如润滑的作用）和相对运动的速度有关，有时还会受某些化学作用所引起的腐蚀的影响。按照金属材料学的理论，钢材经淬火、回火后，最表层是氧化脱碳层，质地疏松，附着力很差。一般新设备刚使用时，都要空转一段时间，就是为了磨去材料的氧化脱碳层。这段磨损时间很短但磨损量却很大。磨去氧化脱碳层后即是材料的硬化层，硬化层硬度很高，在使用润滑剂的条件下，是很难磨去的。硬化层下即是材料的基体，硬度很低，零件磨损达到基体，便会发生急剧磨损，它常常导致零件工作性能的迅速劣化或零件几何形状的迅速破坏。

3．设备磨损的规律

从上述金属材料学的理论及实际测定的经验中，很容易发现设备的物理磨损有它自己的规律性。一般来说，在正常情况下设备零件的物理磨损可分为三个阶段，如图11-1所示。

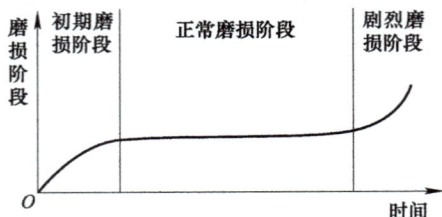

图 11-1　设备磨损曲线图

第1阶段称为初期磨损阶段，俗称磨合期。这一阶段的磨损主要是由于相对运动的零件表面的微观几何形状（如粗糙不平度）在受力情况下发生的，也可能是由于零件接触表面的形状不同，机器运转后产生跑合作用而发生的。这一阶段磨损的速度很快，但时间较短。第2阶段称为正常磨损阶段。在这一阶段，零件的磨损趋于缓慢，延续时间很长，这就是零件的真正使用寿命。第3阶段称为剧烈磨损阶段。也就是当零件磨损到一定程度时，表面的硬化层被磨蚀，正常磨损关系遭到破坏，磨损速度大大加快，设备的精度和工作性能迅速劣化，如果不停止使用，进行修理，则设备很快就会被损坏。

（二）设备故障

1．故障的概念

所谓设备的故障是指设备或其零部件在运行过程中发生的丧失其规定功能的不正常现象。由于种种原因，设备在使用过程中会发生这样或那样的故障，从而影响生产的正常进行。因此，如何正确分析和掌握设备故障发生的规律，从而减少故障的发生，就成了设备管理中的一个重要问题。

2．故障发生的规律

一台设备，从生产到大修或报废，其故障的发生是有一定的统计规律的。根据试验研究得知，设备的故障率在整个设备使用期间是按一条所谓的"浴盆曲线"分布的，如图11-2所示。

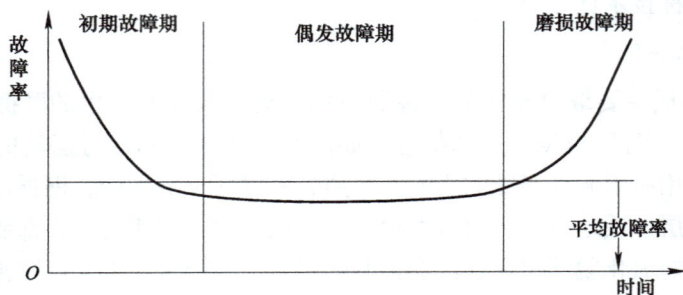

图 11-2　设备故障曲线图

所谓故障率是指工作到某一时间的设备，在接着到来的单位时间内发生故障的概率。从浴盆曲线可以看出，设备故障率的变化显现三个不同的阶段：

（1）初期故障期。在这一阶段，设备刚投入使用，由于设计、制造中的缺陷或操作上的不熟悉，往往会出现较多的故障，但这样的故障会随着缺陷的消除和使用的熟练而逐渐减少，因此，故障率也就随着时间的增加而减少，经过一段时间之后，故障率就相对稳定，变化不大了。

（2）偶发故障期。在这一阶段，故障较少，所出现的故障主要是由于维护不好和操作失误等偶然性因素引起的，发生故障的时间不能预测，并且是随机性的，所以称为偶发故障期。这一阶段故障率稳定、时间较长，是设备的正常运转阶段。

（3）磨损故障期。这一阶段可与设备物理磨损的第3阶段相对应，主要是由于设备某些零部件的磨损已达到了剧烈磨损阶段，从而使设备老化。在这一阶段，设备的故障率急剧上升。

二、设备状态监测与诊断技术

为了掌握设备的故障状态及造成故障的原因，过去常常采用停机解体检查的方法，或者用感官诊断的办法。停机解体不仅增加了停机造成的生产损失，而且设备的多次解体也必然造成设备的过度维修和精度下降，从而影响生产效率和产品质量。由于现代的设备日益向大型化、高速化、连续化和精密化发展，这种停机解体检查和感官诊断方法也造成财力、人力和时间上的巨大浪费，以及诊断结果的不准确，因而影响设备的维护和修理工作。于是，人们进行了探索，把人类医学的原理引入设备管理之中，把研究故障机理的故障物理学同现代信号处理技术结合起来，创造了设备状态监测和故障诊断技术。

所谓的设备状态监测，是指用人工或专用的仪器工具，按照规定的监测点进行间断或连续的监测，掌握设备异常的征兆。所谓的设备诊断技术，是指在设备运行中或基本不拆卸的情况下，根据设备的运行技术状态，判断故障的部位和原因，并预测设备今后的技术状态变化。

1. 设备技术状态

设备的技术状态是指：

（1）设备的性能和运动状态。

（2）设备的受力和应力状态。

（3）设备的故障和劣化状态等。（所谓设备的劣化是指因磨擦和腐蚀造成的耗损，冲击和疲劳等造成的损坏、变形，原材料和尘埃的附着等造成的污染，从而使设备的精度、效率和功能发生下降的现象。）

2. 设备状态监测的对象及状态监视方法

设备状态监测的对象一般以重点设备为主。目前，设备状态监测方法主要有两种：

（1）由维修人员凭感官和普通量仪，对设备的技术状态进行检查、判断，这是目前在机械设备监测中最普遍采用的一种简易监测方法。

（2）利用各种监测仪器，对整体设备或其关键部位进行定期、间断或连续监测，以获得技术状态的图像、参数等确切信息，这是一种能精确测定劣化和故障信息的方法。

3．监测费用

监测时需要增加费用，所以只有当状态监测所需费用低于故障维修的总费用或者对安全因素应予以特别考虑时，采用状态监测才有必要。一般说来，在确定采用状态监测技术时，以下几种设备是应优先考虑的：

（1）价值昂贵的高、精、大及稀有设备。

（2）发生故障对整个生产系统产生严重影响的设备，如自动线、生产线上的关键设备。

（3）必须确保安全性能的设备。

（4）故障停机修理费用及停机损失大的设备。

设备诊断技术一般包括两部分：一是对设备的技术状态简便而迅速地做出概括评价，主要由现场作业人员实施的简易诊断技术；二是当简易诊断难以做出正确判断时，由专门人员实施的精密诊断技术，它是对经过简易诊断判定为异常的设备做进一步的详细诊断，以确定应采取的措施。它不仅需要简单的测定和分析，还需运用一系列复杂的定量检测和分析技术。

我国目前在设备状态监测和诊断技术的研究和应用推广方面已取得了很大进步，但与先进国家相比仍有差距。我们应当积极采用先进的设备管理方法和维修技术，采用以设备状态监测为基础的设备维修方法，不断提高设备管理和维修技术现代化水平。

三、设备的合理使用

同样的设备，不同的使用方式，其结果是不一样的。合理使用设备可以提高设备的利用率，减少设备故障，延长设备的使用寿命。反之，则不仅设备的使用价值会降低，引起设备故障或设备不正常损坏，甚至会使新设备报废，直接给生产经营造成损失。所以，以合理使用设备和减少或避免设备故障为任务的设备使用中的管理，是设备管理中非常关键的环节。

目前，许多企业创造了很多有效的合理使用设备的方法和制度，综合起来可以看出，合理正确使用设备应从三个方面着手：一是提高设备的利用程度；二是保证设备的工作精度；三是建立健全设备合理使用的规章制度。

1．提高设备的利用程度

设备的合理使用还在于提高设备的利用率，即充分有效地利用设备，减少设备的浪费。要做到这一点，就要对设备利用情况做深入的分析，才能找到提高设备利用率的措施和方法。设备利用情况可以从数量、时间、能力三方面分析。

（1）设备数量利用分析。企业拥有的设备，由于各种原因，在一定的时期内，总是有一定数量的设备处于没有被利用的状态。比如，企业已购入但尚未安装使用的设备；已安装但处于备用状态的设备；已在使用但因原料供应不上而处于停工待料或处于维修改造中的设备等。为此，应了解设备数量实际利用情况，从而找出影响设备实际利用水平的因素，以便有针对性地制订改进方案。设备数量的利用情况常用现有设备计划利用率和现有设备实际利用率进行差异分析。其中，现有设备计划利用率计算公式为

$$现有设备计划利用率 = \frac{计划使用设备数量}{企业拥有设备数量} \times 100\%$$

另外，在现代企业中，尤其是在流程生产企业中，备用设备的数量是影响设备利用水平的重要因素。一般来说，备用设备多，生产装置的运行保障系数就高，但设备利用率水平会较低；反之，减少备用设备的数量，可以提高设备利用水平，然而可能因备用设备不足，一旦出现设备事故，就会使整个生产系统或装置停工，这样损失会更大。因此，企业应从生产系统或装置的停工损失与备用设备所需费用这两个方面综合分析，寻求一个最佳备用设备数量。

（2）设备时间利用分析。设备运行的最大可能时间是全天24小时运转，一般流程式生产如化工、钢铁、水泥企业的热工设备（窑炉等），需要24小时运转；一般加工装配生产式如机械、电子企业，则根据工作轮班的情况，如两班倒则为16小时，一班倒则为8小时。因此，企业应采取有针对性的措施，减少意外的发生，合理安排设备的检修，增加设备的实际工作时间，提高设备的时间利用率。衡量设备时间利用水平的指标计算公式为

$$设备制度时间利用率 = \frac{设备实际工作时间}{设备制度工作时间} \times 100\%$$

设备制度时间利用率在企业里有时也称为设备运转率。

（3）设备能力利用分析。从理论上说，设备能力的利用分析应是将设备的实际生产能力与理论生产能力或设计生产能力进行对比分析，但在实际工作中，则多采用实际生产能力与计划生产能力或与该设备的历史最高生产能力进行对比分析，从中发现设备能力利用中的差距，找出影响设备生产能力利用的因素。其中，设备实际生产能力的计算公式为

$$设备实际生产能力 = \frac{合格产品产量}{设备工作时间}$$

2. 保证设备的工作精度

企业可用日常维护和保养等重要的手段来减少或延缓设备的磨损，用进行修理方式来恢复设备原有的工作精度；还可通过技术改造和技术革新来改造原有设备，以保证加工所需的精度要求。

3. 建立健全设备合理使用的规章制度

企业尤其是大型企业所拥有的设备，大多种类繁多。要做到便于把握、有效使用和挖掘潜力，即要做到对设备了如指掌，就要对企业的各种设备进行分类、登记和建档。

在上述基础上，建立设备合理使用的规章制度。设备合理使用的规章制度是使用和管理设备的依据，也是设备管理的基础工作。它主要包括设备使用规程、岗位责任制、检查维护规程、交接班制度、润滑制度、操作合格制度等。在设备使用的规章制度的建立过程中，一定要认真地进行技术分析，使每台设备尤其是重要设备都有依据其技术特性而确定的规章制度。经过多年探索，我国的工业企业总结了一系列卓有成效的合理使用设备的规章制度，如凭证操作、定人定机、交接班制、"四项要求"（整齐、清洁、润滑、安全）、"三好"（管好设备、用好设备、修好设备）、"四会"（会使用、会检查、会维护、会排除故障）

等，结合企业实际，认真执行好上述规章制度，无疑会对设备的合理使用产生巨大的作用。

四、设备检查

设备检查是指对设备运转情况、技术状况、工作精度、零部件老化程度进行的各种形式的检查。通过检查可以及时发现隐患，有针对性地采取预防措施消除故障，同时根据检查情况制订修理计划，做好修理前的准备，有助于提高修理效率和修理质量。

1. 设备检查分类

（1）按检查时间可分为日常检查、定期检查和修理前检查。日常检查是由操作工人结合例行保养进行的日检查或交接班检查，是凭借摸、听、看、嗅等感官方式或简单工具来进行的；定期检查是指专业维修工人在操作工人配合下，按计划进行的检查，其目的是查明零部件磨损与腐蚀情况，以便确定修理类别、修理时间和进行修理前的各项准备工作；修理前检查是在设备按计划修理前对设备进行相应的技术检查，其目的是准确、全面掌握设备的缺陷或故障情况，为修理做准备。

（2）按检查内容可分为机能检查与精度检查。机能检查是指对设备功能与技术状态进行的检查；精度检查是指对设备零部件单项精度与综合精度进行的检测，检测结果可用精度指数表示。

（3）按检查范围可分为机台检查、区域检查与巡回检查。

2. 设备点检

设备点检制度是起源于日本企业的一种先进的设备检查制度，它具有制度化、规范化的特点，对改善设备管理有显著效果，点检记录还可为维修工作提供第一手资料。这里所谓的"点"是指被检测设备的关键部位。所谓"点检制"是指按照一定的规范或标准，通过直观或检测工具，对影响设备正常运行的一些关键部位的外观、性能、状态与精度进行制度化、规范化的检测，它是全员生产维修制度的组成部分。

根据设备管理的层次，设备点检可分为"厂控"点检和"一般"点检。"厂控"点检是指由企业直接管理和组织的点检工作，一般适用于关键设备和公用设备；"一般"点检通常由车间管理和组织，对象为一般性设备。

按作业时间间隔和作业的内容不同，点检工作又可分为日常点检、定期点检和专项点检。专项点检一般是针对某些特定的项目，如设备的精度、某项或某些功能参数等进行的定期或不定期的点检。

实行点检制首先要求明确规定检查点、检查项目、检查周期、检查的方法与手段、判断标准、处置方法、记录格式，即建立点检标准。点检制还要求把点检工作列入岗位责任制，点检结果要填入点检卡。

设备的维护和检查是不可分割的两个方面，二者的许多日常工作是结合进行的。（有关点检的深入内容见后文"五. 设备维修"中 TPM 部分。）

五、设备维修

设备维修是设备维护和修理的总称。大多数企业中，设备维护由设备操作人员承担，设备修理由修理人员承担。

（一）设备的维护

设备维护是指为了保持设备正常的技术状态，延长使用寿命，按标准进行的检查与润滑、间隙的及时调整以及隐患的消除等一系列的日常工作。

设备维护工作，按其工作量大小、难易程度与作业范围可划分不同的种类。如在我国许多企业实行的设备三级保养制度就对设备维护工作做出如下划分：

（1）设备的日常保养（日常维护）。它指每天对设备进行的清扫、润滑、紧固、调整和对设备进行的观察与检查、清除所发现的小故障等，一般主要由操作工人负责完成。

（2）一级保养。它是指根据设备使用情况拆卸、清洗零部件、调整间隙、清除表面油污、疏通油路等。一级保养一般由操作工人在专业维修工人的指导配合下定期进行。

（3）二级保养。它是指对设备进行局部群体检查、清洗与换油、修复或更换易损件、局部恢复精度并检查电气、冷却等系统。二级保养一般由专业维修人员在操作工人的参与配合下定期进行。

（二）设备修理

设备修理是指通过修复或更换磨损零件，调整精度，排除故障，恢复设备原有功能而进行的技术活动，其主要作用在于恢复设备精度、性能，提高效率，延长使用寿命，保持生产能力。

设备修理一般分为小修、中修和大修三类。

（1）小修。针对日常点检和定期检查发现的问题，对部分拆卸零件进行检查、修整、更换或简单修复少量磨损件，同时，通过检查、调整、紧固机件等技术手段，恢复设备的使用性能。小修工作量小，但次数多，可结合日常维护与检查进行。

（2）中修。工作量介于小修和大修之间。中修时要更换或修复数量较多的磨损件，修复设备的主要零件，校正设备基准，使设备达到规定的精度、性能和生产能力。

（3）大修。大修是指对设备进行的全面修理。设备的大修理是计划修理工作中工作量最大的一种修理。在大修时，要对被修设备进行全部解体，修理基准件，刮研修磨基础件的导轨面和固定接触面，修复或更换全部磨损件，同时修理、更换电气部分以及外表翻新，从而全面消除设备现存缺陷，恢复设备原有的精度、性能和效率。设备的大修可结合设备的技术改造来进行，以提高设备的现代化水平。

设备小修、中修和大修的具体内容因设备的不同而有所不同，企业应根据各自特点分别加以具体规定。

（三）设备维修体制

设备管理的主要任务之一就是保证生产的正常进行，为此必须做好设备维修工作，使设备始终处于完好状态。下面简要介绍两种常见的维修体制。

1. 计划预修制

计划预修制是根据零件的一般磨损规律和设备故障规律，有计划地进行维修，在故障发生之前修复或更换已磨损或老化的零部件。计划预修制的主要内容包括对设备的维护和计划修理。设备维护包括日常维护、一级维护、二级维护等；计划修理按分类有小修、中修、大修等。

计划预修制规定设备修理按计划进行。由于设备的重要程度和结构的繁简程度不同，以及对零件使用寿命的掌握程度不同，因此，规定了三种不同的实现计划修理的方法。

（1）标准修理法。它也叫强制修理法，是指对设备的修理日期、类别和内容，都按标准预先做出计划，并严格按照计划进行修理，而不管设备零件的实际磨损情况及设备的运转情况如何。标准修理法的优点是：便于做好修理前的准备工作，缩短修理时间，保证设备正常运转。但是，采用这种方法容易脱离实际，造成设备的过剩修理，修理费用较高。所以，一般用于那些必须严格保证安全运转和特别重要的设备，如动力设备、自动线上的设备等。

（2）定期修理法。这种方法是根据设备实际使用情况，参考有关修理定额资料，制定设备修理的计划日期和大致的修理工作量。确切的修理日期和修理内容，则根据每次修理前的检查，再做详细规定。这种方法的优点是对修理日期和内容的规定既有科学依据，又允许根据设备的实际工作状态做适当的调整。因而既有利于做好修理的准备工作，缩短修理停歇时间，又能合理地利用零件的使用寿命，提高修理质量，降低修理费用。目前我国维修基础比较好的企业，多采用此法。

（3）检查后修理法。这种方法事先只规定设备的检查计划，而每次修理的时间和内容则根据检查结果及以前的修理资料来决定。采用检查后修理法，可以充分利用零件的使用期限，修理费用较低。但由于每次修理均是根据检查的结果，则可能由于主观判断错误，而做出不正确的决定，而且，也不容易做好修理前的准备工作，从而延长设备修理的停歇时间。检查后修理法一般在缺乏修理定额资料时，或对简单、不重要的设备维修时采用。

总体来说，计划预修制是一种比较科学的预防维修制，但还不完善。例如，不能很好解决修理计划切合设备实际的问题，因此，既有过剩修理（修理时间过早、修理项目过多），也有失修的情况发生；强调恢复性修理，而对改善性修理未做相应规定，在实际修理中出现大修时"复制古董"的问题；对生产工人参加维护保养限制较多，不利于调动广大工人管好、用好设备的积极性。

针对上述问题，我国许多企业在实践中，做了相应的改革，例如推广应用项目修理（简称项修）和改善性修理等。项目修理是针对设备的精度、性能的劣化程度进行局部修理，以恢复或提高设备某个部位的精度或性能，满足生产工艺的要求；改善性修理是对设备中故障率高的部位，通过改进其结构、参数、材料和制造工艺等方法，提高零部件的性能，使故障不再发生。

2．全面生产维修制（Total Productive Maintenance，TPM）

（1）TPM 的基本思想：

1）全效益。全效益就是要求设备寿命周期内费用最小、输出最大，设备综合效率最高。

2）全系统。全系统是指从设备的设计、制造、使用、维修、改造至更新的设备一生的管理，因此有时又称全过程管理。

3）全员参加。凡是和设备的规划、设计、制造、使用、维修有关的部门和有关人员都参加到设备管理的行列中来。

所以，TPM 是指全员参加的以提高设备综合效率为目标的、以设备一生为对象的生产维修制。

（2）TPM 的主要内容：

1）日常点检。首先由技术人员、维修人员共同制定出点检卡，并且向操作人员讲解点检方法，然后由操作工人在上班后的 5 ～ 10 分钟里，用听、看、试的办法，根据点检卡内容逐项进行检查。15 分钟后，维修人员逐台看点检卡，若有标记机器运转不良的符号，立即进行处理。据相关统计，多数情况在早期就发现故障，都是由生产工人在日常点检时发现的。

2）定期检查。维修工人按计划定期对重点设备进行检查，要测定设备劣化的程度，确定设备性能，调整设备等。

3）计划修理。根据由日常点检、定期检查的结果所提出的设备修理委托书或维修报告、机床性能检查记录等资料编制的计划进行修理，这种修理属于恢复性维修。

4）改善性维修。对设备的某些结构进行改进修理，主要用于经常发生故障的设备。

5）故障修理。当设备突然发生故障或由于设备原因造成废品时必须立即组织抢修，即为故障修理。这是一个重要环节，它直接影响停机时间。

6）维修记录分析。这是 TPM 的一项重要内容。尤其是"平均故障间隔时间"分析。将各项维修作业的发生时间、现象、原因、所需工时、停机时间等都记录下来，形成分析表，通过分析找出故障重点次数多、间隔时间短、维修工作量大、对生产影响大的设备和部件，把它们作为维修保养的重点对象。

7）开展 5S 活动、经常进行 TPM 教育。（5S 活动详见后模块十三单元二。）

六、设备维修业务外包

业务外包是现代企业普遍采用的一种运作战略。一般认为，业务外包是以合约方式将原本应由企业运作的业务，交由外部服务商，由他们来完成，以维持企业的运作。随着社会的发展，企业专业化水平进一步深化，专门的设备维修企业由于具有技术水平高、专业性强、维修周期短、收费合理等特点，在实践中已得到广泛应用。

企业设备维修业务外包管理的内容，一般有以下几个方面：

1. 设备维修业务外包的战略分析和决策

鉴于设备维修业务外包对企业运行的重要性，企业在决定是否要进行设备维修业务外包时，就从企业战略的高度进行分析。在分析设备维修市场的基础上，从企业的战略、财务、技术的核心业务等方面进行综合评估，真正明白设备维修业务外包的动机和目的，这样才能使设备维修业务外包取得成功。在此基础上，选择和确定正确的外包策略，确定哪些设备维修业务要外包，应达到什么目的，设备维修承包商应满足什么样的条件，应当与设备维修承包商保持什么样的关系等。另外，还要进行收益风险分析。

2. 设备维修承包商的评估与选择

一般而言，企业会通过招投标方式来选择承包商。首先要从承包商的市场信誉、技术实力、维修质量、服务、价格等各个方面对他们进行综合评价，再行选择。当选定承包商后，要与之协商并签订合同。通常，合同的内容应包括设备维修外包的范围、期限、内容、服务水平、费用及相应的奖惩条款等。

3．外包业务执行过程的管理

在承包合同签订后，在合同执行过程中，监督、评价设备维修承包商的合同实施状态需要由相应的监控小组来进行。监控小组应包括对合同管理有广泛才能的专家、对设备维修有丰富经验的技术专家及必要的能对承包商提供资源协调的人员。

4．设备维修外包的终止和继续

合同期满，外包业务完成后，需要对承包商提供的服务进行总体评价，并根据绩效测评结果兑现合约中的奖惩条款，同时，根据测评的结果决定是否继续聘用该设备维修承包商。如果结果显示设备维修外包没有达到预期的目标，且主要是由承包商自己造成的，则需要重新选择新的承包商；如果结果显示已达预期目标，则可与该设备维修承包商继续签订合同。

03 单元三　设备的更新与改造

一、设备的寿命

1．设备的物质寿命

设备的物质寿命（也称设备的自然寿命）是指设备从投入使用到报废为止所经历的时间。设备的物质寿命是根据设备的有形磨损确定的，主要取决于设备本身的质量及其使用和维修的状况。如果设备使用和维修工作做得好，则设备的物质寿命相对较长。然而，随着设备物质寿命的延长，维修费用也会提高。

2．设备的经济寿命

设备的经济寿命是指设备从投入使用到因继续使用不经济而被淘汰所经历的时间。设备经济寿命取决于经济性无形磨损。由于随着设备使用时间的增长，维修费用也会增加，设备的使用成本提高，这时依靠高额的维修费用来维持设备的使用往往是不经济的，所以应淘汰旧设备，重置新设备。

3．设备的技术寿命

设备的技术寿命是指设备从投入使用到因科学技术的发展，出现技术性能更优越的设备或设备所生产的产品已不为市场所需要，而在设备物质寿命尚未结束之前就被淘汰所经历的时间。它的长短取决于设备的技术性无形磨损。一般说来，技术发展越快，设备的技术寿命就越短。

4．设备的折旧寿命

设备的折旧寿命（亦称设备折旧年限）是指财务部门为了收回设备投资以便日后重置或更新设备而把设备投资逐步摊入产品成本，设备价值的余额折旧到接近于零所经历的时间。设备的折旧寿命一般是根据设备的有形磨损和无形磨损规定的，它对企业淘汰设备决策的影响很大。

5．设备的役龄

设备的役龄是指设备已经使用的时间。它是与设备寿命密切相关的一个指标，反映了设备新旧程度，可供制定设备的更新改造方案时参考。

传统以设备的物质寿命为标准来更新设备的做法会造成维修费用过高，设备过分陈旧，不能适应生产发展和技术进步的要求。随着技术进步、产品开发速度加快、企业之间竞争加强，确定设备最佳使用年限时，应以物质寿命、经济寿命和技术寿命三者综合加以考虑，以求获得最佳技术经济效果。

二、设备的更新

（一）设备更新及其方法

1．设备更新

设备更新是指用技术性能更完善、经济效益更显著的新型设备来替换原有技术上不能继续使用或经济上不宜继续使用的设备。

设备更新是消除设备的有形磨损和无形磨损的重要手段，进行设备更新的目的是适应新的生产工艺和操作方法，更好地提高企业装备的现代化水平，提高企业的经济效益。因此，应把设备更新作为企业装备现代化的一项重要内容。

2．设备更新的方式

设备更新有两种类型：

（1）原型更新（简单更新），即当设备因有严重磨损不能继续使用时，用结构相同的新设备去更换。原型更新主要解决设备损坏问题。

（2）新型更新（技术更新），即当设备因技术或经济原因不宜继续使用时，用技术更先进、结构更完善、性能更好、效率更高、耗能和原材料更少的新设备去更换。从技术进步的角度，新型更新比原型更新意义更大。所以，只要条件允许应尽量采用新型更新，以加快提高企业装备的现代化水平。

（二）设备更新决策

在进行设备更新时，要很好地了解所需设备的技术发展动向和市场供应状况，制订目标明确、切实可行的更新计划，以确保设备更新的正确进行。

一般来说，在进行设备更新的决策时，应从技术和经济两方面进行分析论证。

1．设备更新决策的技术性分析

在进行设备的新型更新时，应对以下问题进行分析论证：

（1）更新后新设备的基本规格和主要参数能否满足生产发展的要求。

（2）新设备在技术性能上比原有设备有多大改进和提高。

（3）新设备比原有设备在劳动条件和环境保护方面是否有所改善。

2．设备更新决策的经济性评价

在进行设备更新决策时，除了应进行技术性分析，还需要进行经济论证。经济论证的主要内容包括计算设备的投资回收期和投资收益率等。有关的算法在技术经济学中都有介绍，此处不再赘述。

三、设备的技术改造

1. 设备技术改造的意义

设备的技术改造是指应用新技术和先进经验改变现有设备的原有结构，给旧设备装上新部件、新装置、新附件，或将单机组成流水线、自动线等所采取的较重大的技术措施。

通过技术改造能改进现有设备的技术性能，提高设备的工作能力，使其主要输出参数接近或达到新型设备的技术水平，而所需费用则低于购置新设备的费用。尤其当开发新产品而市场上又难以购置到所需特殊规格和性能的设备时，对原有设备进行技术改造就成了唯一可行的方法。

我国广大企业中有大量设备处于老化和超期服役状态，亟待更新和改造。限于资金和资源，对这些设备要全部更新短期内是不可能的。所以，在进行必要的更新的同时，应把对老设备的技术改造作为提高企业生产现代化水平的重要措施。

2. 设备技术改造的特点

（1）针对性强。设备技术改造一般均由设备的使用单位提出，许多时候还由使用单位自己进行或配合进行。由于设备使用单位对设备的现状最熟悉，对使用要求最清楚，因而能结合企业实际情况对技术改造提出明确而具体的要求，能够抓住设备的关键部位进行改造。

（2）适应性强。设备的技术改造往往和工艺革新密切结合，在许多情况下，只要对原有设备稍做改造，就能适应新的生产工艺和操作方法。

（3）经济性好。设备技术改造是在原有设备基础上进行的，往往投资少、周期短、见效快。尤其对一些大型、精密、稀有设备进行改造，往往能节约大量的资金，取得显著的经济效益。

设备的更新和改造是企业提高技术装备水平、改进生产工艺的重要措施，关系到企业的竞争力和长远发展，是企业设备管理中具有战略意义的重要内容。

复习思考题

一、简答题

1. 简述设备综合管理的形成和特点。
2. 什么是设备的磨损规律？（用图表示）
3. 什么是设备的故障规律？（用图表示）
4. 试述设备的合理使用。
5. 简述设备维护保养制度。
6. 试对不同的设备维修制度进行综合评述。
7. 简述设备的寿命。
8. 简述设备更新的概念和方法。
9. 简述设备改造的意义和特点。

二、案例分析题

王超大学毕业后在一家外资企业工作，经过十年的努力，从车间设备管理员到分厂的设备主管，积累了较为丰富的设备管理经验。今年因要照顾家庭，回到家乡县城工作，应聘于一家小型包装材料生产企业，任设备主管，该企业张老板，原来从事销售工作，对产品有较为广泛的销售渠道，但对生产，特别是设备管理很不熟悉。王超进厂第一天，就碰到了大问题，张老板在车间大声训斥几个维修工，因为此时正是包装箱的销售旺季，但厂里的印刷机经常出故障，拖延了产品交货，张老板急得满头大汗。王超仔细观察了设备，发现一个电子元件出了问题，他与几个维修工马上解决了问题，印刷机就正常运转起来。王超经过几天深入了解，发现该企业既无设备管理人员，又无设备管理制度，通过思考后，王超向张老板提交了一份设备管理建议书，主要内容为：企业为了改变设备事后修理的被动局面，必须建立健全设备管理制度，在设备维修体制上可先选择计划预修制，到条件具备时，逐步过渡到采用全面生产维修制。

请讨论：

1. 你认为王超对企业设备管理的思路正确吗？
2. 计划预修制的优缺点是什么？
3. 全面生产维修制的内容是什么？

模块十二
其他先进生产方式

📖 学习目的

　　了解准时化生产的优越性、大规模定制和产品模块化、敏捷制造的产生。掌握准时化生产的含义、准时化生产系统（JIT）的管理工具（看板）、大规模定制的原则、CIM 和 CIMS 的含义和异同、智能制造的概念、敏捷制造的要素、3D 打印的本质及应用范围。熟练掌握准时化生产的基本思想、大规模定制生产的基本形式、CIMS 的功能结构和集成的内涵、敏捷制造的实施措施、3D 打印的特征。

01 单元一　准时化生产系统（JIT）

其他先进生产方式

一、汽车工业的飞跃

　　20 世纪初，美国福特公司创立了大批量流水线生产方式，开创了现代生产新时代。福特对生产管理的两大贡献：①对汽车制造业提出了所谓的"3S"化的革新建议，即标准化（Standardization）、简单化（Simplification）、专门化（Specialization）。②创立了流水线生产。在使用流水线生产前，生产一辆汽车需要 13 小时，到了 1914 年，福特公司装配一辆 T 型车只需 93 分钟。到了 1920 年，T 型福特车的产品成本降低到了 1908 年刚开始生产时的 1/3。福特主动把一辆车的售价由 2 800 美元降为 850 美元，为汽车的大量生产创造出良好的市场环境。

　　准时化生产系统（Just in Time，JIT），起源于 20 世纪 70 年代的日本丰田汽车公司。这种生产方式可用一句话来概括："只在需要的时候，按需要的量，生产需要的产品。"它出现的背景是：20 世纪后期，福特的流水线大量生产遇到了巨大的挑战，因为历史将进入一个市场需求多样化发展的新阶段，而且对质量的要求也越来越高，必须有效地组织多品种小批量生产，否则，生产过剩所引起的设备、人员、非必需费用等一系列的浪费，进而会影响到企业的竞争能力乃至生存。另外，大量流水线生产方式也对员工产生一些负面效应，如员工产生的缺乏权力感、无意义感等，由于过分注重技术的利用，缺乏对人性的尊重，导致怠工、生产效率降低等。这两方面成为汽车工业发展的障碍。在这种历史背景下，1953 年，日本丰田公司的副总裁大野耐一综合了单件生产和批量生产的特点和优点，创造了一种在多品种小批量混合生产条件下高质量、低消耗的生产方式，即准时生产。JIT 指的是，将必要的零件以必要的数量在必要的时间送到生产线，并且只将所需要的零件、只以所需要的数量、只在正好需要的时间送到生产线。这是为适应 20

世纪 60 年代消费需要变得多样化、个性化而建立的一种生产体系，及为此生产体系服务的物流体系。美国某机构花巨资组织的一次对国际汽车工业的调查表明，"准时化生产系统"与以欧美为代表的传统生产方式相比的优越性如下：①所需人力资源可减至 1/2；②新产品开发周期可减至 1/3 ~ 1/2；③生产过程中的在制品库存可减至传统方式一般水平的 1/10；④工厂占用空间可减至传统方式工厂的 1/2；⑤成品库存可减至传统方式平均水平的 1/4；⑥产品质量可提高 3 倍。

准时化生产方式是丰田公司在 20 世纪 70 年代形成的新的生产方式。它在经营理念、生产计划、库存生产线布置、员工管理等方面具有巨大的优越性，丰田生产方式此后受到全世界的汽车工业以及其他工业生产的重视，成为又一次工业生产的变革，也是汽车工业生产的再一次飞跃。

二、准时化生产系统的基本思想

1. 摒除一切浪费现象

JIT 认为任何花费在不能马上使用、创造效益的产品上的资源，都是不能容忍的浪费。在生产过程中的浪费现象主要体现在，生产过剩（即库存）所引起的浪费、人员利用的浪费及不良品所引起的浪费。

（1）适时适量生产即是"Just in Time"的本意。当今时代的生产理念已从"只要生产出来就卖得出去"转向了"只能生产能够卖出去的产品"，对于企业而言，各种产品产量必须能够灵活地适应市场需求的变化。它要求企业在生产经营过程中将各种库存量（包括原材料、零部件、半成品、成品）压缩至零，甚至认为，过早地生产出并不马上需要的产品与不能及时提供生产必需的物品同样有害。它不要求某个部门提前完成任务，避免造成不必要的积压，而是通过减少库存积压的浪费，实现各生产工序间完满衔接，使整个生产过程尽早完成，创造出更多的价值。

在实现适时适量生产中具有极为重要意义的是作为管理工具的看板。

（2）充分利用人力资源。JIT 实行弹性配置作业人员，即根据生产量的变动，弹性地增减各生产线的人员，而一反传统的"定员制"。它实行设备独特的 U 形布置，以便能够将需求减少时各作业点减少的工时集中起来，整数削减人员。当然，这时必须把操作工人培训成具有多种技能的"多面手"。如图 12-1 所示，在生产正常时，生产线上配置 4 名工人，当产量下降时，工人可减为 3 人。

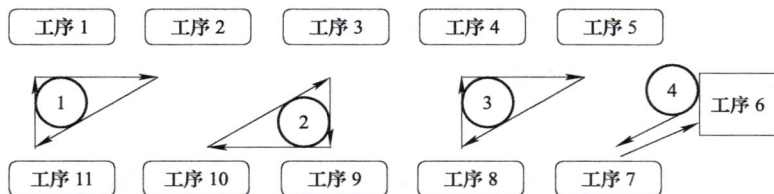

a）生产任务正常时生产线的人员配置

图 12-1 设备的 U 形布置

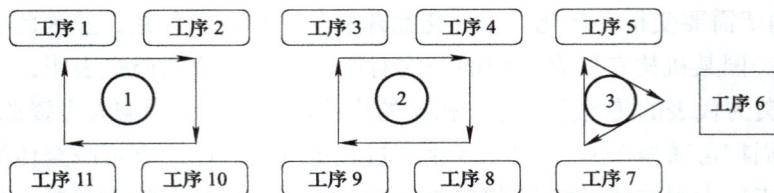

b）生产量减少时生产线的人员配置

图 12-1　设备的 U 形布置（续）

（3）将产品质量缺陷减至为零。JIT 在生产组织中融入两种机制：其一，使设备或生产线能够自动检测不良产品，一旦发现异常或不良产品可以自动停止的设备运行机制；其二，生产第一线操作工人发现产品或设备问题有权自行停止生产的管理机制。这样当不良产品一出现，马上就会被发现，防止了不良产品的重复或累积出现，而且，由于一旦发现异常就马上停机，比较容易找到异常原因，能采取针对性措施，杜绝类似不良品的再发生。当然，这必须与提高操作工人的责任感和操作技能一起抓紧才行。

2. 使各种问题和矛盾表面化、公开化

在传统的方式中，一般用各种方法来掩盖各种矛盾，如利用在制品库存来掩盖各环节的问题和矛盾；而理想的 JIT 系统的在制品库存定为零，这样一旦某个生产环节出现问题，整个生产系统都将停顿下来，这就强迫人们迅速解决问题，并制定防止问题再发生的措施。JIT 使各种问题和矛盾表面化、公开化，以便能及时解决。其他一些做法也都贯彻了这个基本思想。

3. 努力改善环境，适应管理需要

传统生产方式强调在给定的环境条件下求最优解，而 JIT 强调环境是可以改变的，通过改变环境来适应 JIT 管理的需要。如大量生产时，由于没有因品种改变而花费的设备调整和转换时间，因而比批量和单件生产有着较高的效益，但由于市场需要的是多品种小批量的产品，而 JIT 要求用减少设备调整和转换时间来使批量生产有着接近大量生产的效率。如在汽车工业中，日产柴油汽车株式会社的 1 000 吨冲压机床的换模时间是 21 分钟，小型冲压机床是 9 分钟，而我国第二汽车制造厂的现实水平是换一个大型模要几小时，这说明在压缩设备准备时间方面大有潜力可挖。JIT 的宗旨是"目标无终止，改善无止境"。

JIT 系统作为一种彻底地追求生产合理性、高效性，能灵活多样地生产各种高质量产品的生产管理技术，其基本原理诸多方法对许多其他制造企业都有积极的意义。

三、准时化生产系统的管理工具——看板

1. 看板的概念

"看板"（Kanban）一词源自日本，意思是"口令"或者"指令"，在 JIT 中这是一个信号系统，用于在工序以及部门甚至企业间传递生产和运输的信号。看板形式有很多种，常用的有卡片、标志杆或者容器等形式。

下面是一个最简单的看板系统实例，从中可以理解什么是看板以及看板的基本形式。

例 某生产企业内部供应配送的看板和传递方式如图 12-2 所示。

××企业内部供应配送传递看板

看板编号：9 号 零件编号：010002 零件名称：**油箱座** 零件规格：A435 盛装容器：2 型（黄色）货箱 供应数量：20 件 需用时间：3 月 6 日 08 时 40 分	供方工作地：6# 油漆点	需方工作地：3# 装配点
	出口存放处：NO.3	入口存放处：NO.12

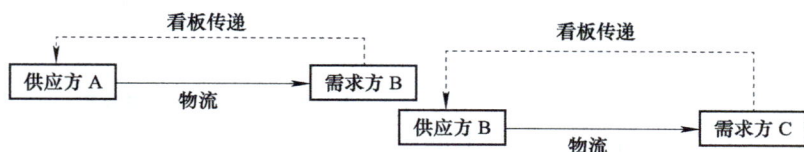

图 12-2　看板应用实例

2．看板使用准则

在使用看板时应遵循以下准则：①没有看板不能生产，也不能搬运；②看板只能来自后工序，前工序只能取走生产的部分；③前工序只能按照收到看板的顺序进行生产；④看板必须与实物在一起；⑤不能把劣质品送到后工序。

3．看板的优点

使用看板的优点有：①准确、及时地传送工作指令。从图 12-2 中可知看板包括生产量、时间、加工顺序、运送目的地等很多信息，所以生产计划的指令可以通过看板得到及时的传递。②确保"适时适量"生产。③一目了然。采用看板易于管理，只要一看看板，就可知道后工序的作业进展情况、库存情况等。④可以改善生产状况。根据看板的使用规则"不能把劣质品送往后工序"，如果有劣质品，后工序所需得不到满足，就会造成全线停工，由此可暴露相应的问题，通过一定措施来解决问题，这样就使整个生产活动得到了改善，使生产效率提高。⑤通过看板管理可实现 JIT 生产方式的最终目标——零库存。

4．看板的分类

一是按照看板的形式来划分，包括使用看板卡片、容器系统、信号灯系统、地面空格标志以及使用彩色高尔夫球等来传递信号。具体应采用哪一种视不同情况而定。二是根据看板的用途划分，包括搬运看板、生产看板、信号看板、临时看板。看板管理是采用变"推"为"拉"的"反工序法"，强调下"求"上"供"，准时生产，按时交付，避免积压。下"求"上"供"是指下一道工序所用物料要求上一道工序按实际需要供给。采用看板组织生产的模式和采用看板组织生产过程中对物流的控制过程如图 12-3、图 12-4 所示。

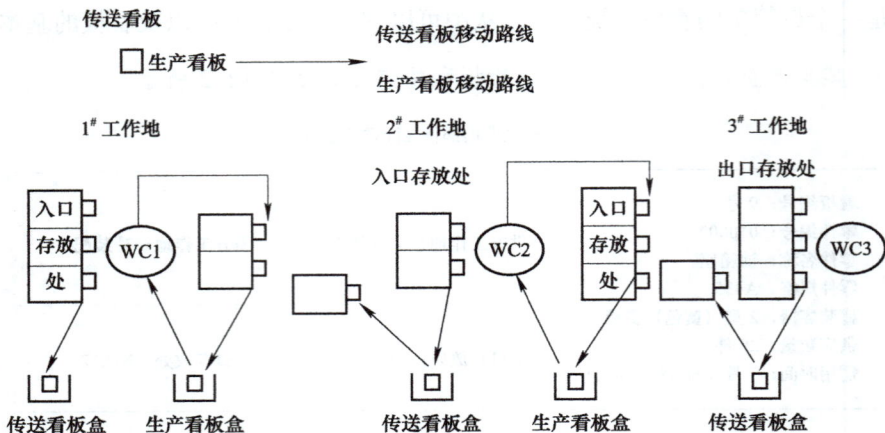

图 12-3　采用看板组织生产的模式

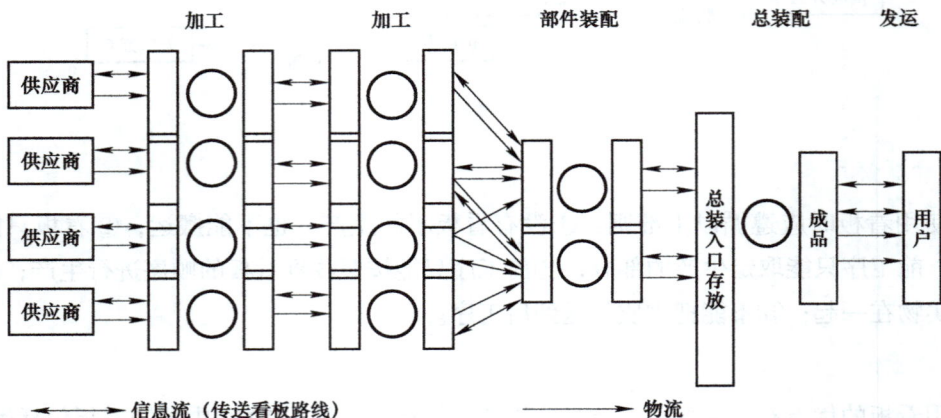

图 12-4　采用看板组织生产过程中对物流的控制过程

四、准时采购

在采用准时化生产系统（JIT）时还要做好采购供应的管理，JIT 除了消除在制品库存和成品库存之外，还要消除原材料和外购件的库存。消除原材料与外购件库存，比消除工序间在制品库存还要困难，因为它不仅取决于企业内部，还取决于供应厂家。由于原材料和外购件占有大量资金，存在的浪费也大，这种浪费不消除，准时化生产系统的效果也不会好，所以，必须做到准时采购，消除采购过程中的浪费。准时采够就是要消除原材料与外购件的库存。应该先从供货质量抓起，如果供货质量可以保证，就可以取消购入检查。应该选择尽量少的、合格的供应厂家，同供应厂家建立长期的、互利的新型关系，只有建立长期的关系，才能解决供货质量问题；只有双方都有利，才能建立长期合作关系。在选择供应厂家时，按顺序要考虑质量、合作的愿望、技术上的竞争力、地理位置和价格五个因素。当建立了良好的合作关系之后，很多工作可以简化，可以减少订货、修改订货、质量检查等一系列工作，从而减少浪费。

02 单元二　大规模定制生产

采取定制生产方式是为了满足客户的个性化需求，但一般的个性化需求只是在其中的某些方面、某些环节上有独特的要求，所以，定制生产和大批量生产相结合，才能实现既满足个性化需求又达到大批量生产成本的"双赢"格局。实施大规模定制生产，首先要弄清楚客户的实质性需求是什么，然后对产品设计、加工制造、装配、供应和售后服务等整个生产销售过程的各个环节进行规划研究，以便确定在哪些阶段和环节上应采取措施进行定制生产，以达到其目的。

一、大规模定制生产与产品模块化

产品模块化是取得低成本定制生产的有效途径。模块化设计是将产品的部件设计成许多产品都可共用的通用部件，最终产品的特色是通过这些通用部件的不同配置和适量修改得到的。由于这些通用部件可以采用批量生产方式，从而使其制造成本也能达到批量生产的成本水平。

一些学者对模块化设计进行了深入的研究，确定了模块设计的多种类型。其中有些是要对部件进行重新设计或修改设计，有些只是采用通用部件，并不对部件进行修改。每一类型的模块化都可提供不同程度的定制化产品。例如，美国通用电气公司重新设计了其断路开关箱，用1 275个通用零部件代替原来的28 000个专用零件，可以获得约40 000种不同的配置，从而能更好地满足不同用户的各种个性化需求。又如，眼镜架和镜片的毛坯都是集中在工厂进行批量生产，而镜片最终的几何形状则是在销售现场根据顾客的个性化需求定制的。

二、大规模定制的原则

只有按照更为有效的原则进行运作，大规模定制模式才能完成传统生产模式无法实现的"产品和服务多样化、低成本和敏捷响应"的任务。大规模定制的原则主要有以下几个方面。

1. 生产订单，不生产库存

大规模定制的显著特征之一是要应付多样化的客户需求和不断变化的市场。如果仍然沿用大量生产模式下以工作效率为中心，面向库存的制造方式，无疑会使企业承受有产无销和资金难以周转的巨大风险和损失。因此，大规模定制企业应具有迅速发现和准确捕捉细分市场中个性化需求的能力，采用面向订单的制造方式，最大限度地减少甚至消除库存，以加快资金周转速度。

2. 用低成本满足多样化

定制产品往往品种、规格繁多，若沿用单件小批生产模式来满足客户需求，无疑会因生产周期长、成本高而缺乏竞争力。大规模定制要求企业注重用低成本满足多样化。多样化的目的是使产品和服务能够符合更多客户的个性化需求，覆盖更多的细分市场；而低成本带来的低价格能够使更多的客户买得起这些定制化产品和服务，从而扩大销量，使企业进入以更低的成本为更多的客户提供定制化产品和服务的良性循环。

3. 获取范围经济效益

范围经济是指企业因同时生产（经营）几种相关的产品或服务而引起的单位成本的降低。

众所周知，大量生产通过规模经济获取低成本和高效益。而大规模定制一方面对产品追求范围经济，而对构成产品的零部件则追求规模经济。为了获得范围经济，需要最大范围地发掘企业所生产的众多产品的相关性，用尽量多的标准化零部件实现规模经济；同时，零部件按多种方式组合，形成多种最终产品，从而获得范围经济。这种模块化的合成设计不仅保证了最终装配的简易性，而且基于模块化的动态组合也实现了产品的多样化。例如，戴尔公司的计算机零部件均是以模块为单位的，客户通过自行选择，能够设计出自己最满意的计算机，最大限度地满足客户的个性化要求，通过范围经济获取多个细分市场的利润；同时，生产线上以模块化为单位进行推动式生产，通过规模生产获得低成本。

4. 利用模块开发产品族

在大规模定制模式下，产品设计应该由过去面向单一产品改变为面向产品族，即在一个共同产品平台上全面规划和开发产品族中的一系列产品，最终产品通常由模块化构件配置而成。无疑，在单件小批生产模式下，设计人员很难做到兼顾产品的定制化和零部件通用性，因此产品的成本居高不下。相反，在大规模定制模式下，企业在产品设计时就尽可能地在不同产品中应用通用的零部件和工艺过程，即利用模块开发产品族，大大降低了产品的最终成本。

5. 柔性设计和柔性制造支撑产品多样化

制造系统的柔性是产品多样化的保障。大规模定制系统应能够应用同一组设备制造出零件族中所有零件或装配出产品族中的所有产品，而且不会增加额外费用。这种按需要快速响应变化的制造系统，如计算机辅助设计（CAD）、计算机辅助制造（CAM）、计算机集成制造系统（CIMS），它们都允许变型设计，甚至快速完成一个全新的设计，而且可以从设计定义中自动产生制造要求。这些制造技术可以同时产生规模经济和范围经济，即随着制造的产品总量的提高、品种的增多、总的作业规模增大，单位成本就会下降。

6. 信息技术是快速响应的基础

在为订单生产的大规模定制模式下，企业一方面需要迅速而准确地获取具体的、多样化的客户需求；另一方面，企业内部各个部门之间以及与合作伙伴之间，需要针对需求信息做出迅速的连锁响应。为此，必须充分利用信息与网络技术，高效率、高质量地收集、处理和传递市场信息、客户信息、销售信息、产品信息、生产信息、物流信息和服务信息等，用以支持企业及合作伙伴间的并行设计和同步运作，最终实现对客户需求的快速响应。

7. 大规模定制需要"多面手"和知识型工人

大规模定制模式要快速响应市场多样化的需求，即使有产品族和模块化设计生产，也仍然需要员工能够完成多种工作，自觉适应产品品种的不断变化。而且员工应具有学习能力，以便掌握更多的技能，适应更多的产品和工作。

8．灵活、高效的扁平组织机构提升运作效率

大规模定制的成功既需要集成的组织，又需要柔性的系统。集成的组织使每个功能、单位和个人都以个性化需求为中心，协同工作，快速响应客户需求。这需要摒弃大量生产模式下呆板、深度功能分离的金字塔形的组织机构，而采用反应敏捷、易于重组的扁平化组织结构。按照这种组织机构建立的柔性系统，能够适应市场需求的频繁变化，根据需要，对预料之中或预料之外的变化做出迅速的响应。

9．依靠供应链增强大规模定制的竞争力

大规模定制不是一个企业的事。现代市场竞争的主体已不再是单个企业，这是由于单个企业难以抵御供应链的强大竞争攻势，纷纷败下阵来，而成熟市场的竞争主体是供应链。大规模定制模式离不开供应链。它需要供应商、制造商、销售商及物流企业围绕客户需求协同运作，需要将供应链中的信息流、资金流、物流联系起来，每一个供应链成员企业都发挥各自的核心竞争力，以增强产品的技术含量，从而赢得市场。

三、大规模定制生产的基本形式

大规模定制生产是通过让客户参与到产品的设计、制造、装配和销售服务的过程中来，以实现客户的个性化需求。产品模块化是为了产生通用部件，以便进行批量生产，取得重复性批量生产的成本和质量。大规模定制生产要把产品模块化和客户的参与结合起来，客户参与得越早，产品的定制化程度越高，不同类型的客户参与和不同类型的模块化就形成大规模定制生产的多种形式。

1．客户的参与在产品设计阶段

企业对每一类产品都有模块化的基础设计方案，客户根据产品的用途，对产品的功能和结构可提出自己的要求。企业对已有的设计好的可用部件进行选择配置，并重新设计和修改其中的某些部件，来满足客户的个性化需求。例如，工业汽轮机一般是按模块化设计的系列化产品，其机座、支架、机罩等部件都是经过模块化设计的通用部件，而叶轮、叶片的形状和尺寸，则必须根据蒸汽的温度、压力、背压等汽轮机的具体使用条件进行专门的设计和制造。

2．客户的参与在产品制造阶段

客户对设计和制造好的模块化的产品部件和毛坯，提出自己对材质、型号规格的要求。企业根据客户的要求，选用和加工所需的部件和零件，制成满足客户个性化要求的产品。例如，眼镜的配制，企业准备了各种材质和形状、规格的镜片和镜架，客户来购买时，再根据客户的验光数据和所选的镜架对镜片进行加工。

3．客户的参与在产品装配阶段

企业设计制造好模块化的各种产品部件和零件，客户从企业提供的零部件清单中选择自己需要的零部件，企业按客户的要求装配出所需的产品。例如，选购个人计算机，不同的客户可以选择不同的配置，企业按客户要求进行装配，就可得到客户所需的个性化产品。现在汽车制造厂生产的小轿车也都是按客户的订单进行装配的，如车身油漆的颜色、车内设备的配置等。

4．客户的参与在销售服务阶段

现在许多商店已提供这样的服务，例如人们在购买裤子时，只要选定合适的裤腰尺寸，而裤子的长度，在现场测量你的身高后，再确定裤长和进行锁边。把确定裤长和锁边的工序后移到销售阶段后，服装制造厂就不必生产许许多多规格的裤子，大大提高了同一规格裤子的生产批量。同时由于减少了品种规格，也可大大降低裤子的商品库存。又如，由于一种新的、方便的速热印花技术的出现，现在生产T恤衫的厂家可以大批量地生产T恤衫的坯衣，而满足客户个性化需求的T恤衫上的图案，可以在销售现场由客户自己挑选后在现场印制。

从以上情况可知，客户参与定制生产的阶段越早，产品的定制化程度越高，其制造成本也会相应较高。反之，客户参与的阶段越晚，则通用零部件越多，定制化的程度越低，其制造成本也相应越低。

四、实施大规模定制生产的规划和组织

企业为了有效地实施大规模定制生产需要在以下几方面做好准备工作：

1．做好产品的模块化设计和优化产品系列

针对一类产品在进行产品结构模块化的同时，开展产品的系列化设计。同一个产品族在型号规格上要制定合理的型谱，尽量减少不必要的多样性，优化产品系列，并要使同一系列产品的零部件具有广泛的通用性。

2．全面规划，重组企业的生产经营流程

大规模定制生产可以采取不同的形式，因此企业要实施大规模定制生产，就要根据产品、工艺和客户个性化需求的特点很好地进行规划。产品模块化应采用何种形式，客户宜在何阶段参与定制化过程，只有使两者正确地结合才能取得良好的效果。

通过正确规划，企业需要改组原有的生产经营流程，以便把实现客户个性化需求的环节尽量简化，从而使前面的生产经营环节可以按批量生产方式运作，降低产品的定制化程度。对于客户个性化需求高的产品，如科研用的专用仪器设备，必须让客户在产品设计的开始阶段就参与进来，企业的措施是尽量多采用标准的通用零部件。对于元器件标准化程度高的产品，如个人计算机等，则可以让客户在产品装配阶段才参与，企业可以实施按订单装配。如前面谈到的T恤衫上图案的印制，延迟在销售的现场进行，这样既满足了客户的个性化需求，又可以最大限度地降低制造成本和减少库存积压。延迟产品差别化的大规模定制策略在需求变化迅速、客户的个性化需求十分强烈的服装行业得到了广泛的应用。

3．革新企业的组织机构

传统企业的管理机构通常采用金字塔形的层级式组织。这种组织形式在市场稳定，企业的业务流程也很规范和稳定的条件下，能保证统一的指挥和较高的工作效率。但是，在市场瞬息万变，产品生命周期日益缩短的今天，这种组织形式就不适应了。传统的金字塔形层级式组织在信息沟通方面存在着制度性缺陷，一是沟通速度慢，二是容易出现信息失真。

要实施大规模定制生产，必须提高企业对市场变化的反应速度和应变能力。为此企业要减少管理机构的层次，使管理组织扁平化。同时，在基层应建立具有多种专业的综合性团队组织，并向基层团队适当授权，使基层团队在工作时，可以根据不断变化的实际情况，在其

授权范围内进行自主决策。这样既可以使企业领导摆脱许多日常的事务性工作，能用更多的精力去规划企业的未来，研究制定企业的发展战略，又可以很好地调动基层员工的工作积极性和创造性，提高企业对市场变化的反应速度和应变能力。为此，还需要培养"多面手"和知识型工人。

为了提高企业的应变能力，不仅要充分利用企业内部的各种资源，还应通过外包、协作，广泛地利用社会上各种资源。贯彻互利原则，只要能实现"双赢"，企业应该和外部的各种力量进行合作，包括自己的竞争对手。为了抓住市场机遇，积极组织"战略联盟"，实现优势互补，以更快、更好地满足客户的需求，是企业今后发展的重要方向。

> **小提示**
>
> 李克强总理在2016年《政府工作报告》提出："鼓励企业开展个性化定制、柔性化生产，培育精益求精的工匠精神，增品种、提品质、创品牌。"李克强总理提出把开展个性化定制、柔性化生产和培育精益求精的工匠精神结合起来，作为增品种、提品质、创品牌的主要途径的观点值得我们深思，从中也可以看出大规模定制和柔性制造系统在生产与运作管理中的重要作用。

03 单元三 计算机集成制造系统（CIMS）和智能制造（IM）

20世纪中叶以来，企业为了提高竞争能力，一方面寻求更好的生产运作管理方法，如JIT等；另一方面也在积极探索新的制造技术和生产组织方式，如CIMS和IM。

一、计算机集成制造系统（CIMS）

（一）CIM和CIMS概念

美国人约瑟夫·哈林顿在1974年提出了计算机集成制造（Computer Integrated Manufacturing，CIM）的概念，其中有以下两个基本观点：

（1）从产品研制到售后服务的生产周期全部活动，是一个不可分割的整体。

（2）整个生产过程实质上是一个数据采集、传递和加工处理的过程。最终形成的产品可以看作是数据的物质表现。

从20世纪中下叶开始，各经济发达国家开展了对CIM概念的研究。德国自20世纪80年代初期开始注意探讨CIM这一课题，出现了各种不同的概念和定义，直至1985年，德国经济生产委员会（AWF）提出了关于CIM的推荐性定义，其概念才取得了一定程度上的统一。目前，各主要工业发达国家对CIM的定义已基本趋向一致。欧共体CIM-OSA（开放系统结构）课题委员会提出的CIM定义，被认为是当前对CIM的最权威、最科学的定义：

"CIM是信息技术和生产技术的综合应用，由此，企业的所有功能、信息、组织管理方面都是一个集成起来的整体的各个部分。"

在激烈的市场竞争中，各种企业要求生存、争发展，就要用CIM的概念组织生产。要达到企业的总体优化，不仅要正确处理加工制造过程的自动化，而且必须使设计过程、管理和决策过程采用先进技术，更加重要的是企业的体制、运行机制必须做相应的深刻变革。因此，CIM 是一种组织现代化生产的概念。

需要指出的是，CIM 是组织现代化生产的一种概念，一种指导思想。那么，计算机集成制造系统（Computer Integrated Manufacturing System，CIMS）便是这种概念的实现。目前，CIMS 还有许多问题有待于深入研究，其定义目前也是众说纷纭。

企业类型不同，例如进行单件生产的企业与多品种、中小批量生产的企业或大批量生产的企业，其生产经营方式将是不同的，离散型制造业与流程工业也是不同的，因而实现 CIMS 必然是不同的。即使是同一行业的企业，由于它们的生产经营目标不同，企业的基础条件不同（如技术水平、人员素质、资金能力等），其实现 CIMS 的过程与结果也将是不同的。当然，就技术而言，其中许多技术是有共性的。

CIM 概念只有一个，CIM 的许多相关技术（如 CAD、成组技术、MIS 等）具有共性，而 CIMS 则是因企业的不同而千变万化的。CIMS 主要是强调我们的研究开发不停留在概念上，而要把重点放在实现上，通过实现去带动解决关键技术、形成高技术产业。强调系统的另一方面原因是要用系统观点来指导整个 CIMS 的研究开发，即系统的目标、结构、组成、约束、优化、实现等，这一点与 CIM 概念本身强调总体、强调系统是一致的。CIMS 的实施方案、实施规划和实施步骤等是由企业的长期和近期目标及约束条件决定的。总之，CIM 概念的各种具体实现都是 CIMS。

（二）CIMS 的功能结构及功能模块

有关 CIM 的理解和定义虽然存在着多种观点，经历了不少发展，但都保持了一个共同点，这就是"集成"。在自动化技术、信息技术和制造技术的基础上，在新的管理模式和生产工艺的指导下，把以往企业中相互孤立的工程设计、生产制造、经营管理等全部生产经营活动所需的各种孤立的、局部的子系统，借助数据库和数字通信网络有机地集成起来，构成一个覆盖整个企业的综合系统，这就是 CIMS。

国外许多组织所提出的 CIMS 模型各不相同，但从功能和组织要素上看却有着惊人的一致性。这就使我们有可能从中提取出 CIMS 的一般模型。

1．CIMS 的功能结构

从功能上看，CIMS 包含了一个制造企业的设计、制造、经营管理三种主要功能，要使这三者集成起来，还需要一个支撑环境，即分布式数据库和计算机网络以及指导集成运行的系统技术。

（1）四个功能分系统：

1）管理信息分系统。它以 MRP Ⅱ 为核心，包括预测、经营决策、各级生产计划、生产技术准备、销售、供应、财务、成本、设备、工具、人力资源等管理信息功能，通过信息的集成，达到缩短产品生产周期，降低流动资金占用，提高企业应变能力的目的。

2）产品设计与制造工程设计自动化分系统。它是用计算机来辅助产品设计、制造准备及产品性能测试等阶段的工作，即常说的 CAD/CAPP/NCP（数控程序编制）系统，来支持产品的设计和工艺准备，处理有关产品结构方面的信息等。其目的是使产品开发活动更高效、更优质、更自动地进行。

3）制造自动化或柔性制造分系统。该系统也可称为计算机辅助制造（CAM）分系统，它包括各种不同自动化程度的制造设备和子系统，如数控机床、加工中心、柔性制造单元、柔性制造系统、装配系统、设备维修系统、运输小车、立体仓库、多级分布式控制计算机等设备及相应支持软件。它是 CIMS 中信息流和物料流的结合点，是 CIMS 最终产生经济效益的聚集地。根据产品的工程技术信息、车间层的加工指令，完成对零件毛坯加工的作业调度及制造，使产品制造活动优化、周期短、成本低、柔性高。

4）质量保证分系统。它包括质量管理计划制订、质量检测与数据采集、质量评价、控制与系统分析等功能。系统保证从产品设计、制造、检验到售后服务的整个过程，以实现产品的高质量、低成本、提高企业的竞争力为目的。

（2）两个支撑分系统：

1）计算机网络分系统。它是支持 CIMS 各个分系统的开放型网络通信系统，采用国际标准和工业标准规定的网络协议，实现异种机互联，异构局部网络及多种网络的互联；以分布为手段，满足各应用分系统对网络支持服务的不同需求，支持资源共享、分布处理、分布数据库、分层递阶和实时控制。

2）数据库分系统。它是支持 CIMS 各分系统，覆盖企业全部信息的数据库系统。它在逻辑上是统一的，在实物上可以是分布的全局数据管理系统，以实现企业数据共享和信息集成。

2. CIMS 的功能模块及作用

从结构上看，CIMS 功能模块及作用如图 12-5 所示。

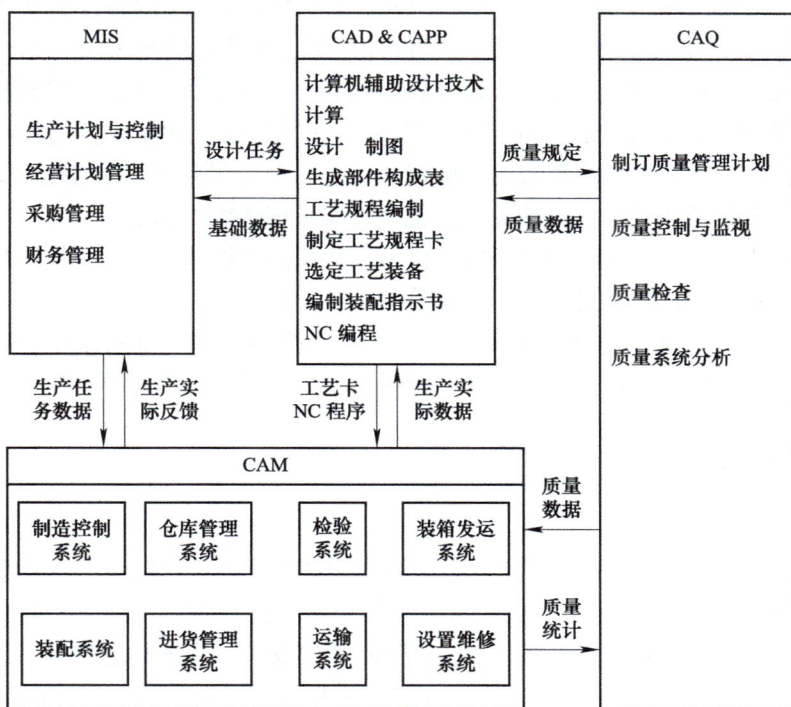

图 12-5　CIMS 的功能模块及作用

（三）CIMS 集成的内涵

集成和连接不同，它不是简单地把两个或多个单元连在一起，而是将原来没有联系或联系不紧密的单元组成有一定功能的、紧密联系的新系统。两种或多种功能的集成包含着两种或多种功能之间的相互作用。集成是属于系统工程中的系统综合、系统优化范畴。CIMS 的集成从宏观上看主要包括以下五个方面：

（1）系统运行环境的集成。它主要是将不同的硬设备、操作系统、网络操作系统、数据库管理系统、开发工具以及其他系统支撑软件集成为一个系统，形成一个统一的高效协调运行的平台，用户可共享系统硬件资源。

（2）信息的集成。从信息资源管理（IRM）出发，进行全企业的数据总体规划和系统分析与应用分析，统一规划设计建立数据库系统，使不同部门、不同专业、不同层次的人员，在信息资源方面达到高度共享。

（3）应用功能的集成。对工程设计领域而言，就是将决策支持系统（DSS）、计算机辅助管理（CAM）、计算机辅助工程（CAE）、计算机辅助设计等应用系统融为一体，建成计算机集成工程设计系统（CIEDS）。

（4）技术的集成。开发建设面向行业应用的计算机集成应用系统是多种高技术的综合运用。例如，进行系统分析设计时，必然要运用系统工程理论以及某种系统开发方法论（如结构化方法、信息工程方法、面向对象方法等）作为指导。又如，网络通信技术、数据库技术、多媒体技术、可视化技术、人工智能与优化技术、工程设计理论与技术和管理科学等，需要多方面的高级技术人员参加和有关专家学者的技术咨询。

（5）人和组织的集成。首先，要开发建设集成应用系统，高层管理者必须亲自介入，加强统一领导，自始至终坚持"管理人员、设计人员、计算机技术人员三结合"的原则。其次，随着集成应用系统规划、分析、设计和实施的逐步完成，必须促进管理机制的变化，使之真正达到管理机构和生产组织的现代化和科学化。最后，对集成应用系统的每一个管理者和使用者而言，都要有系统集成的明确观念，每一个人都将在系统的控制下进行工作，每个人的工作任务能否正确、实时地完成，也将影响系统的维护和运行。

总之，人、组织和系统是不可分割的有机体，从系统的设计开发到系统建成后的应用、运行维护，起关键作用的仍然是人、组织和管理。

将上述几个特点简单归纳成一句话，就是：以网络为支撑、以数据库为核心，把各类功能分系统和应用软件有机地集合在一起，形成综合性的多功能的计算机集成应用系统。

二、智能制造（IM）

（一）智能制造概述

制造业是国民经济的基础工业部门，是决定国家发展水平的最基本因素之一。从机械制造业发展的历程来看，经历了由手工制作、泰勒化制造、高度自动化、柔性自动化和集成化制造、并行规划设计制造等阶段。20 世纪 80 年代以来，传统制造技术得到了不同程度的发展，但存在着很多问题。先进的计算机技术和制造技术向产品、工艺和系统的设计人员和管理人员提出了新的挑战，传统的设计和管理方法不能有效地解决现代制造系统中所出现的问题，这就促使我们借助现代的工具和方法，利用各学科最新研究成果，通过集成传统制造技术、计算机技术与科学以及人工智能等技术，发展一种新型的制造技术与系统，这便是智能制造技术（Intelligent Manufacturing Technology，IMT）与智能制造系统（Intelligent Manufacturing System，IMS），也有人把它们统称为智能制造（IM）。

1．智能制造的概念

智能制造（Intelligent Manufacturing，IM）是指在制造工业的各个环节，以一种高度柔性与高度集成的方式，通过计算机来模拟人类专家的制造智能活动，对制造问题进行分析、判断、推理、构思和决策，旨在取代或延伸制造环境中人的部分脑力劳动；并对人类专家的制造智能进行收集、存贮、完善、共享、继承和发展。智能制造技术是制造技术、自动化技术、系统工程、人机智能等学科相互渗透和融合的一种综合技术。

智能制造技术的研究对象是世界范围内的整个制造环境的集成化与自组织能力，包括制造智能处理技术、自组织加工单元、自组织机器人、智能生产管理信息系统、多级竞争式控制网络、全球通信与操作网等。

智能制造系统就是要通过集成知识工程、制造软件系统、机器人视觉与机器人控制等来对制造技术的技能与专家知识进行模拟，使智能机器在没有人干预的情况下进行生产，实现人类智能活动向制造机械智能活动的转化。

2．数字制造技术是智能制造的基础技术

到目前为止，数字制造技术已发展得相当成熟，各种计算机辅助技术和系统，如 CAD/CAM 等，名目繁多、层出不穷，这些都是智能制造的基础技术。国际上相继出现了许多先进制造模式，其中比较重要的制造系统模式有：

1）计算机辅助设计（CAD）/计算机辅助制造（CAM）/计算机辅助工程（CAE）。

2）成组技术（GT）。

3）柔性制造系统（FMS）。

4）准时生产制（JIT）。

5）计算机辅助工艺规划（CAPP）。

6）计算机集成制造系统（CIMS）。

7）并行工程（CE）。

8）精益生产（LP）。

这些同样是智能制造的基础技术。

3．CIMS 与 IMS 的关系

在 CIMS 概念下，手工操作要与高度自动化或半自动化操作集成起来是非常困难和昂贵的。今天人们发现，人力和自动化是一对技术矛盾，不能集成在一起，所能做的选择，或是昂贵的全自动化生产线，或是手工操作，而缺乏的是人力和制造设备之间的相容性，人机工程只是一个方面的考虑，更重要的相容性考虑要体现在竞争、技能和决策能力上。人在制造中的作用需要被重新定义和加以重视。随着时代的发展，事实证明，人是 IMS 中制造智能的重要来源。值得指出的是，CIMS 和 IMS 都是面向制造过程自动化的系统，两者密切相关但又有区别。CIMS 强调的是企业内部物料流的集成和信息流的集成，而 IMS 强调

的则是更大范围内的整个制造过程的自组织能力。从某种意义上讲，后者难度更大，但比 CIMS 更实用、更实际。CIMS 中的众多研究内容是 IMS 的发展基础，而 IMS 也将对 CIMS 提出更高的要求。集成是智能的基础，而智能也将反过来推动更高水平的集成。

4．智能制造的内容

智能制造研究的内容如图 12-6 所示。

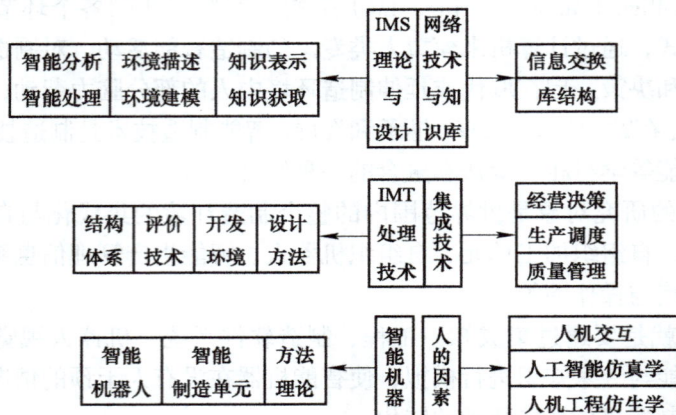

图 12-6 智能制造研究的内容

智能制造技术是制造技术、自动化技术、系统工程与人工智能等学科互相渗透、互相交织而形成的一门综合技术。其具体表现为智能设计、智能加工、机器人操作、智能控制、智能工艺规划、智能调度与管理、智能装配、智能测量与诊断等。它强调通过"智能设备"和"自治控制"来构造新一代的智能制造系统模式。

（二）智能制造的实现

1．政府层面

政府在两化融合中进一步加快推进智能制造工程建设，紧密围绕重点制造领域关键环节，开展新一代信息技术与制造装备融合的集成创新和工程应用；支持政产学研用联合攻关，开发智能产品和自主可控的智能装置并实现产业化；依托优势企业，紧扣关键工序智能化、关键岗位机器人替代、生产过程智能优化控制、供应链优化，建设重点领域智能工厂 / 数字化车间；在基础条件好、需求迫切的重点地区、行业和企业中，分类实施流程制造、离散制造、智能装备和产品、新业态新模式、智能化管理、智能化服务等试点示范及应用推广；建立智能制造标准体系和信息安全保障系统，搭建智能制造网络系统平台。

2．企业层面

（1）企业要重视传统产业和中小企业的数字化、智能化。数字化、智能化是我国制造业转变经济增长方式的核心任务，因此，数字化、智能化应首先应用在战略性新兴产业中。在目前和今后相当长的时期中，传统产业仍然是我国国内生产总值的主要贡献者。但非常遗憾的是，目前我国数字化、智能化在传统产业中的推广应用，还没有受到应有的重视。

传统产业中的中小企业是推动国民经济发展，构造市场经济主体，促进社会稳定的基础力量。近年来的出口总额中，有 60% 以上是中小企业提供的。因此，数字化、智能化在中小企业中的推广应用，应当受到各方面的重视。其在管理层面推广应用的具体方案和技术路线是：用智能化技术将企业资源计划（ERP）与现代电子商务相结合。企业 ERP 的作用是对企业资金流、物流和信息流实施优化管理，而电子商务则主要借助现代宽带网络，优化企业的采购、销售与服务。用智能化技术将两者结合起来，就能使企业实现零库存，减少资金占用，加快市场响应，提高生产效益，优化售后服务。应当特别指出的是：上述结合应有我们中国自己的特点。

（2）企业管理的数字化、智能化更重要。企业管理的重要意义在于：在不改变企业的资源、人力、设备的情况下，通过管理模式和机制的改革创新，可以大幅度地提高企业的生产效率和产品的质量，大幅度地降低资源消耗和生产成本。从这个意义上来说，企业管理的数字化、智能化比设计制造技术的数字化、智能化更为重要。

企业家对制造业管理模式改革创新的重视，甚至影响到经济学家对新的产业革命的理解。西方某些经济学家认为：第一次产业革命是大机器生产，第二次产业革命是大批量生产，而第三次产业革命则是多品种、小批量、定制式智能协同生产。不难看出，这种生产模式，只有依靠数字化、智能化技术才能实现。

（3）数字化、智能化的关键在人才。发展我国现代数字化、智能化制造系统与技术，关键中的关键在人，"有什么人，办什么事"。目前最需要的是两类复合型人才：一类是掌握高科技诀窍，懂技术、懂经营，有创新能力的复合型高级专业人才（工程师）；另一类是有战略眼光和创新勇气，懂得科技、经营、经济、管理的复合型高级管理人才（企业家）。这些人才只能在实践中产生。但是有组织地选择对象，重点培训，委以重任，在实践中锻炼，不断提高也是十分重要的。

（4）政产学研四结合实现制造业的数字化、智能化。毫无疑问，企业智能化的主体是企业本身，但是实现数字化、智能化单靠企业是不够的。如前所述，数字化、智能化要依靠众多门类的前沿科学技术。这方面的优势不在企业，而在高等院校和研究院所。此外，实现制造业数字化、智能化，还要充分发挥中国特色的优越性。这种优越性表现在：①政府制定总体规划和相关政策；②由政府主导，可以动员千军万马，集中人力、物力办大事；③由政府主导，可以精心组织、分步实施、重点突破、全面推进。因此，为了加快推进制造业数字化、智能化，必须实行政产学研四结合。

我国部分地区所实行的"机器换人"活动，证明了中国实施智能制造已取得长足进展。

04 单元四　敏捷制造

敏捷制造起源于美国，是在具有创新精神的组织和管理结构、先进制造技术、有技术有知识的管理人员三大类资源支柱支撑下得以实施的，也就是将柔性生产技术、有技术有知识的劳动力与能够促进企业内部和企业之间合作的灵活管理集中在一起，通过所建立的共同基础结构，对迅速改变的市场需求和市场进度做出快速的响应。敏捷制造比起其他制造方式具有更灵敏、更快捷的反应能力。

一、敏捷制造的要素

敏捷制造主要包括三个要素：生产技术、组织方式、管理手段。

1. 敏捷制造的生产技术

具有高度柔性的生产设备是创建敏捷制造企业的必要条件，以具有集成化、智能化、柔性化特征的先进制造技术为支撑，建立完全以市场为导向，按需求任意批量且快速灵活地制造产品，支持客户参与生产的生产系统。该系统能实行多品种小批量生产和绿色无污染制造。在产品设计和开发过程中，利用计算机的过程模拟技术，可靠地模拟产品的特性和状态，精确地模拟产品生产过程，既可实现产品、服务和信息的任意组合，又能丰富品种，缩短产品设计生产准备、加工制造和进入市场的时间，从而保证对消费者需求的快速灵敏的反应。

2. 敏捷制造的组织方式

敏捷制造认为，新产品投放市场的速度是当今最重要的竞争优势。推出新产品最快的办法是利用不同公司的资源和公司内部的各种资源。这就需要企业内部组织的柔性化和企业间组织的动态联盟。虚拟公司是最为理想的一种形式。虚拟公司就像专门完成特定计划的一家公司一样，只要市场机会存在，虚拟公司就存在；市场机会消失了，虚拟公司也随之解体。能够经常形成虚拟公司的能力将成为企业一种强有力的竞争武器。只要能把分布在不同地方的企业集中起来，敏捷制造企业就能随时构成虚拟公司。在美国，虚拟公司将运用国家的工业网络——全美工业网络，把综合性工业数据库与服务结合起来，以便能够使公司集团创建并运作虚拟公司。敏捷制造企业必须具有高度柔性的动态组织结构。根据产品不同，采取内部团队、外部团队与其他企业合作或虚拟公司等不同形式，既能保证企业内部信息达到瞬时沟通，又能保证迅速抓住企业外部的市场，做出灵敏反应。

3. 敏捷制造的管理手段

敏捷制造以灵活的管理组织，实现人员与技术的有效集成，尤其强调人的作用。敏捷制造在人力资源上的基本思想是，在动态竞争环境中，最关键的因素是人员。柔性生产技术和柔性管理要使敏捷制造企业的人员能够实现他们自己提出的发明和合理化建议，这就需要提供必要的物质资源和组织资源，支持其行动，充分发挥各级人员的积极性和创造性。有知识的人是敏捷制造企业最宝贵的财富。不断对人员进行培训，提高他们的素质，是企业管理层的一项长期任务。

在管理理念上要求具有创新和合作的突出意识，不断追求创新。除了内部资源的充分利用，还要利用外部资源和管理理念。在管理方法上要求重视全过程的管理，运用先进的科学的管理方法和计算机管理技术以及业务流程再造（Business Process Reengineering，BPR）等管理手段。

敏捷制造企业容易消化吸收外单位的经验和技术成果，随着客户需求和市场的变化，敏捷制造企业会随之改变生产方式。企业生产出来的产品是根据客户需求重新改进的产品或更新替代的产品，而不是以全新产品来替代旧产品，因此，产品系列的寿命会大大延长。

　　敏捷制造企业随时根据市场变化来改进生产，这要求企业不但要从用户、供应商、竞争对手那里获得足够信息，还要保证信息的传递快捷，以便企业能够快速抓住瞬息万变的市场。

　　敏捷制造企业通过将一些重新编程、可重新组合、可连续更换的生产系统结合成为一个新的制造系统，可以做到使生产成本与批量无关，生产一万件同一型号的产品和生产一万件不同型号的产品所花费的成本相同。因此，敏捷制造企业可以按照订单进行生产。

二、实现敏捷制造的措施

1．将继续教育放在实现敏捷制造的首位

　　高度重视并尽可能创造条件使雇员能获取最新的信息和知识。因为竞争最终还是人才的竞争，是人才所掌握的知识和创造力的竞争。

2．建立虚拟公司

　　从竞争走向合作，从互相保密走向信息交流，这样会给企业带来更大的利益。如果市场上出现一个新的机遇，可以联合世界范围的合作伙伴，进行联合开发，利益共享。我们可以把这种合作关系叫作"虚拟公司"。实际上各家都是相互独立的企业，只是为了共同利益进行合作，这种合作生产方式就是"敏捷制造"。实施敏捷制造的基础是全国乃至全球的通信网络，在网上了解到有专长的合作伙伴，在网络通信中确定合作关系，又通过网络用并行工程的做法实现最快速和高质量的新产品开发。

3．广泛应用计算机技术和人工智能技术

　　人固然重要，但没有先进的技术，人的作用也就不能得到真正的发挥。所以，计算机辅助设计、计算机辅助制造、计算机仿真与建模分析技术，都应在敏捷制造过程中加以应用。

4．采用敏捷制造方法论

　　敏捷制造方法论包括敏捷制造理念、描述体系和实施方法三部分。敏捷制造理念继承和发展了多种制造理念，并对制造业的现状和发展进行了更高层次的总结。敏捷制造描述体系从不同角度对敏捷制造进行描述，更主要的是过程与控制视图、功能视图、信息视图、人员与组织视图、资源视图、利益与风险框架视图等。敏捷制造的实施方法包括企业的敏捷制造战略及敏捷化准备，敏捷制造的构建、运行与滚动，敏捷制造的目标和评价指标等。通过方法论的应用，能帮助人们少走弯路，避免损失。

5．绩效测量与评价

　　敏捷制造系统集成所提出的战略考虑很多，例如缩短提前期对竞争能力有多少好处，如何度量企业柔性，企业对产品变异的适应能力会导致怎样的经济效益，如何检测雇员和工作小组的技能，技能标准对企业柔性又会有什么影响，等等。这一系列战略考虑都是在新形势、新环境下需要解决的问题。敏捷制造的好坏主要看对上述问题的评价，做好上述评价和合作伙伴资格预评等工作是完善敏捷制造的关键。

6．建立相应标准和法规

　　目前产品和生产过程的各种标准还不统一，而未来制造业的产品变异又非常突出，如

果没有标准，不论对国家、对企业、对企业间的合作还是对用户都非常不利。因此必须强化标准化工作，使其工作能不断跟上环境和市场的改变。现行法规也应该随着国际市场和竞争环境的变化而修订，其中包括政府贷款、技术政策、反垄断法规、税法、税率、进出口法、国际贸易协定等。

敏捷制造作为一种生产管理创新模式，能系统、全面地满足高效、低成本、高质量、多品种、迅速及时、动态适应、极高柔性等要求。目前这些要求尚难于由一个统一的生产系统来实现，但无疑是未来企业生产管理技术发展和模式创新的方向。

05 单元五 3D 打印

3D 打印技术出现在 20 世纪 80 年代，早期的 3D 打印机价格昂贵，主要用于原型设计。建筑师及汽车和飞机制造商是最早采用 3D 打印技术的人。

目前，3D 打印技术已成为一种新的先进生产方式，在许多领域得到了应用。

一、3D 打印的本质及应用范围

1. 3D 打印的本质

3D 打印（3DP）是快速成型技术的一种，它是一种以数字模型文件为基础，运用粉末状金属或塑料等可黏合材料，通过逐层打印的方式来构造物体的技术。

日常生活中使用的普通打印机可以打印计算机设计的平面物品，而所谓的 3D 打印机与普通打印机工作原理基本相同，只是打印材料有些不同，普通打印机的打印材料是墨水和纸张，而 3D 打印机内装有金属、陶瓷、塑料、砂等不同的"打印材料"，是实实在在的原材料，打印机与计算机连接后，通过计算机控制可以把"打印材料"一层层叠加起来，最终把计算机上的蓝图变成实物。通俗地说，3D 打印机是可以"打印"出真实的 3D 物体的一种设备，比如打印一个机器人、玩具车，或是打印各种模型，甚至是食物等。之所以通俗地称其为"打印机"，是因为 3D 打印机参照了普通打印机的技术原理，其分层加工的过程与喷墨打印十分相似。

3D 打印存在着许多不同的类型。它们的不同之处在于可用的材料和打印技术。3D 打印常用材料有尼龙玻纤、耐用性尼龙材料、聚乳酸材料（PLA）、石膏材料、铝材料、钛合金、不锈钢、镀银、镀金、橡胶类材料，甚至还有混凝土砂浆。

2. 3D 打印的应用范围

3D 打印最初在模具制造、工业设计等领域被用于制造模型，后逐渐用于一些产品的直接制造，已经有使用这种技术打印而成的零部件，甚至成品。该技术在珠宝、鞋类、工业设计、建筑、工程和施工（AEC）、汽车、航空航天、牙科和医疗产业、教育、地理信息系统、土木工程以及其他领域都有所应用。3D 打印技术主要应用于单件生产类型，难于在大量生产类型中得到应用。

图 12-7 是一款桌面 3D 打印机。

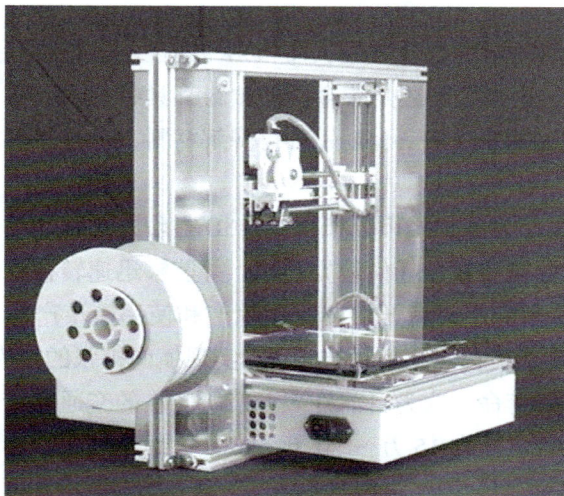

型　　号：	REPGO X1
成型尺寸：	200×200×200mm
喷嘴规格：	0.3/0.4/0.5mm 单头
耗材直径：	1.75/3.00mm
支持耗材：	ABS/PLA
Z轴定位精度：	0.005mm
XY轴定位精度：	0.012mm
分层厚度：	0.1~0.4mm可调
打印文件格式：	STL
输入方式：	USB/SD CARD
电　　源：	200~240V 50/60HZ
打印软件：	Repetier Host
机架材质：	铝合金
设备尺寸：	481×440×160

图 12-7　桌面 3D 打印机

二、3D 打印技术应用的特点

3D 打印与传统生产方式差别较大，主要体现在下面几个方面：

（1）除了创建软件外，人们几乎不需要参与任何操作，软件完全承包了整个生产过程。因此，这一过程也被定义为"信息化制造"。

（2）在确保打印物品的程序和软件保持开源方面，3D 打印的早期从业者取得了重大进展，他们允许产消者（生产和消费为同一个人），通过 DIY 业余爱好者网站分享彼此的新想法，开放式的设计理念认为商品生产是成千上万（甚至数百万）用户互相学习、共同创造的动态过程。从企业的生产成本而言，3D 打印既可免除知识产权保护的限制，又可以显著地降低产品生产成本。而传统的制造企业需要考虑诸多专利和成本的因素，因此，3D 打印企业具有更大的优势。当然，3D 打印中的有关知识产权保护的法律问题，应在其发展过程中不断地得到完善。早期的 3D 打印机售价要几万美元，而现在国内的电商网站上，只需 2 000 ～ 3 000 元就可方便地买到一台小型 3D 打印机。3D 打印机的自身成本曲线与计算机、手机、太阳能技术的成本曲线一样降幅显著。行业预测师预测，在未来 30 年，3D 打印机将以空前低的成本生产更尖端复杂的产品，使信息化制造过程接近零边际成本。

（3）可以大量节约原材料。传统生产过程是一种"减材"过程，原料被切割和筛选后，通过加工装配制成产品。在这个过程中，大量原材料被浪费，无缘于产品。相反，3D 打印属于"增料"制造，软件向熔料发出指令，层层叠加，制造成整体产品。增材制造所需原料是减材制造的 1/10，这大幅提高了 3D 打印的效率和生产力。

（4）3D 打印机可以打印机器自身的零部件，从而节省了昂贵部件更换费用，也大大地节省了生产时间。伴随 3D 打印的兴起，产品可以实现个性化定制，根据订单，以最低成本设计单件或小批量产品。传统工厂建设昂贵流水线，以大量生产类型来降低单位产品成本，但它适应品种变化能力差，较难适应市场的个性化小批量产品的需要，因此它无法与3D打印这种灵活、低成本的生产方式相竞争。

（5）不断进步的3D打印因强调材料的耐用性、可回收性和无污染性，为可持续生产创造实现的可能。目前的3D打印材料，无论是金属还是非金属的塑料都具有可回收性，可以重复熔化使用，其中一些材料，如聚乳酸材料（PLA）是一种可降解材料，对自然界不产生污染。

（6）3D打印技术的发展将有可能改变目前的城市分布格局。3D打印既是本地的，也是全球的，具有很强的流动性，允许信息化制造者在任何地方打印，并能够迅速转移到任何可以连接物联网基础设施的地方。越来越多的产消者开始在家里生产和使用简单产品，而制造尖端产品的中小型3D打印企业则可能聚集在当地的科技园区，实现横向扩张的规模效应。人们不再需要在居住地和工作地之间疲于奔命，这为目前许多城市所面临的交通拥堵这一社会问题的解决，提供了一种可能。可以想象拥有15万～20万人口，被绿地包围的小型城市中心将慢慢取代人口密集的城市核心圈。

三、3D打印发展存在的问题

3D打印技术以人们难以置信的速度在发展，但在发展中还存在一些问题。

（1）材料的限制。虽然3D打印可以实现塑料、某些金属或者陶瓷打印，但对于传统机械制造中最常用的钢铁，由于其熔点较高，使用起来还比较困难。目前打印机也还没有达到十分成熟的水平，无法支持日常生活中所接触到的各种各样的材料。研究者们在多材料打印上已经取得了一定的进展，但除非这些进展达到成熟并有效，否则材料依然会是3D打印的一大障碍。

（2）机器生产类型的限制。3D打印技术在重建物体的几何形状和机能上已经获得了一定的水平，几乎任何静态的形状都可以被打印出来，但是那些运动的物体和它们的清晰度就难以实现了。这个困难对于制造商来说也许是可以解决的，但是3D打印技术想要进入普通家庭，使每个人都能随意打印想要的东西，那么机器的限制就必须得到解决。3D打印技术适用于单件以及小批量生产类型，在大量生产类型的企业中，它的优势就不明显了。

（3）知识产权的忧虑。在过去的几十年里，音乐、电影和电视产业中对知识产权的关注变得越来越多。3D打印技术也会涉及这一问题，因为现实中的很多东西都会得到更加广泛的传播。人们可以随意复制任何东西，并且数量不限。如何制定3D打印的法律法规以保护知识产权，也是我们面临的问题之一，否则就会出现滥用、盗用的现象。

（4）道德的挑战。道德是底线，什么样的东西会违反道德规范是很难界定的，如果有人打印出生物器官和活体组织，在不久的将来会遇到极大的道德挑战。现在3D打印已能打印出枪械，这对于要求严格管制枪械的国家提出了严峻的挑战。

每一种新技术诞生初期都会面临着这些类似的障碍，但相信等找到合理的解决方案，3D打印技术的发展将会更加迅速，就如同任何渲染软件一样，不断地更新才能达到最终的完善。

复习思考题

一、简答题

1. 总结一下 JIT、大规模定制生产、CIMS 和敏捷制造四种生产方式的含义和特点。
2. JIT 的基本思想是什么？
3. 大规模定制的原则是什么？
4. 大规模定制生产的基本形式有哪些？
5. 计算机集成制造系统（CIMS）的功能结构如何？
6. 智能制造的概念是什么？
7. 简述 3D 打印技术应用的特点。
8. 实现敏捷制造生产方式的措施有哪些？

二、案例分析题

丰田公司"召回门"事件

作为日本汽车行业标杆的丰田汽车公司（以下简称丰田汽车）于 2008 年首次击败美国通用汽车公司，登上全球汽车销量冠军宝座。然而，召回事件让丰田汽车数代人苦心经营的"重质量、重信誉"的丰田品牌形象，面临着严峻考验。

反思丰田汽车发展历程，沿着丰田汽车的发展轨迹，我们会发现，企业战略的动摇，是导致丰田汽车步入尴尬境地的重要因素。

丰田汽车能超越通用汽车成为全球第一，靠的是严格的企业管理和企业文化造就的过硬产品品质。然而丰田最终偏离了其强调谨慎、按需生产、追求商品竞争力的"丰田之道"，过于迷恋快速扩张，放弃以往稳扎稳打的企业战略，终于铸成大错。

（1）过度快速扩张。为了夺取汽车行业世界第一的宝座，丰田汽车扩张速度超过世界上大多数汽车企业，而其在人才管理、质量管理、产品设计、技术研发等方面的发展速度却无法与扩张速度同步。环节脱节为召回事件埋下了重大隐患。

（2）过度的低成本战略。降低经营成本是每一家企业必须解决的问题，丰田汽车也不例外。"丰田模式"显示，经过丰田人的艰苦努力，实现了别人很难想象的低成本，但彼时的低成本是建立在坚实的产品质量基础上的。而其过度追求低成本的战略必然会牺牲产品质量，失去了质量基石的低成本，必然会受到惩罚，丰田公司也不能除外。2005 年 2 月，62 岁的渡边捷昭被任命为丰田汽车总裁后，大力推行丰田 CCC21 计划中的成本竞争战略。虽然该计划在此前 10 年里，累计在零部件采购方面节约 100 亿美元成本，但低成本战略造成的近千万辆汽车召回，给企业品牌价值带来的损失远远超过 100 亿美元。丰田汽车过度的低成本战略可谓得不偿失。

（3）老化的品牌经营战略。品牌价值的体现形式，已经不仅是资本价值。世界品牌 500 强的品牌排名模式，已经严重误导了企业品牌经营的思路。一味追求品牌价值数字化，忽视品牌经营的根本，必然会遭到市场的惩罚。

（4）迟缓的公关反应能力。在出现召回事件之后，丰田汽车并没有予以足够重视，或许，他们认为这只是生产技术的一个小问题。不重视企业公关战略，忽视危机公关，任由事件发展，必然损害公司的品牌形象。

　　丰田汽车召回事件反映了整个汽车行业现存的一些问题。由于成本影响，很多新车只是进行实验室里的模拟实验，很少经过现实路试，这绝不是丰田汽车才有的现象，而是整个汽车行业共存的问题。

　　丰田汽车的召回事件留给汽车行业乃至其他行业不少值得思索的问题。例如，如何坚持并发扬光大既具有自己特色又行之有效的企业战略，如何适度发展，如何保证品牌活力，如何应对突发事件，等等。应该看到，召回不合格产品体现的是对消费者负责，但因此降低了消费者对产品的忠诚度，损害了产品市场营销基础，也是不争的事实。企业做强做大，需要有效的营销策略，但有效的营销策略应建立在优异的产品质量、企业各个环节同步适度发展的基础上，丰田汽车的召回事件也给我国企业发展提供了镜鉴。

事件回放：

　　2010 年 1 月 21 日，丰田汽车宣布，由于油门踏板存在设计缺陷，召回大约 230 万辆美国市场上的 8 种型号汽车，涉及丰田在美国销售的大部分车型。

　　2010 年 1 月 26 日，丰田汽车宣布，由于油门踏板存在安全隐患，暂停在美国销售 8 种型号的汽车，同时将临时关闭部分生产线。

　　2010 年 1 月 28 日，丰田汽车再次宣布，因导致车辆自动加速的油门踏板事件，在美国市场追加召回 109 万辆汽车。

　　2010 年 1 月 28 日，丰田汽车宣布，召回在中国市场生产的 7.5 万辆 RAV4 车型。

　　在此期间，丰田汽车还在欧洲宣布召回近 200 万辆汽车，在中东、拉美和非洲召回 18 万辆汽车。

　　日本丰田汽车实际召回数量接近千万辆，比丰田 2009 年全球销量还多 37%。

请讨论：

1. 丰田公司的"召回门"事件的本质是什么？具体表现出哪几个问题？
2. 丰田公司的"召回门"事件对我国汽车行业乃至整个行业的发展有何启示？

模块十三
生产现场管理

📖 学习目的

了解生产现场管理的特点、要求和方法。掌握现场管理人员的任务，以及"5S"活动、定置管理、目视管理的含义、内容和方法。

生产现场管理就是用科学的管理制度、工艺流程、标准和方法，对生产现场内的生产力诸要素进行合理配置，对生产全过程进行有效的计划、组织、指挥、协调和控制，建立良好的生产秩序，使人流、物流、信息流合理高效地运行，实现均衡、安全、文明生产，达到优质、低耗、高效的目的。

01 单元一 生产现场管理概述

生产现场管理

一、生产现场的含义

现场一般是指作业场所。生产现场就是从事产品生产、制造或提供生产服务的场所。它既包括各基本生产车间的作业场所，又包括各辅助生产部门的作业场所，如库房、试验室、锅炉房等。生产现场集中着工厂主要的人力、物力、财力，它由劳动者、机器设备、原材料（在制品、半成品、成品）、加工方法、生产环境、信息等要素组成。

二、生产现场管理的特点

1. 基层性

现场管理的基层性是相对于企业经营决策层而言的。生产现场管理是为了实现企业的经营目标而对现场生产要素进行合理配置，是对产品制造过程的合理组织，处于执行性地位。相比较而言，企业管理覆盖面大，带有普遍的指导性；而生产现场管理针对性强，它要根据不同的生产技术组织条件，采用不同的管理方法和手段，具有特殊性和可操作性。

2. 动态性

现场管理是按人、机保证工艺，工艺保证产品技术标准，产品适应市场需求的基本模式，实现生产要素的优化组合。所以，它是一个相对稳定、不断发展的动态过程。从发展的观点看，随着市场的变化，新产品、新技术和管理水平不断发展，相应的新工艺、新材料及新方法的应用，促使原有的生产要素组合不能适应这种发展的要求时，就要对生产要素重新进行优化组合。同时，在生产现场范围内的人、财、物、信息等都处于持续的相互配合协调的运动中。所以，现场管理又是一个不断演变的动态发展过程，它要求生产现场管理工作由维持型向改善型转变，不断改进，永不满足。

3. 协调性

生产现场是企业各项工作贯彻执行的落脚点，各职能部门的工作计划与要求，都要通过生产现场管理去贯彻完成，即所谓的"许多线穿一根针"。因此，在生产现场经常不可避免地会发生一些专业工作之间互不协调的交叉重复和工作的空白点。所以，生产现场的管理者要针对出现的问题适时地进行协调，围绕企业目标实行综合治理，使生产现场管理达到整体优化。当然，企业各职能部门要树立为生产现场服务的观点，克服部门的本位主义，主动帮助生产现场解决困难和矛盾，做到不推诿、不扯皮。

4. 群众性

现场管理的核心是人。人与人、人与物的组合是现场生产要素最基本的组合，不能见物不见人。现场的一切生产活动、各项管理工作都要由现场的人去掌握、操作和完成。优化现场管理仅靠少数专业管理人员是不够的，必须发挥现场所有员工的积极性和创造性，发动广大工人群众参与管理。生产工人在岗位工作过程中，要按照统一标准和规定的要求，实行自我管理、自我控制，以及岗位工人之间的相互监督。要实行工人自主管理，开展员工民主管理活动，就必须改变人们的旧观念，培养工人组织生产和参与管理的能力，不断提高工人的素质。工人素质中突出的是责任心问题，有了责任心，工作就会主动，不会干的也可以学会。如果没有责任心，再好的管理制度和管理方法也无济于事。

三、现场管理人员及其任务

1. 现场管理人员

企业现场管理人员因公司、行业或时代的不同，其称呼也有所不同，他们往往被称为组长、领班、班长或师傅等，也被称为现场管理。企业生产运作管理人员中占比最大的是现场管理人员。我国历史上的监工制度可以看作是管理制度的雏形。当然，监工与现场管理人员有本质的区别，随着时代的进步，监工已被历史淘汰，而现场管理人员在企业运行中起到越来越重要的作用。现场管理是一项目标性很明确的具体行为，通过巡视、检查、评价、控制等措施从旁纠偏，以督促目标实现。实施企业现场管理的目的在于建立一种比较科学的制约机制，以规范现场秩序，使员工的行为达到有序、高效。

在现代企业中，现场管理人员担负起重要的职责，发挥着不同寻常的作用。他们是督促企业重视现场、指导员工有效工作并促进团队高效能干的不可或缺的人物。现场管理人员必须接受不断增加的任务，在企业中发挥自己的积极作用。

2. 现场管理人员的任务

现场管理人员的工作除了要完成生产运作管理所要求的 Q、C、T、S（质量、成本、时间、服务）外，还应该把士气（Morale）和安全（Safety）列为自己的主要工作之一。现场管理人员的任务具体包括：

（1）完成生产计划。不管是预定生产还是接单式生产，作为现场管理人员，有责任完成每日的生产计划。完不成生产计划也就完不成营销计划，对企业来说就不能产生利润，这种状态继续下去企业也就不存在了。当然，生产任务的完成是建立在保证质量、成本、时间

（QCT）的基础之上的。

（2）维持和提高产品质量。现场管理人员还负有防止不良品的发生，生产出符合规格产品的责任。现场管理人员不仅要保证生产符合规格的产品，还有必要在不提高成本的基础上设法提高质量。否则，企业将在竞争中失去生存的机会。

（3）遵守交货期和缩短交货期。遵守与客户约定的交货期的责任主要在于生产现场。但是生产现场往往会发生使用的材料送来迟了、工程中途发现不良、生产设备出现故障、劳动灾害、预计不到的多数人缺勤等意外的情况。即使发生了这些情况，现场管理人员也要尽一切力量遵守交货期。此外，还要想办法缩短工期，从而达到缩短交货期的目的。

（4）维持和降低标准成本。生产现场管理人员有控制制造成本的责任，不仅要维持标准成本，还要谋求降低成本，在市场竞争中取得价格优势。

（5）确保机械设备正常运转，认真做好设备保养、点检。正确使用生产现场的机械设备，定期地进行规定内容的点检、保养工作。在异常情况发生时，修复设备也是生产现场管理人员的工作，否则完成不了计划预定的生产数量。

（6）开展5S活动、定置管理和目视管理（详见后面两个单元）。

（7）防止安全事故的发生。生产现场管理人员有责任防止安全事故的发生，有责任排除不安全因素及不安全的操作行为。

（8）开展现场人员培训，用激励手段提高下属士气。现场管理人员必须明白提高岗位工人素质的重要性，现场管理人员作为下属员工的指导者，要重视对他们的培训，这种培训是以在岗培训的形式进行的。培训时可以由基础到应用，从简单到复杂，要让他们亲自动手，并让他们积极提问，当取得一些进步时，要给予鼓励。还要用多种激励手段，来保持和提高下属员工的士气。

> **小提示**
>
> 安全生产
>
> 　　企业的安全生产是生产与运作管理的重要内容之一。所谓的安全生产，即为预防生产过程中发生人身、设备事故，形成良好劳动环境和工作秩序而采取的一系列措施和活动。安全生产是安全与生产的统一，其宗旨是安全促进生产，生产必须安全。搞好安全工作，改善劳动条件，可以调动员工的生产积极性；减少员工伤亡，可以减少劳动力的损失；减少财产损失，可以增加企业效益，无疑会促进生产的发展；而生产必须安全，则是因为安全是生产的前提条件，没有安全就无法生产。

3. 企业现场管理人员工作时应注意的五个问题

（1）经常查看现场。作为企业现场管理人员，如果不查看生产线，也不关心企业发生了什么事，就失去了当管理人员的资格。如其不能检查自己规定的工作标准，不能区别异常现象和正常现象，则在原有的基础上也不会进一步改进工作。这样的管理人员就失去了其扮演的角色所应发挥的作用，也就形同虚设了。所以，现场管理人员必须具有吃苦耐劳的精神。

（2）善于管理和指导下属员工。在工作做得好的现场，精益求精的管理人员对下属员工（他们不久以后也有机会成为管理人员）进行必要的指导与培训，督促每一位员工为改善现场的环境等做出自己的努力。在下属员工看来，这样的管理人员才是值得信赖的，他们才会心悦诚服地为企业发展着想。

（3）从全面观察做出判断。作为企业现场管理人员，排除工作现场的异常现象，是其主要工作之一。造成异常现象的状况通常有以下五点：①没有遵守标准工作程序；②员工的工作程序、材料或零件有偏差；③发生机器设备或工具的失效现象；④生产出不合格品，或者有不合格品产生的征兆；⑤流程在控制之外或者在控制图上出现异常现象。

当现场发生了异常情况时，不可凭主观臆测妄下断言。一定要深入现场冷静思考，从几个角度分析问题，做出正确判断，从而将问题解决。如果处置失当，就会影响员工的情绪，也会影响整个操作流程，给企业造成损失。

（4）确立具有挑战性的目标。在这个充满竞争的社会里，管理层面对着来自顾客日益增多的对更好的质量、更低的价格和迅速交货的要求，只有制订出一个明确的管理计划，经常改进 QCT，才能满足顾客的这些需求。因此，管理层必须经常设定更高的 QCT 目标，并鼓励属下员工永无止境地改善。现场管理人员是否具有挑战精神，是决定管理一家企业成败的关键所在。这样的挑战精神，应当是现场管理人员的主要支柱。

因此，制定挑战性的目标是管理人员成功的主要因素。管理人员必须对现有流程有充分的认识，才能确立适当的具有挑战性的目标。

（5）现场管理的基点在于培植企业文化。现场管理工作尽管比较繁复，但是它毕竟不需要高科技来支撑，不需要深奥的理论来指导。可以从提高人员的素质角度，对下面的四点进行培养：①割除马虎之心，养成凡事认真的习惯，认认真真地对待工作中的每一件"小事"；②遵守规定的习惯；③自觉维护工作环境整洁明了；④培养文明礼貌的良好习惯。这样才能培养起自己的企业文化，现场管理才能真正达到应有的效果。

> **小提示**
>
> 企业中的生产现场管理人员有较多的数量（特别是在制造企业中），学习并熟悉生产现场管理知识，能为将来从事生产现场管理工作打下坚实的基础。

四、生产现场管理的要求和方法

1. 生产现场管理的要求

（1）环境整洁，包括：各种设备、物品实行定置管理；厂区和车间地面整洁，道路畅通，标记明显；生产环境达到作业要求，环保符合国家规定，消除现场"脏、乱、差"状况，保持文明整洁的生产环境等。

（2）纪律严明，包括：工艺规程、操作规程和安全规程齐全、合理并得到严格执行；关键岗位、特殊工种实行持证上岗，劳动保护用品配备齐全，使用得当；员工坚守岗位，严格遵守劳动纪律等。

（3）设备完好，包括：遵守设备操作、维护、检修规程，各类设备及附件保持齐全、完好、整洁，设备运行正常，完好率达到规定要求等。

（4）物流有序，包括：现场流动物实行定量化，按规定及时转库或入库，减少或消除各种无效劳动；各种物品摆放整齐、标志清楚，做到账、卡、物相符等。

（5）信息准确，包括：对各种原始记录、台账、报表的填写要符合规范、字迹工整、数字准确、传递及时等。

（6）生产均衡，包括：工艺布局、劳动组织合理；生产条件准备充分，按工艺流程、期量标准有节奏地进行生产；生产岗位、生产线的负荷波动达到最低限度。

2. 优化现场管理的方法——三直三现法

三直三现的意思是：直接到现场、直接看现品、直接查现象。其目的是帮助生产现场的管理者培养正确的管理作风。一名真正合格的现场管理者的工作态度，从以上三个方面可以得到验证。

三直三现法的作用是，准确地把握问题、查明原因、实施最有效的对策。当你听到问题汇报的时候，如果能够"马上来到现场、马上检查现品、马上查看现象"，就会对你准确地做出判断起到很大的帮助作用。因为班长等人的汇报不可能那么全面，有时也不能汇报关键问题，这样会使你的思路和判断出现偏差，因而不能很好地解决问题。听取汇报的同时马上来到现场，你往往会有异样的发现，对你提高解决问题能力也会有很大的帮助。

近年来，在各企业中应用较多的现场管理方法有："5S"活动、定置管理和目视管理等。通过这些方法的应用，各企业的生产现场管理水平可得到明显的改善。

02 单元二　"5S"活动

一、"5S"活动的含义

"5S"是整理（Seiri）、整顿（Seiton）、清扫（Seiso）、清洁（Seiketsu）和素养（Shitsuke）五个词的缩写。因为这五个词日语中罗马拼音的第一个字母都是"S"，所以简称为"5S"。开展以整理、整顿、清扫、清洁和素养为内容的活动，称为"5S"活动。

"5S"活动起源于日本，并在日本企业中广泛推行，它相当于我国企业开展的文明生产活动。"5S"活动的对象是现场的"环境"，它对生产现场环境全局进行综合考虑，并制订切实可行的计划与措施，从而达到规范化管理。"5S"活动的核心和精髓是素养，如果没有员工队伍素养的相应提高，"5S"活动就难以开展和坚持下去。

二、"5S"活动的内容

1. 整理

整理是指把要与不要的人、事、物分开，再将不需要的人、事、物加以处理，这是开始改善生产现场的第一步。其要点是对生产现场的现实摆放和停滞的各种物品进行分类，区分什么是现场需要的，什么是现场不需要的；其次，对于现场不需要的物品，诸如用剩的材料、多余的半成品、切下的料头、切屑、垃圾、废品、多余的工具、报废的设备、工人的个人生活用品等，要坚决清理出生产现场。这项工作的重点在于坚决把现场不需要的东西清理掉。对于车间里各个工位或设备的前后、通道左右、厂房上下、工具箱内外，以及车间的各个死角，都要彻底搜寻和清理，达到现场无不用之物。坚决做好这一步，是树立好作风的开始。日本有的企业提出口号：效率和安全始于整理！

整理的目的是：①改善和增加作业面积。②现场无杂物，行道通畅，提高工作效率。③减少磕碰的机会，保障安全，提高质量。④消除管理上的混放、混料等差错事故。⑤减少库存量，节约资金。⑥改变作风，提高工作情绪。

2. 整顿

整顿是指把需要的人、事、物加以定量、定位。通过前一步整理后，对生产现场需要留下的物品进行科学合理的布置和摆放，以便用最快的速度取得所需之物，在最有效的规章、制度和最简捷的流程下完成作业。

整顿活动的要点是：①物品摆放要有固定的地点和区域，以便于寻找，消除因混放而造成的差错。②物品摆放地点要科学合理。例如，根据物品使用的频率，经常使用的物品应放得近些（如放在作业区内），偶尔使用或不常使用的物品则应放得远些（如集中放在车间某处）。③物品摆放目视化，使定量装载的物品做到过目知数，摆放不同物品的区域采用不同的色彩和标记加以区别。

生产现场物品的合理摆放有利于提高工作效率和产品质量，保障生产安全。这项工作已发展成一项专门的现场管理方法——定置管理。

3. 清扫

清扫是指把工作场所打扫干净，设备异常时马上修理，使之恢复正常。生产现场在生产过程中会产生灰尘、油污、铁屑、垃圾等，从而使现场变脏。不卫生的现场会使设备精度降低，故障多发，影响产品质量，使安全事故防不胜防；不卫生的现场更会影响人们的工作情绪，使人不愿久留。因此，必须通过清扫活动来清除那些脏物，创建一个明快、舒畅的工作环境。

清扫活动的要点是：①自己使用的物品如设备、工具等，要自己清扫，而不要依赖他人，不增加专门的清扫工。②对设备的清扫，着眼于对设备的维护保养。清扫设备要同设备的点检结合起来，清扫即点检；清扫设备要同时做设备的润滑工作，清扫也是保养。③清扫也是为了改善。当清扫地面发现有飞屑和油水泄漏时，要查明原因，并采取措施加以改进。

4. 清洁

整理、整顿、清扫之后要认真维护，使现场保持完美和最佳状态。清洁即是对前三项活动的坚持与深入，从而消除发生安全事故的根源。创造一个良好的工作环境，使员工能愉快地工作。

清洁活动的要点是：①车间环境不仅要整齐，而且要做到清洁卫生，保证工人身体健康，提高工人劳动热情。②不仅物品要清洁，而且工人本身也要做到清洁，如工作服要清洁，仪表要整洁，及时理发、剃须、修指甲、洗澡等。③工人不仅要做到形体上的清洁，而且要做到精神上的"清洁"，待人要讲礼貌、要尊重别人。④要使环境不受污染，进一步消除混浊的空气、粉尘、噪声和污染源，消灭职业病。

5. 素养

素养即教养，努力提高人员的素养，养成严格遵守规章制度的习惯和作风，这是"5S"活动的核心。没有人员素质的提高，各项活动就不能顺利开展，即使开展了也坚持不了。所以，开展"5S"活动，要始终着眼于提高人的素质。

三、"5S"的 10 条基础

在生产现场导入"5S"，全员是否都会高高兴兴地参加并维持下去，关键在于管理者监督者能否把握住事情的命脉，在认真理解以下 10 条的基础上进行实践是成功的关键。

1．高高兴兴地持续进行"5S"

如果不是自觉地、高高兴兴地进行"5S"，就不能长期坚持下去，如果没兴趣，勉强去做了，"5S"也不能在生产现场延用下来。所以要在兴趣方面下功夫。

2．"5S"是日常工作的一部分

"5S"按理就是工作的一部分，把"5S"作为工作的一环纳入工作内容，人的意识就会改变。

3．"5S"是现场改善的入口

"5S"是改善生产现场的入口，为使生产现场浸透"5S"的气氛，要连续使用成功的"5S"的实例。

4．仅喊"5S"的口号是不行的

在原有固定概念支配下的现场作业者，仅由监督者说教"5S"，员工是不会行动的，所以管理、监督者首先要树立榜样。

5．现场管理者、监督者是"5S"的关键人物

要想使"5S"活动成功开展，现场的管理者、监督者都必须成为"5S"的担当者，并自己亲自快乐地去进行"5S"的实践。

6．"5S"真正的目的是改善企业的体质

在日益激烈的生存竞争环境中，企业担负着重要的角色，被迫要改善其体质，而改善企业体质最基本的手段就是"5S"。

7．培养"5S"人才

在各工作现场都要有推进"5S"的领头人，即使现在没有，也要在推进"5S"的过程中去培养。

8．"5S"是改善生产现场的宝库

"5S"是改善生产现场的宝库，是获得舒适的工作环境、提高工作成果、进行工厂改革等不可或缺的基础。

9．"5S"依靠排除无效（浪费）来达到降低成本的目的

在生产现场降低成本的基础是"5S"。因为每日作业潜在的无效都在积累，发生了不少成本的浪费现象，通过彻底地推行"5S"，可以排除无效（浪费）的现象，从而达到降低成本的效果。

10．"5S"的基本功能就是发现无效（浪费）

生产现场是无效（浪费）最集中的地方，找出自己周围无效（浪费）的地方，应从抛弃不要的物品开始。通常区别要和不要的物品是发现无效（浪费）的基本方法，也是"5S"的基础。

四、开展"5S"活动的原则

1. 自我管理的原则

良好的工作环境，不能单靠添置设备，也不能指望别人来创造。应当充分依靠现场人员，由现场的当事人员自己动手创造一个整齐、清洁、方便、安全的工作环境，使他们在改造客观世界的同时，也改造自己的主观世界，产生"美"的意识，养成现代化大生产所要求的遵章守纪、严格要求的风气和习惯。因为是自己动手创造的成果，也就容易保持和坚持下去。

2. 勤俭办厂的原则

开展"5S"活动，要从生产现场清理出很多无用之物，其中：有的只是在现场无用，但可用于其他的地方；有的虽然是废物，但应本着废物利用、变废为宝的精神，该利用的应千方百计地利用，需要报废的也应按报废手续办理并收回其"残值"，千万不可只图一时处理"痛快"，不分青红皂白地当作垃圾一扔了之。对于那种大手大脚、置企业财产于不顾的作风，应及时制止、批评、教育，情节严重的要给予适当处分。

3. 持之以恒的原则

"5S"活动开展起来比较容易，可以搞得轰轰烈烈，并在短时间内取得明显的效果，但要坚持下去，持之以恒，不断优化就不太容易。不少企业发生过一紧、二松、三垮台、四重来的现象。因此，开展"5S"活动，贵在坚持。为将这项活动坚持下去，企业首先应将"5S"活动纳入岗位责任制，使每个部门、每个人员都有明确的岗位责任和工作标准；其次，要严格、认真地搞好检查、评比和考核工作，将考核结果同各部门和每个人员的经济利益挂钩；最后，要坚持 PDCA 循环，不断提高现场的"5S"水平，即要通过检查，不断发现问题，不断解决问题。因此，在检查考核后，还必须针对问题，提出改进的措施和计划，使"5S"活动持续不断地开展下去。

> **小提示**
>
> **勤俭节约**
>
> 我国自古就以勤俭作为修身齐家治国平天下的美德，许多贤哲都主张过一种简朴的生活，以便不为物役，保持精神的自由。进入 21 世纪以来，全国资源越发呈紧张态势，资源不足将成为制约我国经济发展的主要瓶颈。大自然可以满足人的基本需要，但是无法满足人的贪欲。地球的资源有限，人类需求无限，而节约，就是有限与无限之间的平衡点。同时我们身边的一些奢靡陋习，既浪费有限的资源，又助长了不正之风。因此，勤俭办企业、降低生产成本永远是我们的管理之本。

五、"5S"推进法

尽管"5S"被认为是非常容易做到的事情，但是要持续地进行却是非常不容易的。

首先必须是全员参加"5S"活动。在此基础上为保证"5S"活动的持续进行，还要制订行动计划。

1．实施计划

推进"5S"的基本点是：如何去建立"5S"的推进组织。"5S"活动是由经营者、管理者、监督者等结为一体，按实施计划的方式，由全员参加共同推进的。

2．巡视

从"5S"开始之日起，都要下决心推进"5S"，绝对不能退回到以往的状态。"5S"实施成员要定期地巡视，致力于不使其倒退的工作。

3．"5S"检查表

在"5S"的实施过程中，为达到整理、整顿的目的，把有关废弃不需要物品的规定、整理物品的规定、所有的放置物品场所的设定等都做成检查表。

4．"5S"时间

要把"5S"作为工作的一环，在生产现场一周多次将工作开始之前的10分钟定为由全体员工参加的"5S"时间，全员对自己的周围进行彻底的清扫、清理、整顿。总之，"5S"不是顺手做的，而是工作的一环。

5．"5S"支持体制

无论怎么说，"5S"的中心都是作业者本身，大家的智慧和敬业精神不一致，就不会成功。因此，应确立以实施组织为中心的"5S"支持体制。

6．"5S"的题目

对"5S"的推进，应以现场为单位设定具体的题目。

7．"5S"学习会

"5S"是在生产现场发挥智慧的活动，召开现场学习会，学习先进者的智慧和经验很重要。

8．活用目视管理

在"5S"的推进中，要做到无论谁一看就容易明白，用眼睛看的管理是不可或缺的。用眼睛看的管理是"5S"的关键所在。

六、"5S"活动的着眼点

1．蟑螂搜寻法

蟑螂喜好湿暗的角落，而蟑螂可能存在的地方正是"5S"活动应注意之处。一般而言，即使是曾经推行过"5S"活动的工厂，也可能会把一些物品堆放起来，除非有搬运或移动，否则就会这样一直堆放着，还经常会产生一些蟑螂和蚊虫，造成很大的问题。

2．向上巡视法

许多企业经常会把一些应急方法变成永久性的对策，而有的问题是应该立即处理的，应急措施只能用于紧急情况，过后要制定长期措施。例如墙上用胶带粘贴的电线，万一刚好有人走过时，电线掉下来，很可能造成严重后果。

3．向下巡视法

不仅向上看是重要的，向下看也是"5S"活动的重点之一。在许多车间可以看到设备上、管道上随意搁置无人顾及的抹布，抹布早已干巴巴不成形状了，不知道是谁在什么时候晾的，但或许到公司停止营运为止，它还能一直保持这个状态存在下去。这种不知"始作俑者"是谁的情况，不只是抹布，手机袋和工具放置也经常有这种情况。因此在设置挂物品的地方，要经常往下看，这是十分重要的。

4．处理舍不得的废弃物品

在一个企业里，为了应对市场的变化，经常有旧的机器停止生产，一些专用计量器具一旦生产完毕，就只能当作箱子或偶然拆下的某些零件转用在别的仪器上。但知道其最初用途的人舍不得把它丢弃，这也是人之常情，不过我们也不能任由它占着空间，因此即使有人觉得"可惜"，但还是应做废弃处理。

5．下班后巡视法

工作中物品在流动，有时不易发现问题。而下班后一切静止，许多问题就会暴露。因此作为一个"5S"活动的推动者，就不能在这方面有所忽视，而应该在下班后，偶然巡视一次空无一人的工厂。例如在巡视中可能会发现这样一种情景，一天工作完毕，工人为了明天的需要将手套清洗后挂在零件或设备上，而这很可能导致零件和设备的生锈。

6．5S 大本营仓库检查法

通常一个企业的仓库正是其开展"5S"活动的大本营，不检查仓库是不可能成为优秀的"5S"企业的。而只要我们对仓库进行检查，就会发现"5S"活动推行中所存在的问题，例如在角落里、阁楼上、某区货架顶层的物品乱堆放，标识不清，账面上显示有的物品在仓库里却寻找不到，由于这种情况十万火急地向厂商买入的事件时有发生，然后在产品完成交付后，它又突然出现，但一切都已太迟了。

七、制订"5S"活动检查表

企业可根据各项评定检查内容制订各种检查表。

1．整理

某企业制订的整理检查表见表 13-1。

表 13-1 整理检查表

序 号	检 查 项 目	采 点	评 定 基 准
1	通道	1	物品堆放多，且杂乱无章
		2	能通过，但要避开物品，推车不能通过
		3	物品摆放超出通路或过高
		4	虽超出超高，但很整齐且有标志
		5	通畅、整洁
2	现场的设备和材料	1	一个月以来使用品仍堆放在现场，而且混乱
		2	堆放有不必要的物品，且不整齐（含保留品、不良品）
		3	物品存放半个月以内，堆放混乱
		4	物品存放一周内，整理有序
		5	只有当日、次日物品，且干净、整洁

（续）

序　号	检查项目	采　点	评 定 基 准
3	办公台面抽屉	1	堆放长期无用物品且混乱
		2	一个月前的资料仍放在台面，没处理
		3	一周前的资料放在台面没处理
		4	存放近两日待处理资料，且整理有序
		5	每日处理清楚、整理有序，台面、抽屉内物品均适量
4	货架	1	不使用物品存放混乱
		2	存有不使用物品但摆放整齐
		3	仅有半年内使用物品且摆放整齐
		4	仅有一个月内使用物品且摆放整齐
		5	近日内使用物品摆放整齐且适量
5	仓库	1	货物塞满通道，人行走困难
		2	货物摆放混乱，同一物品多处放置
		3	有区域之分，但摆放却不遵守区分
		4	不用、近期不用和近期物品区分摆放
		5	用与不用分类清楚且摆放整齐

2. 整顿

某企业制订的整顿检查表见表 13-2。

表 13-2　整顿检查表

序　号	检查项目	采　点	评 定 基 准
1	零件、部件	1	无分门别类，同类物品异地摆放且混乱
		2	分类放置，但无大小、轻重之分
		3	大里、小外、轻上、重下区分，但无规格尺寸、品名区别
		4	规格尺寸、顺序排列，但无明确标签、标示
		5	标示明确、一目了然、先入先出有序
2	工具	1	工具（机械、电气工具）混装在一起
		2	机械、电气工具虽有分类，但无常用和非常用之分
		3	常用之分清楚，但无分类摆放
		4	分类摆放有序，但用后不归原处
		5	固定工具放置位置图示化（看板）管理
3	设备、仪器、模具	1	地面随意堆放且混乱
		2	按区域、货架摆放，但无明确分类
		3	根据用途分类，但无常用和非常用区分放置
		4	常用类处在通道两侧，拿取方便，但无标示
		5	固定工具放置场所标示清楚，一目了然
4	图样、作业基准书、文件	1	图样、作业基准书、文件等资料混杂在一个文件中
		2	各类资料文件分类放入文件夹，但同类资料无新旧区分
		3	虽有新旧区分，但无废却记录及更换履历
		4	废却更换履历清楚，但无文件目录
		5	目录清晰，原件、复印件分类明确，有担当者管理
5	仓库	1	同类物品多处放置且混乱
		2	同类物品同区域放置，但无物品区分
		3	物品按名、用途区分放置，但无物品区分
		4	按大小、轻重、先入先出原则摆放，但无标示
		5	仓库平面图、货物区域图以及货架部品标示

3．清扫

某企业制订的清扫检查表见表 13-3。

表 13-3　清扫检查表

序　号	检 查 项 目	采　点	评 定 基 准
1	通路	1	有烟蒂、纸屑、铁屑、部品弃落、其他杂物等其中之一
		2	虽无上述杂物，但地面凹凸不平
		3	有水渍、油污或灰尘
		4	有清扫，但有拖布污水痕迹
		5	地面清洁、明亮
2	作业场所	1	有烟蒂、纸屑、铁屑、部品弃落、其他杂物等其中之一
		2	虽无上述杂物，但地面凹凸不平
		3	有水渍、油污或灰尘，材料直接放在地面
		4	材料部品卡板位置，周围有灰尘
		5	地面清洁、明亮，死角处都干净无尘
3	办公桌、作业台	1	台面污迹或布满灰尘
		2	台面干净无尘，但内侧、背面布满灰尘
		3	虽然干净，但台面凹凸、破损
		4	台面干净亮丽，但抽屉内有异物
		5	桌、椅及周围都干净整洁
4	窗户、墙壁、天花板灯管、线槽	1	有泥土、灰尘、破损、水渍其中之一
		2	虽无泥土、破损那么严重，但无清扫、擦拭
		3	虽有擦拭，但还有抹布痕迹和水迹
		4	干净无尘，但昏暗无光泽
		5	窗户、墙壁、天花板光洁亮丽，灯光明亮舒适
5	设备、工具、仪器	1	油污、腐蚀
		2	虽无油污、生锈情况，但灰尘多
		3	外表无灰尘，但内部灰尘较多
		4	内外无尘
		5	光洁亮丽，而且有防尘、防锈措施

4．清洁

清洁的标准就是长期坚持，用以上三项检查基准定期和随机进行检查，如果经长期检查都能确保优秀，那么我们"5S"的推行工作中的"4S"就基本合格了，但要切忌"5S"工作一阵风，要持之以恒、坚持不懈。在进行3S检查中，如果发现问题，就要运用前面所学的方法将问题提出并交由"5S"小组加以解决，并要每个问题都有一套对应的解决方案，还要有改善后照片出台，与问题照片相对应，检讨改善结果是否最优。

5．素养

某企业制订的素养检查表见表 13-4。

表 13-4　素养检查表

序　号	检 查 项 目	采　点	检 查 基 准
1	日常"5S"活动	1	成立了小组，但没有组织小组活动
		2	进行了"5S"工作，但不是"5S"计划内实施的工作
		3	"5S"宣传，有计划实施，但处于被动地位
		4	活用"5S"，主动从事"5S"工作
		5	活动热烈，并有好的方案涌现，而且从中有感

（续）

序　号	检 查 项 目	采　点	检 查 基 准
2	服装	1	穿着不整，而且污浊
		2	工鞋后跟踩在脚下
		3	纽扣未扣好，拉链未拉到位，毛巾、头巾佩戴不工整
		4	厂牌及公司规定的徽章未按规定佩戴
		5	佩戴、穿着整齐，充满活力
3	仪表	1	不修边幅（欠缺修正）
		2	头发、胡须过长
		3	指甲过长，无修剪
		4	头发欠梳理（披、散）
		5	精神、有活力
4	行为规范	1	举止粗鲁，满口脏话
		2	不遵守规定（经常违规、迟到、早退）
		3	不守信用，不守时间
		4	遵守规则，团结同事，能很好地完成任务
		5	主动参与公司各项工作，具有团队精神
5	时间观念	1	缺乏时间观念，不守时
		2	时间观念淡薄，经常迟到
		3	不愿受时间约束，但会尽力去做
		4	在约定时间全力完成
		5	约定时间内，有计划地提早完成

6.　"5S"总检查表

"5S"总检查表见表13-5。

表13-5　"5S"总检查表

项　目	审 查 内 容	采　点	得　分	不 足 项 目
整理	不必要物品是否全部清理出现场？	5		
	使用完后应归还的工具、夹具是否还留在现场？	4		
	上一机种的剩余材料部品有无滞留现场？	4		
	作业基准书及加工规格书等是否与该机种吻合？	4		
	部品盒、不良品盒中是否清理干净？	3		
	小计：	20		
整顿	仓库是否按货物分类进行区域管理？	4		
	货架是否按材料规格分别进行顺序定位放置？	4		
	整顿时有没有充分考虑方便拿取、先入先出原则？	5		
	仓库货物较多，是否进行分类色别目视管理？	4		
	特殊材料（温度）是否进行特殊（冷藏）管理？	5		
	保留品、不良品、废料是否定期处理？	3		
	小计：	25		
清扫	作业场所是否清扫干净？是否有杂物？	3		
	作业台面是否擦拭干净？是否有残留物品？	3		
	设备与工具是否有油污、灰尘等？	3		
	作业中是否有部品或产品掉落地面？	3		
	作业结束是否有"5S"清扫？灯管架有无定期清洁？	3		
	小计：	15		

（续）

项　目	审查内容	采　点	得　分	不足项目
清洁	3S 是否规范化（是否长期坚持）？	3		
	工厂内是否适当适量设置垃圾桶（袋）？	3		
	工厂内标语揭示物是否清洁整齐？	3		
	通路是否设置合理？是否顺畅？	3		
	安全门通路、楼层标示等是否齐备、干净？	3		
	小计：	15		
素养	工作是否按计划进行？是否有改善计划？	4		
	有无部门重点管理项目？目标管理是否明确？	4		
	会议、工作是否按预定时间进行、开始、结束等？	4		
	小组改善活动是否积极参与，并有提案？	4		
	是否遵守公司各项规定？	3		
	对上司、同事是否有礼貌？是否使用礼貌用语？	3		
	晨操、早会是否认真、专心？	3		
	小计：	25		

小提示

工匠精神

　　"工匠精神"本指手艺工人对产品精雕细琢、追求极致的理念，即对生产的每道工序，对产品的每个细节，都精益求精，力求完美。在中国特色社会主义进入了新时代的今天，劳动者的素质对国民经济和社会发展至关重要。不论是传统制造业还是新兴产业，工业经济还是数字经济，工匠始终是产业发展的重要力量，工匠精神始终是创新创业的重要精神源泉。时代发展，需要大国工匠；迈向新征程，需要大力弘扬工匠精神。"执着专注、精益求精、一丝不苟、追求卓越。"2020 年 11 月 24 日，在全国劳动模范和先进工作者表彰大会上，习近平总书记高度概括了工匠精神的深刻内涵，强调劳模精神、劳动精神、工匠精神是以爱国主义为核心的民族精神和以改革创新为核心的时代精神的生动体现，是鼓舞全党全国各族人民风雨无阻、勇敢前进的强大精神动力。

　　在生产现场开展"5S 活动"、定置管理、目视管理等正是发扬工匠精神的具体表现。

03

单元三　定置管理

一、定置管理的含义

　　定置管理是对生产现场中的人、物、场所三者之间的关系进行科学的分析研究，使之达到最佳结合状态的一门科学管理方法。它以物在场所的科学定置为前提，以完善的信息系统为媒介，以实现人和物的有效结合为目的，通过对生产现场的整理、整顿，把生产中不需要的物品清除掉，把需要的物品放在规定位置上，使其随手可得，促进生产现场管理文明化、科学化，达到高效生产、优质生产、安全生产。定置管理是"5S"活动的一项基本内容，是"5S"活动的深入和发展。

二、定置管理的基本理论

1．人的状态

操作者在生产现场中按其工作的状态也可分为三种。

（1）A状态：良好状态，应保持下去。

（2）B状态：有部分工作需改进。

（3）C状态：无效劳动过多，应避免发生。

2．场所本身状态及其对人的影响

（1）A状态：良好的作业环境及作业条件，能保证操作者精神集中、心情舒畅，操作过程中无多余动作，疲劳因素最少。

（2）B状态：需改进的环境及作业条件，对操作者有一定影响，劳动强度大，无法连续作业，易疲劳。

（3）C状态：需彻底改进的环境。如作业者无效劳动过多，因作业现场管理杂乱无章、物品无固定位置，人与物的结合处于寻找状态等。

3．人与物的三种结合状态及其经济效益

（1）A状态：人与物处于立即结合的状态（伸手即可拿到所需物件）。

（2）B状态：人与物处于寻找状态（因现场杂乱无章，需用的物件未放在固定位置，必须寻找）。

（3）C状态：物与人、生产、工作无关（如现场中已报废的设备、工具等）。

当人与物处于这三种状态时，其工时消耗是不一样的。处于A状态时，其工时消耗可以不计，因为所需物件伸手可得，不需工时；处于B状态时，要花时间去寻找所需物件，用于寻找的工时越长，其工时消耗与费用就越多；处于C状态时，物已与人及生产无关，则应按"5S"活动中的"整理"，清理出现场。由此可知，使人与物的结合保持A状态，是降低工时消耗及成本的有效方法。

4．物与场所的结合，即定置（确定物在场内的位置）

（1）区域定置。

1）划分现场区域：分为半成品区、成品区、返修品区、废品区。

2）信息标准化：用不同颜色标明各种区域，如返修品区用红色，合格品区用绿色，处理品区用黄色等。

（2）设备定置。根据设备的不同类型及在生产过程中的作用，确定每台设备的固定位置、运行路线。

（3）仓库定置。通过调整各种储备物品的位置，使仓库秩序化，消除混乱，做到及时、准确地向各生产工序提供所需的材料、零件、计量器等各种物品。

（4）人员定置。现场作业人员在相对固定的位置保持稳定，按规定的时间工作，按规定的道路通行。

5．信息媒介与定置的关系

信息媒介是指在生产现场的各种标志牌、标志线，以及车间里的各种物品的台账。它

们可以引导人们很快地找到所需物品的位置。生产现场的信息媒介应达到下面的要求：

（1）场所标志清楚。

（2）场所设有定置图。

（3）物品台账齐全。

（4）存放物的序号、编号齐备。

（5）信息标准化，区域所放物品有标牌显示。

三、开展定置管理的步骤

开展定置管理应按照以下步骤进行：

（一）工艺研究

工艺研究是定置管理开展程序的起点。它是对生产现场现有的加工方法、机器设备、工艺流程进行详细研究，确定工艺在技术水平上的先进性和经济上的合理性，分析是否需要和可能用更先进的工艺手段及加工方法，从而确定生产现场产品制造的工艺路线和搬运路线。工艺研究是一个提出问题、分析问题和解决问题的过程，包括以下三个步骤：

（1）对现场进行调查，详细记录现行方法。

（2）分析记录的事实，寻找存在的问题。

（3）拟订改进方案。提出改进方向后，定置管理人员要对新的改进方案做具体的技术经济分析，并和旧的工作方法、工艺流程和搬运线路做对比。在确认是比较理想的方案后，才可作为标准化的方法实施。这一阶段主要是发现问题，以明确定置管理的方向。调查内容为：

1）人机操作情况。

2）物流情况。

3）作业者情况。

4）生产作业面积和空间利用情况。

5）原材料、在制品管理情况。

6）半成品库和中间库的管理情况。

7）工位器具的配备和事业情况。

8）生产现场物品摆放情况。

9）生产现场物品搬运情况。

10）质量保证和安全生产情况。

11）设备运转和利用情况。

12）生产中各类消耗情况。

（二）在严格分析的基础上提出改善方案

主要分析以下几个方面：

（1）人与物的结合情况。

（2）现场物流及搬运情况。

（3）现场信息流情况。

（4）工艺路线和工艺方法情况。

（5）现场利用情况等。

采用 5W1H 提问技术和 ECRS 原则来分析。

（三）人、物结合状态分析

人、物结合状态分析，是开展定置管理中最关键的一个环节。在生产过程中必不可少的是人与物，只有人与物相结合才能进行工作。而工作效果如何，则需要根据人与物的结合状态来定。人与物的结合是定置管理的本质和主体。定置管理要在生产现场实现人、物、场所三者最佳结合，首先应解决人与物的有效结合问题，这就必须对人、物结合状态进行分析。

在生产现场，人与物的结合有两种形式，即直接结合和间接结合。直接结合是指需要的物品能立即拿到手，不存在由于寻找物品而发生时间的耗费。如加工的原材料、半成品就在自己岗位周围，工检量具、贮存容器就在自己的工作台上或工作地周围，随手即得。间接结合是指人与物呈分离状态，为使其结合则需要信息媒介的指引。信息媒介的准确可靠程度影响着人和物结合的效果。

（四）信息流分析

信息媒介就是人与物、物与场所合理结合过程中起指导、控制和确认等作用的信息载体。由于生产中使用的物品品种多、规格杂，它们不可能都放置在操作者的手边，如何找到各种物品，需要有一定的信息来指引；许多物品在流动中是不回归的，它们的流向和数量也要有信息来指导和控制；为了便于寻找和避免混放物品，也需要有信息来确认。因此，在定置管理中，完善而准确的信息媒介是很重要的，它影响到人、物、场所的有效结合程度。

人与物的结合，需要有四个信息媒介物：第一个信息媒介物是位置台账，它表明"该物在何处"。通过查看位置台账，可以了解所需物品的存放场所。第二个信息媒介物是平面布置图，它表明"该处在哪里"。在平面布置图上可以看到物品存放场所的具体位置。第三个信息媒介物是场所标志，它表明"这儿就是该处"。它是指物品存放场所的标志，通常用名称、图示、编号等表示。第四个信息媒介物是现货标示，它表明"此物即该物"。它是物品的自我标示，一般用各种标牌表示，标牌上有货物本身的名称及有关事项。（质量管理中称为标志。）

建立人与物之间的连接信息，是定置管理这一管理技术的特色。是否能按照定置管理的要求，认真地建立、健全连接信息系统，并形成通畅的信息流，有效地引导和控制物流，是推行定置管理成败的关键。

（五）定置管理设计

定置管理设计，就是对各种场地（厂区、车间、仓库）及物品（机台、货架、箱柜、工位器具等）如何科学、合理定置的统筹安排。定置管理设计主要包括定置图设计和信息媒介物设计。

1. 定置图设计

定置图是对生产现场所在物进行定置，并通过调整物品来改善场所中人与物、人与场所、物与场所相互关系的综合反映图。其种类有室外区域定置图，车间定置图，各作业区定置图，仓库、资料室、工具室、计量室、办公室等定置图和特殊要求定置图（如工作台面、工具箱内，以及对安全、质量有特殊要求的物品定置图）。

2. 信息媒介物设计

信息媒介物设计，包括信息符号设计和示板图、标牌设计。在推行定置管理，进行工艺研究、各类物品停放布置、场所区域划分等过程中都需要运用各种信息符号表示，以便人们形象地、直观地分析问题和实现目视管理。各个企业应根据实际情况设计和应用有关信息符号，并纳入定置管理标准。在设计信息符号时，如有国家规定的（如安全、环保、搬运、消防、交通等）应直接采用国家标准。对于其他符号，企业应根据行业特点、产品特点、生产特点进行设计。符号设计应简明、形象、美观。

定置示板图是现场定置情况的综合信息标志，它是定置图的艺术表现和反映。标牌是指示定置物所处状态、标志区域、指示定置类型的标志，包括建筑物标牌，货架、货柜标牌，原材料、在制品、成品标牌等。它们都是实现目视管理的手段。各生产现场、库房、办公室及其他场所都应悬挂示板图和标牌。示板图中内容应与蓝图一致。示板图和标牌的底色宜选用淡色调，图面应清洁、醒目且不易脱落。各类定置物、区（点）应分类规定颜色标准。

各种场地和各种物品的定置设计必须符合工作布置要求，主要有：

（1）单一的流向和看得见的搬运路线。

（2）最大限度地利用空间。

（3）最大的操作方便和最小的不愉快。

（4）最短的运输距离和最少的装卸次数。

（5）切实的安全防护保障。

（6）最少的改进费用和统一标准。

信息媒介物的标准设计包括：各种区域、通道、活动器具和位置信息符号的设计；各种料架、工具箱等的结构和编号的标准设计；物品台账、物品确认卡片的标准设计；制定各种物品的进出、收发的设计等。

（六）定置实施

定置实施是理论付诸实践的阶段，也是定置管理工作的重点。其包括以下三个步骤：

（1）清除与生产无关之物。

（2）按定置图实施定置。

（3）放置标准信息标牌。

总之，定置实施必须做到：有图必有物，有物必有区。有区必挂牌，有牌必分类；按图定置，按类存放，账（图）物一致。

（七）定置检查与考核

定置管理的一条重要原则就是持之以恒。必须建立定置管理的检查、考核制度，制定检查与考核办法，并按标准进行奖罚，以实现定置的长期化、制度化和标准化。只有这样，才能巩固定置成果，并使之不断发展。

定置管理的检查与考核一般分为两种情况：一是定置后的验收检查。检查不合格的不予通过，必须重新定置，直到合格为止。二是定期对定置管理进行检查与考核。这是要长期进行的工作，它比定置后的验收检查工作更为复杂，更为重要。

定置考核的基本指标是定置率，它表明生产现场中必须定置的物品已经实现定置的程度，即按照设计要求对现场的人、机、物进行定置。为使定置管理能不断坚持、不断完善，必须坚持考核工作。考核指标就是定置率，其计算公式为

$$定置率 = \frac{实际定置的物品个数（种类）}{定置图规定的定置物品个数（种类）} \times 100\%$$

例 13-1 检查某车间的三个定置区域，其中合格区（绿色标牌区）摆放 15 种零件，有 1 种没有定置；等检区（蓝色标牌区）摆放 20 种零件，其中有 2 种没有定置；返修区（红色标牌区）摆放 3 种零件，其中有 1 种没有定置。则该场所的定置率为

$$定置率 = （15+20+3）-（1+2+1）/（15+20+3）\times 100\% = 89\%$$

四、分厂（或车间）的定置要求

1. 分厂场地的定置要求

（1）要有标准设计的分厂定置图。

（2）生产场地、通道、工具箱、交检区、物品存放区，都要有标准的信息显示。

（3）易燃、易爆物品，消防设施，有污染的物品，要符合工厂有关特别定置的规定。

（4）要有车间、工段、班组卫生责任区的定置，并设有责任区信息牌。

（5）要有临时停滞物品区域的定置规定。

（6）要有垃圾、废品回收点的定置规定。

（7）按定置图的要求，清除与区域无关的物品。

2. 分厂（或车间）各工序、工位、机台的定置要求

（1）须有各工序、工位、机台的定置图。

（2）要有图纸架、工艺文件等资料的定置规定。

（3）要有工卡、量具、仪表、小型工具、工位器具在工序、工位、机台停放的定置规定。

（4）要有材料、半成品及工位器具等在工序、工位摆放的数量、方式的定置规定。

（5）附件箱、零件货架的编号必须同零件账、卡、目录一致，账卡等信息要有流水号目录。

3. 工具箱的定置要求

（1）按标准设计定置图。

（2）工具摆放要严格遵守定置图，不准随便堆放。

（3）定置图及工具卡片，一律贴在工具箱内门壁上。

（4）工具箱的摆放地点要标准化。

（5）同工种、工序的工具摆放要标准化。

4. 库房的定置要求

（1）要设计库房定置总图，按指定的地点定置。

（2）易燃、易爆、易污染及有贮存期要求的物品，要按工厂安全定置要求，实行特别定置。

（3）有储存期物品的定置，要求超期物品有单独区域放置；接近超期1～3个月的物品要设置期限标志；在库存报表上对超期物品也要有特定符号表示。

（4）账本前页应有序号及物品目录。

（5）特定定置区域，要用标准的信息符号显示。

（6）物品存放的区域、架号、序号，必须同账本的物品目录一致。

5. 坚持现场的定置要求

（1）要有检查现场定置图。

（2）要划分不同区域并用不同颜色标示，包括：①半成品的等检区及合格区；②成品的等检区及合格区；③废品区；④返修区；⑤等处理区。等检区为蓝色、合格区为绿色、返修区为红色、等处理区为黄色、废品区为白色，即"绿色通、红色停、黄色绕道行、蓝色没检查、白色不能用"。

（3）小件物品可装在不同颜色的大容器内，以示区别。

单元四　目视管理

一、目视管理的含义及特点

1. 目视管理的含义

所谓的目视管理，就是将所有的管理方法以及管制内容全部展示出来，让人一目了然。

目视管理是利用形象直观、色彩适宜的各种视觉感知信息组织现场生产活动，以提高劳动生产率的一种管理方式。它以视觉信号显示为基本手段，以公开化为基本原则，尽可能地将管理者的要求和意图让大家都看得见，借以推动自主管理、自我控制。所以，目视管理是一种以公开化和视觉显示为特征的管理方式，也可称之为"看得见的管理"。同其他管理工作相比，目视管理具有独特之处。

目视管理可说是涉及工厂整体管理的最有效的实施手法。简单的、容易明白的解释如下：从制造现场到办公室，从经营者到第一线的作业者，全体员工都能通过看就能了解现在工厂的生产状况如何，各部门为提高生产效率应该如何去做等。目视管理是为有效地进行工厂运作最行之有效的重要的管理手法。

目视管理的基本思想是：在工作现场所发生的许多问题都是全体员工共有的。为尽快地采取行动解决问题，先要制造出寻找问题和异常活动的氛围，使工作现场活性化。

2. 目视管理的特点

（1）目视管理形象直观，有利于提高工作效率。现场管理人员组织指挥生产，实质就是在发布各种信息。操作工人有秩序地进行生产作业，就是接受信息后采取行动的过程。在机器生产的条件下，生产系统高速运转，要求信息传递和处理既快又准。如果与每个操作工人有关的信息都要由管理人员直接传达，那么不难想象，拥有成百上千工人的生产现场，将要配备多少管理员。目视管理为解决这个问题找到了捷径。它告诉我们，迄今为止，操作工人接受信息最常用的感觉器官是眼、耳和神经，其中又以利用视觉最为普遍。可以发出视觉信号的手段有电视、信号灯、标示牌、图表等。其特点是形象直观，容易认读识别，简单方便。在有条件的岗位，充分利用视觉信号显示手段，迅速而准确地传递信息，无须管理人员现场指挥即可有效地组织生产。

（2）目视管理透明度高，便于现场人员互相监督，发挥激励作用。实行目视管理，对生产作业的各种要求可以做到公开化。干什么、怎样干、干多少、什么时间干、在何处干等问题一目了然，这就有利于人们默契配合、互相监督，使违反劳动纪律的现象不容易隐藏。例如，根据不同车间和工种的特点，规定穿戴不同的工作服和工作帽，很容易使那些擅离职守、串岗聊天的人处于众目睽睽之下，促使其自我约束，逐渐养成良好的习惯。又如，有些地方对企业实行了挂牌制度，单位经过考核，按优秀、良好、较差、劣等四个等级挂上不同颜色的标志牌；个人经过考核，优秀与合格者佩戴不同颜色的臂章，不合格者无标志。这样，目视管理就能起到鼓励先进、鞭策后进的激励作用。总之，大机器生产既要求有严格的管理，又需要培养人们自主管理、自我控制的习惯与能力，目视管理为此提供了有效的具体方式。

（3）目视管理有利于产生良好的生理和心理效应。对于改善生产条件和环境，不仅要从物质技术方面着手，也要重视现场人员生理、心理和社会特点。例如，控制机器设备和生产流程的仪器、仪表必须配齐，这是加强现场管理不可缺少的物质条件。然而对于哪种形状的刻度表容易认读，数字和字母的线条粗细的比例多少才最好，白底黑字是否优于黑底白字，这些细节问题则是降低误读率、减少事故所必须认真考虑的生理和心理需要。又如，谁都承认车间环境必须干净整洁。但是，不同车间（如机加工车间和热处理车间），其墙壁是否均应"四白落地"，还是采用不同颜色，什么颜色最适宜，诸如此类的色彩问题也同人们的生理、心理和社会特征有关。目视管理的长处就在于，它十分重视综合运用管理学、生理学、心理学和社会学等多学科的研究成果，能够比较科学地改善同现场人员视觉感知有关的各种环境因素，使之既符合现代技术要求，又适应人们的生理和心理特点，这样，就会产生良好的生理和心理效应，调动并保护工人的生产积极性。

二、目视管理的内容

1．规章制度与工作标准的公开化

为了维护统一的组织和严格的纪律，保持大工业生产所要求的连续性、比例性和节奏性，提高劳动生产率，实现安全生产和文明生产，凡是与现场工人密切相关的规章制度、标准、定额等，都需要公布于众；与岗位工人直接有关的，应分别展示在岗位上。如岗位责任制、操作程序图、工艺卡片等，并要始终保持完整、齐全、正确和洁净。

2．生产任务与完成情况的图表化

现场是协作劳动的场所，因此，凡是需要大家共同完成的任务都应公布。计划指标要定期层层分解，落实到车间、班组和个人，并列表张贴在墙上；实际完成情况也要相应地按期公布，并用作图法，使大家看出各项计划指标完成中出现的问题和发展的趋势，以促使集体和个人都能按质、按量、按期地完成各自的任务。

3. 与定置管理相结合，实现视觉显示信息的标准化

在定置管理中，为了消除物品混放和误置，必须有完善而准确的信息显示，包括标志线、标志牌和标志色。因此，目视管理在这里便自然而然地与定置管理融为一体，按定置设计的要求，采用清晰的、标准化的信息显示符号，将各种区域、通道、各种物品的摆放位置鲜明地标示出来；机器设备和各种辅助器具（如料架、工具箱、工位器具、生活柜等）均应运用标准颜色，不得任意涂抹。

4. 生产作业控制手段要求形象直观、使用方便

为了有效地进行生产作业控制，使每个生产环节、每道工序能严格按照期量标准进行生产，杜绝过量生产、过量储备，要采用与现场工作状况相适应的、简便实用的信息传导信号，以便在后道工序发生故障或由于其他原因停止生产，不需要前道工序供应在制品时，操作人员看到信号，能及时停止投入。例如，"看板"就是一种能起到这种作用的信息传导手段。

各生产环节和工种之间的联络，也要设立方便实用的信息传导信号，以尽量减少工时损失，提高生产的连续性。例如，在机器设备上安装红灯，在流水线上配置工位故障显示屏，一旦发生停机，即可发出信号，巡回检修工看到后就会及时前来修理。

生产作业控制除了期量控制外，还要有质量和成本控制，也要实行目视管理。例如，对于质量控制，在各质量管理点（控制点）要有质量控制图，以便清楚地显示质量波动情况，及时发现异常，及时处理。车间要利用板报形式，将"不良品统计日报"公布于众，当天出现的废品要陈列在展示台上，由有关人员会诊分析，确定改进措施，防止再度发生。

5. 物品码放和运送的数量标准化

物品码放和运送实行标准化，可以充分发挥目视管理的长处。例如，各种物品实行"五五码放"，各类工位器具，包括箱、盒、盘、小车等，均应按规定的标准数量盛装，这样，操作、搬运和检验人员点数时既方便又准确。

6. 现场人员着装的统一化与实行挂牌制度

现场人员的着装不仅起劳动保护的作用，在机器生产条件下，也是正规化、标准化的内容之一。它可以体现员工队伍的优良素养，显示企业内部不同单位、工种和职务之间的区别，因而还具有一定的心理作用，使人产生归属感、荣誉感、责任心等，对于组织指挥生产，也可创造一定的方便条件。

挂牌制度包括单位挂牌和个人佩戴标志。按照企业内部各种检查评比制度，将那些与实现企业战略任务和目标有重要关系的考评项目的结果，以形象、直观的方式给单位挂牌，能够激励先进单位更上一层楼，鞭策后进单位奋起直追。个人佩戴标志，如胸章、胸标、臂章等，其作用同着装类似。另外，还可同考评相结合，给人以压力和动力，达到催人进取、推动工作的目的。

7. 色彩的标准化管理

色彩是现场管理中常用的一种视觉信号，目视管理要求科学、合理、巧妙地运用色彩，并实行统一的标准化管理，不允许随意涂抹。这是因为色彩的运用受多种因素制约。

（1）技术因素。不同色彩有不同的物理指标，如波长、反射系数等。例如，强光照射的设备多涂成蓝灰色，是因其反射系数适度，不会过分刺激眼睛；危险信号多用红色，这既是传统的习惯，也是因其穿透力强、信号鲜明的缘故。

（2）生理和心理因素。不同色彩会给人以不同的重量感、空间感、冷暖感、软硬感、清洁感等情感效应。例如，高温车间的涂色应以浅蓝、蓝绿、白色等冷色为基调，可给人清爽舒心之感；低温车间则相反，适宜用红、橙、黄等暖色，使人感觉温暖。热处理设备多用属冷色的铅灰色，能起到降低"心理温度"的作用。家具厂整天看到的是属暖色的木质颜色，木料加工设备则宜涂浅绿色，可缓解操作者被暖色包围所涌起的烦躁之感。从生理角度而言，长时间受一种或几种杂乱的颜色刺激，会产生视觉疲劳，因此，就要讲究工人休息室的色彩。例如，纺织工人的休息室宜用暖色，冶炼工人的休息室宜用冷色。这样，有利于消除职业疲劳。

（3）社会因素。不同国家、地区和民族，都有不同的色彩偏好。

总之，色彩包含着丰富的内涵，现场中凡是需要用到色彩的，都应有标准化的要求。

三、推行目视管理的基本要求

推行目视管理，要防止搞形式主义，一定要从企业实际出发，有重点、有计划地逐步展开。在这个过程中，应做到的基本要求是：统一、简约、鲜明、实用、严格。

（1）统一，即目视管理要实行标准化，消除五花八门的杂乱现象。

（2）简约，即各种视觉显示信号应易懂，一目了然。

（3）鲜明，即各种视觉显示信号要清晰，位置适宜，现场人员都能看得见、看得清。

（4）实用，即不摆花架子，少花钱、多办事、讲究实效。

（5）严格，即现场所有人员都必须严格遵守和执行有关规定，有错必纠，赏罚分明。

四、目视管理的着眼点

（一）作业流程

大家知道出门旅游都需要一份导游图，为的是方便行程安排，最大限度地减少旅途疲劳。同样，一个生产现场的作业流程也需要精心设计，以满足以下要求：

（1）作业的有序连接。各作业工程有序连接，可以减少移动及重复流动所造成的人员和时间的浪费。其作用是节省时间、提高生产效率、增加生产数量。作业流程图如图 13-1所示。

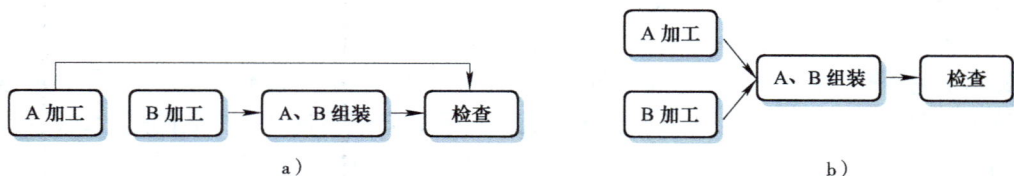

图 13-1 作业流程图

流水线方向左进右出为作业流程的基本方式，这可杜绝后工程完成品再投入前工程加工这种逆转流程。

（2）材料加工、部品——成品流程目视化。部品（材料）投入前放置区要明确化，生产线投入中的未加工品、加工完成品、生产线中间停滞品以及完成品、不良品、修理品、落下品的明确区分或者放置场所明确化并要进行标示。

物品放置示意图如图 13-2 所示。

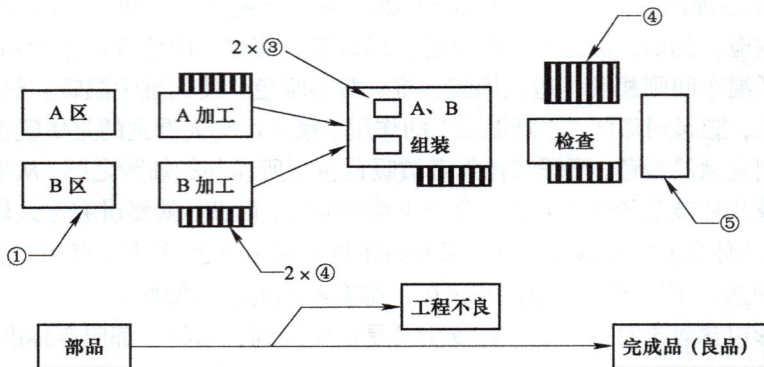

图 13-2　物品放置示意图

部品的处置情况见表 13-6。

表 13-6　部品的处置

序　号	内　容
①	材料部品置场（当日份）
②	生产线各工位不良置场（2 小时／份）
③	工程间停滞品（3～5pcs）
④	当日不良品置场（项目不区分）
⑤	良品（完成品）置场（定量入库）

（二）置场定位标示

部品（材料）、工程间半成品（停滞品）、不良品以及完成品（良品）置场一旦确定后，就必须定位并做标示，不得用作他用，而且要固定坚持使用，久而久之就会养成习惯，而且无论谁到现场，一看就知道投入前部品放在何处，哪个工位不良较多，都是哪些不良，完成品与不良品区分明确，等等，这就会让人清楚明白，让人放心。如果部品材料混放，各工位没有不良品放置区，不良品盒也不分类，没有明确的不良置场（全日不良品）就很难让人相信，是不是真的没有不良，不良品放在哪里，是不是混在良品中流转下去了，生产管理混乱等一些疑问让参观者猜测，很难放心将订单交给这样的工厂。

以上置场区分定位完成后，下一步工作就是对具体位置进行标示，在每个置场的正上方做出标示（包括置场名、工程名、加工名等），特别需要细分的要属不良品置场（不良品盒），要具体地在每个不良品盒上贴上不良内容，让人一看就知道不良品盒中装的是什么，是哪个工程制造出来的，这样可为每日不良分析提供方便。如果分类不清楚，就无法对不良进行管理跟踪，也就没有改善对策，改善品质也就成了一句空话，另外，不良品盒一定要用红色。

（三）作业指导、基准类资料现场揭示

（1）作业指导书。它是一种指导作业员进行正确操作的基准类文件，挂在各工位的正上方，员工时常能看得见的地方。作业指导书包括以下内容：

1）工程配置图。它标示出该作业的基本配置以及部品、设备、工具的摆放位置，如图 13-3 所示。从图中就可以看出此工位的基本布局，同时也可跟实绩对照确认。

2）作业顺序以及每一项的作业方法、作业内容。要具体详细地对每一顺序的要领及作业重点、内容先后顺序逐一讲解说明。

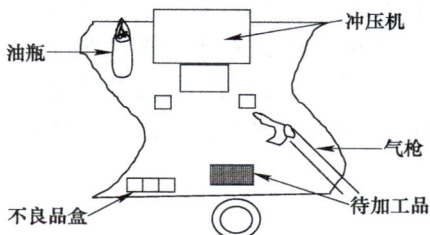

图 13-3　工程配置图

例 13-2　第一步，左手从部品盒中取一粒待加工的部品放入冲压机下模上，并用右手辅助定位放好。

第二步，确认放置好后，双手同时按下左、右开关，进行冲压成形。

第三步，冲压完成，上模复位后，右手持钢针牙刷、气枪，取下制品。刷净模芯，吹落废料。

第四步，重复第一步。

3）管理重点（注意事项）：按作业顺序逐项逐条指出作业要领、管理重点以及注意事项。

例 13-3　第一步，要注意部品放置位置，确认是否放入模具凹槽内，可以感觉到"咔嚓"声，就证明放入正确。

第二步，双手一定要同时按开关，如果其中一个开关失灵时要报告维修，切不可故障状态下使用，防止压伤手。

第三步，残余废料是否清除干净。

第四步，特记：如该工程有特别要求等项目记入。

第五步，工具、道具等，是否需要配备何种作业防护（如手指套、手套、口罩等）。

（2）生产计划实绩管理看板。此管理看板是用来确认该班、组长在单位时间内是否按计划完成预定生产数量的一项现场管理，如图 13-4 所示。

生产计划实绩看板

班　　名：A-01 班　　　　主管　　　　组长　　　　班长

制品名：SH-1102

目　　标：200 件/小时　　　日生产目标：2000 件　　　18 秒/PCS

时间 项目	8:00～10:00	10:00～12:00	13:00～15:00	15:00～17:00	18:00～20:00
计划	400	400	400	400	400
实绩	380	410	405	400	415
实累加	380	790	1195	1595	2010

图 13-4　生产计划实绩管理看板

五、目视管理的方法

1. 如何进行目视管理

为有效地实施目视管理，有固定的规则，希望把力量集中在以下几点：

（1）前期阶段：在工作现场彻底地实施"5S"，以确立现场改善的基础。

（2）现场全体人员讨论什么样的信息适用于目视管理。

（3）以管理、监督者为中心，充分商讨活用目视管理的方法。

（4）以管理、监督者为中心，有计划地导入、推进目视管理。

（5）导入后检查其效果。

2. 目视管理导入的顺序

为使目视管理确实地着陆于生产现场，有以下的基本导入顺序。按此顺序致力于导入工作，工厂全体人员努力是最有效果的。当然也有先以某工作现场为试行点，待进入正常轨道后，再采用水平式的横向展开法。

总之，决定后，全体员工就要成为一个整体，共同推进。其顺序如下：

（1）明确导入目视管理的目的。

（2）明确工厂整体、工作现场存在的问题和课题。

（3）为解决这些问题、课题，明确设定改善的项目和指标。

（4）设定目视管理的道具。

（5）召开工厂全体人员的说明大会，以取得有关人员的理解。

（6）实施目视管理。

（7）确认实施效果。

3. 没有目视管理会发生的问题

没有进行目视管理的工作现场，是以维持现状、事后追踪管理为中心的，对在工作现场发生的各种各样的问题，处理速度上有过慢的倾向。此外，以下问题也可能发生。

（1）工作现场的活动方针和目标不能成为全体作业人员共有的。

（2）共同努力的目标不清楚，在工作现场感觉不到生机。

（3）即使发生了故障、异常，相互之间也难以迅速采取适当的协助体制。

（4）公司内部发生了问题，信息在内部难以相互传送。

（5）在工作上总感到难以在整体情况上进行交流。

4. 目视管理产生的效果

导入目视管理可期待取得以下的效果，为使期待的效果出现，其前提条件就是公司全体员工连续不断地努力。

（1）提高生产效率。

（2）降低成本。

（3）促进公司内部的情报交流。

（4）提高作业效率。

（5）提高事务处理的效率。

（6）提高管理、监督者的能力。

（7）彻底地进行预防性管理。

（8）提高品质。

目视管理的最终目的是：形成人际关系良好，使人有干劲地、愉快地进行工作的作业现场。

复习思考题

一、简答题

1. 何谓现场？现场管理的特点是什么？

2. 现场管理人员的任务是什么？

3. 现场管理人员工作时应注意的问题是什么？

4. 现场管理的要求是什么？

5. 什么是"5S"活动？

6. "5S"活动的内容和要求是什么？

7. 何谓定置管理？

8. 什么是目视管理？试述目视管理的内容。

9. 目视管理有什么基本要求？

10. 试述制造现场开展目视管理的着眼点。

二、案例分析题

某塑胶成型工厂在处理某件成型机械的故障案例。

时间：3月10日上午9:00～11:00

场所：塑胶成型工厂

人物：成型部陈技术员、吴部长

设备：NO.3#100T成型机

吴部长：3月10日上午9时许，成型部陈技术员跑来汇报："NO.3#100T成型机，在工作过程中出现故障，现无法继续生产，希望联络厂家前来处理。"听完汇报后，吴部长马上联想到前几天上课时，学过的"三直三现法"，因此，他带着陈技术员马上来到现场。

9点10分左右，吴部长来到现场"查看了现品"，最后几模成型品有较严重的"飞边"不良，上机查看模具，上模、下模都看不出来有明显跑料的情况出现，飞边不良现象绝对不是模具的问题。他让操作员重新操作一次给他看，当操作员按下启动键后，只见成型机在锁模过程中出现剧烈的抖动，且速度时快时慢，还伴随着震动和巨大的声音，其"现象"甚为可怕，吓得操作员躲在一边，他迅速停下成型机，再次用手动的方式进行锁模试验，并发现成型机的锁模力不足，再次确认有关参数及设定值均没有问题。最后分析检查供油系统，经过逐项检查，最终发现一油阀供油压力不稳定，根据经验可能是由于该阀堵塞，影响油路畅通。

吴部长找来机械技术人员，拆下阀门及油压组件，问题终于查清了。原来是油阀和油压组件内积满了污垢，发现问题的真正原因后，处理问题就非常简单了。待机修人员将每件都清洗干净重新组装好，再次用手动进行锁模试验，一切都恢复正常了，生产终于在11点恢复正常。

反思：按常规，当成型机出现故障时，应联络厂家，由厂家派人来修理。虽然这种方法简单，但是其结果会怎样呢？

（1）浪费时间：虽然成型机生产厂家在当地设有维修点，但是联络他们并等待派人前来修理，一般情况下，最少需要2天，再加上检查、修理，2.5天是比较正常的。如果当地维修点维修人员外出，那么就不知道需要几天了。

（2）生产损失：按2.5天计算。24小时生产数为20 000件，则

2.5日×20 000件/日=50 000件

50 000件×0.51元/件=25 000元

（3）维修费，见表13-7。

表13-7 维修费

	维 修 费	部品更换费	交 通 费	住 宿 费	总 计
报价	2 000元	—	500元	380元	—
工数	2人×2日	—	2人	2人×1日	—
总计	8 000元	—	1 000元	760元	9 760元

以上为当地厂家来厂修理的最低费用：9 760元。

（4）生产、维修总损失金额=（25 000+9 760）元=34 760元。

请讨论：

1．案例是如何体现"三直三现法"的？

2．"三直三现法"在本案例中发挥的作用如何？

参 考 文 献

[1] 海泽，伦德尔，蒙森. 运作管理 [M]. 李果，张祥，等译. 12 版. 北京：中国人民大学出版社，2020.

[2] 陈荣秋，马士华. 生产与运作管理 [M]. 4 版. 北京：机械工业出版社，2016.

[3] 里夫金. 零边际成本社会 [M]. 赛迪研究院专家组，译. 3 版. 北京：中信出版社，2017.

[4] University of Cambridge International Examinations. 商业运行管理 [M]. 陈运涛，译. 北京：中国财政经济出版社. 2010.

[5] 徐哲一，武一川. 生产管理 10 堂课 [M]. 广州：广东经济出版社，2004.

[6] 刘丽文. 服务运营管理 [M]. 北京：清华大学出版社，2004.

[7] 史蒂文森. 生产与运作管理（原书第 6 版）[M]. 张群，张杰，等译. 北京：机械工业出版社，2000.

[8] 张群. 生产与运作管理 [M]. 3 版. 北京：高等教育出版社，2017.

[9] 张公绪，孙静. 新编质量管理学 [M]. 2 版. 北京：高等教育出版社，2003.

[10] 潘家轺. 现代生产管理学 [M]. 4 版. 北京：清华大学出版社，2018.

[11] 苏伟伦. 百分百现场管理 [M]. 北京：经济日报出版社，2002.

[12] 原崎郁平. 生产现场基本心得 20 条 [M]. 余幼龙，艾南珍，译. 深圳：海天出版社，2005.

[13] 文锋. 轻松管现场 [M]. 广州：广东经济出版社，2012.

[14] 许庆瑞. 研究、发展与技术创新管理 [M]. 2 版. 北京：高等教育出版社，2010.

[15] 蔡建飞. 生产运作管理 [M]. 北京：北京大学出版社，2017.

[16] 北京新世纪检验认证股份有限公司. 2016 版质量管理体系实用教程 [M]. 北京：中国质检出版社，2017.

[17] 夏春玉. 物流与供应链管理 [M]. 6 版. 大连：东北财经大学出版社，2020.

[18] 刘文涛. 基于大规模定制的重调度 [M]. 北京：社会科学文献出版社，2007.

[19] 肖智军. 5S 活动推行实务 [M]. 2 版. 广州：广东经济出版社，2004.